Politische Ziele der Freinet-Pädagogik

Politische Ziele der Freinet-Pädagogik

Aus dem Französischen:
Collectif I.C.E.M. – Pédagogie Freinet:
„Perspectives d'éducation populaire"

Herausgegeben, übersetzt und kommentiert
von Ingrid Dietrich

Mit einem Beitrag von Roland Laun

Beltz Verlag · Weinheim und Basel 1982

Titel des Originals: Perspectives d'éducation populaire. Librairie
François Maspéro, Paris 1979.

Ingrid Dietrich, Dr. paed., Jahrgang 1944, ist seit 1975 Akad. Oberrätin
für Schulpädagogik an der Gesamthochschule Duisburg.

CIP-Kurztitelaufnahme der Deutschen Bibliothek

Politische Ziele der Freinet-Pädagogik : aus d.
Franz: Collectif I.C.E.M. – Pédagogie Freinet
„Perspectives d'éducation populaire" / hrsg.,
übers. u. kommentiert von Ingrid Dietrich. –
Weinheim ; Basel : Beltz, 1982.
　(Beltz-Bibliothek ; 105)
　Einheitssacht.: Perspectives d'éducation
　populaire <dt.>
　ISBN 3-407-50105-6
NE: Dietrich, Ingrid [Hrsg.]; Institut Coopératif de
l'Ecole Moderne; GT; EST

Alle Rechte, insbesondere das Recht der Vervielfältigung und
Verbreitung sowie der Übersetzung, vorbehalten. Kein Teil des
Werkes darf in irgendeiner Form (durch Photokopie, Mikrofilm oder
ein anderes Verfahren) ohne schriftliche Genehmigung des Verlages
reproduziert oder unter Verwendung elektronischer Systeme
verarbeitet, vervielfältigt oder verbreitet werden.

© 1982 Beltz Verlag · Weinheim und Basel
Gesamtherstellung: Beltz Offsetdruck, 6944 Hemsbach über Weinheim
Umschlaggestaltung: E. Warminski, Frankfurt/M.
Printed in Germany

ISBN 3 407 50105 6

Inhaltsverzeichnis

Einleitung der Herausgeberin 9

Vorwort 15

1. Teil: Analyse des heutigen Erziehungssystems

1	Erziehung und Gesellschaft	19
1.1	Reproduktion der Gesellschaft durch die Erziehung	19
1.2	Die Lage der Jugend in unserer Gesellschaft	21
1.3	Die sexistische Schule	23
1.4	Die modernen Formen der systematischen Massenverdummung	25
1.5	Erziehungsprobleme beschränken sich nicht auf die Vermittlung von Wissen	27
1.6	Die Bedeutung der Erziehungsstrategie für die politische Strategie	28
2	Das Scheitern in der Schule	31
2.1	Das Problem der Begabung	32
2.2	Die Verweigerung der Identität	33
2.3	Die Scheinheiligkeit der Begriffe „Leistung" und „Verdienst".	34
2.4	Die Selektionsfilter	36
2.5	Die Schwierigkeiten des Zugangs zum Wissen	37
3	Der Mythos der Chancengleichheit und die Illusion der Förderung	38
3.1	Der Gleichheitsmythos	39
3.2	Die erzwungene Angleichung	42
3.3	Der Betrug der Leistungskontrollen	43
3.4	Güterverteilung, Wissensaneignung, Machtverteilung	45

Schlußfolgerungen aus dieser kritischen Analyse 46

2. Teil: Die Grundzüge unserer Erziehungspraxis

1	Die Rechte und die Bedürfnisse der Kinder und Jugendlichen	52
2	Erziehung durch den Erfolg	60
3	Erziehung durch die Arbeit	63
4	Die Achtung vor der persönlichen Identität und der persönlichen Eigenart	68
5	Das Bedürfnis, sich frei auszudrücken und mit anderen zu kommunizieren	72
5.1	Mit anderen zu kommunizieren, ist eine der wichtigsten Motivationen des freien Ausdrucks	72
5.2	Die Techniken des freien Ausdrucks dürfen nicht von vornherein auferlegt werden	73
5.3	Man muß vielfältige Möglichkeiten des freien Ausdrucks schaffen	75
5.4	Der freie Ausdruck verlangt das gegenseitige Zuhören und die Achtung vor den anderen	76
5.5	Der Wert des freien Ausdrucks liegt sowohl im Prozeß des schöpferischen Hervorbringens als auch in den „Produkten" selbst	77
6	Die kooperative Verantwortung	79
6.1	Eine Pädagogik, die auf der Kooperation aufbaut	79
6.2	Eine kooperative Organisation der Schule	80
6.2.1	Die Schule als Ort des Lebens	81
6.2.2	Die Schule als Ort der Produktion	81
6.2.3	Die Gruppe im Dienst des Erfolgs jedes Einzelnen	82
6.2.4	Die Anforderungen des kollektiven Lebens und die Achtung vor dem Individuum	83
7	Eine andere Art der Wissensaneignung	89
8	Die kritische Analyse der Wirklichkeit	93
9	Eine andere Konzeption der Lehrpläne und Leistungskontrollen	99
10	Andere Techniken und Arbeitsmittel	103
10.1	Arbeitsmittel für die individuelle Arbeit	105
10.2	Arbeitsmittel zur Anregung der kollektiven Arbeit	105
10.2.1	Die Dokumenten-Sammlung	106

10.2.2	„Werkzeuge" zur Anregung eigener Untersuchungen	106
10.2.3	Die „Werkzeuge" zur schöpferischen und produktiven Arbeit	108
10.2.4	Die Arbeitsmittel zur Übung und Festigung des Gelernten	109
10.2.5	Die „Werkzeuge" zur Leistungsüberprüfung	110

3. Teil: Unsere Strategie und unsere Forderungen

1	Elemente einer Strategie	115
1.1	Unsere Bewegung im Kampf für eine andere Erziehung und für eine andere Gesellschaft	115
1.2	Die „verklemmte" Schule	117
1.3	Die Bedeutung der Schule für eine erzieherische Gesamtstrategie	118
1.4	Der Kampf für eine Schule der Kooperation	120
1.5	Das Recht, im Lehrer-Team zu arbeiten	121
1.6	Die Eltern in der Schule?	122
1.7	Der militante Einsatz für eine Schule im Dienst der Arbeiter	124
2	Forderungen der Freinet-Bewegung im Hinblick auf eine andere Erziehung im Sinne des Volkes	126
2.1	Forderungen, die den Aufbau einer „Schule für das Volk" konkretisieren	126
2.1.1	Die Organisation des Schulwesens (Aufbau der Schulzeit in Zyklen – Schullaufbahnberatung und Berufswahl – Lehrpläne und Leistungskontrollen)	127
2.1.2	Das Recht, in pädagogischen Teams zu arbeiten	132
2.1.3	Die Lehrerausbildung	135
2.1.4	Die Schulaufsicht und die dienstliche Beurteilung	137
2.1.5	Evaluation	139
2.2	Weitere Forderungen – Prinzipien und Bedingungen für das Funktionieren der Schule: (Öffentliche Staatsschule – Finanzierung des Schulwesens durch den Staat – einheitliche Ausrichtung – Geschlechtertrennung – Autonomie der schulischen Einrichtungen)	139
2.3	Spezielle Forderungen im Hinblick auf Vorschule/Kindergarten	141
2.4	Die Schulen auf dem Lande	141
2.5	Die Schularchitektur	143
Schluß		144

Anhang

Das pädagogische und politische Umfeld der Freinet-Bewegung in Frankreich 147

1 Freinet und die Freinet-Bewegung 148

   a) Freinet als politischer Pädagoge 149
   b) Die politische Entwicklung der französischen Freinet-Bewegung nach dem Tode Freinets (1966) 153
   c) Lehrergewerkschaften in Frankreich 155

2 Zum französischen Schulwesen 157

3 Kritik an diesem Text und an den Lehrer-Bewegungen allgemein . . 162

Antwort eines französischen Freinet-Lehrers auf Fragen zu den „Perspectives d'éducation populaire" 173

Roland Laun: Eindrücke vom Kongreß der französischen Freinet-Lehrer, Grenoble 1981 176

Literaturverzeichnis 188

Einleitung der Herausgeberin

Die Freinet-Pädagogik genießt zur Zeit bei uns wachsendes öffentliches Interesse. Immer mehr Veröffentlichungen wählen sie zum Thema, und sie ist inzwischen zum „Geheimtip" in der „pädagogischen Szene" avanciert. Angesichts von Stagnation, Resignation und „Tendenzwende" auf dem Bildungssektor wird sie als Weg der „inneren Schulreform" (Speichert in der „neuen deutschen schule", 1/81) propagiert. Außerdem faszinieren ihre „alternativen" Züge und ihre Praxisnähe – alles Merkmale, die dem progressiven pädagogischen Zeitgeist sehr entgegenkommen!

Was aber wird nun der Zeitgeist sagen angesichts dieser „Perspektiven"? Schon der französische Titel „Perspektiven der Volkserziehung" weckt Verlegenheit. Einerseits ruft er positive, jedoch geographisch weit abliegende Assoziationen hervor. Man denkt dabei z. B. an das Konzept der Alphabetisierung und Bewußtseinsbildung Paulo Freires in Lateinamerika. Andererseits kann man sich schlecht vorstellen, daß eine solche „Volkserziehung", eine Erziehung „durch das Volk für das Volk" auch bei uns in Europa möglich sein könnte. Und schließlich wurde bei uns in Deutschland das Wort „Volk" vor noch nicht allzu langer Zeit so beschmutzt und korrumpiert, daß man es nicht mehr gern gebraucht.

Aber auch die Forderung nach einer „Schule im Dienst der Arbeiter", die die französischen Freinet-Pädagogen mit diesem programmatischen Grundsatz-Text erheben, wird bei uns nicht unbedingt auf Gegenliebe stoßen, wo noch nicht einmal die Gesamtschule als Regelschule überall durchgesetzt werden kann. So ist denn auch anzunehmen, daß dieser Text bei manchen Zorn, Ablehnung oder auch Verlegenheit hervorrufen wird.

Ist es überhaupt zu verantworten, solche gesellschaftlichen Perspektiven zu veröffentlichen, wenn dadurch vielleicht die Freinet-Pädagogik hierzulande auf den Index gerät, wenn ihr hoffnungsvoller Aufschwung eventuell sogar behördlicherseits gestoppt wird?

Viele Lehrer, die sich heute für die Freinet-Pädagogik zu interessieren beginnen, werden von dem Versprechen angelockt, dort Techniken zu finden, um hier und jetzt etwas ändern zu können; Schule soll mehr Spaß machen; der alltägliche Frust im Klassenzimmer soll aufgebrochen werden durch neue Formen sinnvolleren, kindzentrierten Arbeitens. In der jungen deutschen Freinet-Bewegung versteht man Freinet-Pädagogik vor allem als Befreiung von „verkopfter", sturer Paukerei und entfremdeter Schul-Arbeit. So lehnt man auch erst einmal jeden Anspruch, sein praktisches Tun unter eine weitergehende theoretische oder politische Perspektive zu stellen, ab. Die „alten" Freinet-Anhänger (besonders aus der Gilde der „Schuldrucker") haben von jeher jeden politischen Bezug dieser Pädagogik, der über „das Kind" hinausging, geleugnet. Sie werden diese „Perspektiven" sicher als häretische Abweichung von einer reinen, unpolitischen Lehre verdammen welche es übrigens in der Freinet-Pädagogik weder in Frankreich noch in anderen europäischen Ländern je gegeben hat...

Auch außerhalb der bundesdeutschen „Freinet-Szene" paßt dieser Text nicht so recht in die Landschaft der aktuellen Alternativschul-Diskussion. Den einen wird er zu programmatisch und zu politisch sein, den anderen zu wenig stringent und zu pragmatisch. So kann es denn sein, daß ich mich mit der Veröffentlichung dieser „Perspektiven" zwischen alle Stühle setze. Aber das scheint auch schon das Schicksal Freinets selbst gewesen zu sein... (vgl. dazu die Ausführungen im Anhang).

Wichtig ist m. E. das Erscheinen dieses Textes, weil in ihm die bei uns zumeist schamhaft verdrängte Frage nach dem Verhältnis von Pädagogik und Politik wieder neu gestellt wird – und zwar von *Praktikern,* die *sowohl* eine beeindruckende pädagogische Praxis *als auch* eine klare politische Perspektive vorzuweisen haben. Und die auch noch mit dem Anspruch auftreten, *in ihrer Praxis* beides miteinander zu verbinden... Die bei aller täglichen Anstrengung, eine kindgerechte Schule zu schaffen, wissen, daß diese nicht billiger zu haben ist als um den Preis gesamtgesellschaftlicher Veränderungen, durch die eine solche Praxis erst ermöglicht wird.

Ich veröffentliche also diesen Text (mit der Zustimmung und Befürwortung der französischen Kollegen) aus folgenden Gründen:

- eine theoretische Fundierung und politische Standortbestimmung der Freinet-Pädagogik soll angestrebt werden. Ein Diskussionsprozeß darüber ist m. E. nach den ersten Anfangsjahren bei uns fällig. Die Selbstdeutung, die die französischen Freinet-Lehrer in diesen „Perspectives d'éducation populaire" ihrer seit über fünfzig Jahren erprobten Praxis geben, kann diesen Prozeß erleichtern;
- einigen Umdeutungen und Verkürzungen der Freinet-Pädagogik bei ihrer Rezeption in Deutschland soll entgegengewirkt werden (die darin bestehen,

daß man z.B. ihre politische Dimension schlichtweg leugnet oder stillschweigend „amputiert")
– über dieses engere Interesse an der Freinet-Pädagogik hinaus soll gezeigt werden, welchen aktuellen Stand eine große europäische Lehrerbewegung in unserem Nachbarland Frankreich erreicht hat; welche Positionen sie einnimmt, welche Diskussionspunkte sie bewegen, zu welchen Kompromissen sie sich durchgerungen hat, um diese „gemeinsame Plattform" zu ermöglichen. Darüber hinaus ist es interessant, mit welchem Freimut und welcher politischen Entschiedenheit man über eine Veränderung von Schule und Gesellschaft in unserem Nachbarland Frankreich diskutiert.

Vielleicht kann dieser Text auch dazu beitragen, die „blinde Flucht" vieler Lehrer und Studenten in die Praxis zu stoppen. Anhand dieses Textes wird m. E. klar, daß man *theoretische Reflexion* und *politische Perspektiven* braucht, um *Praxis verändern* zu können. Die französischen Kollegen haben sich diese „Perspektiven" erarbeitet, um im Innern der *staatlichen Regelschule* den Kampf um die Durchsetzung einer *alternativen Schulpraxis* wirkungsvoll zu führen. Vor dem Hintergrund einer solchen Zielperspektive erscheinen manche Lösungen bei uns als kleinmütige Beschränkung auf das „hier und jetzt Machbare", als Rückzug auf alternative „Inseln" oder ein Sich-Einnisten in den spärlichen Nischen und Freiräumen des Systems. Das kann jedoch nach dem vorliegenden Text nur ein Anfangs- oder Übergangsstadium der Freinet-Pädagogik in schwierigen Zeiten, nicht aber deren endgültige Perspektive sein. Diese zielt auf die freie Entfaltung *aller* Lernenden in selbstverwalteten Institutionen und in einer nicht-entfremdeten Gesellschaft.

Einige Erklärungen zum Zustandekommen und zum Stellenwert dieses Textes in Frankreich:

Die „Perspectives d'éducation populaire" haben keinen Autor. Sie sind ein gemeinschaftlich verfaßter Text, dessen Ausarbeitung ungefähr drei Jahre gedauert hat und an dem sich ca. dreißig Département-Gruppen der französischen Freinet-Bewegung beteiligt haben. Mitgewirkt haben ebenfalls fast alle Arbeitskommissionen des I.C.E.M.* sowie zahlreiche einzelne Freinet-Lehrer. Dem „Redaktionskollektiv" im engeren Sinne gehörten 21 Personen an, die in der französischen Ausgabe namentlich aufgeführt werden.

---

* Institut Coopératif de l'Ecole Moderne – der Name der Freinet-Bewegung in Frankreich

Der Text soll eine Art „Rechenschaftsbericht" der Freinet-Pädagogen über die leitenden Prinzipien ihrer pädagogischen Arbeit sein. Die französischen Freinet-Lehrer wenden sich damit an eine breite Öffentlichkeit innerhalb und außerhalb der Schule, an Kollegen, Eltern, Gewerkschafter: „Unser Ziel war es, Lehrern und Nicht-Lehrern, Erwachsenen und Jugendlichen zu erklären, was unser erzieherisches Handeln trägt..." (Schlußwort der französischen Ausgabe). Daher zeichnet sich das Buch auch durchweg aus durch eine allgemeinverständliche, leicht zugängliche Sprache, durch Anschaulichkeit und Konkretheit. Soweit es geht, habe ich versucht, diesen Stil auch in der Übersetzung beizubehalten und nicht in den vorgestanzten „Pädagogen-Jargon" zu verfallen, der sich mir an vielen Stellen aufdrängte. Ebenso habe ich darauf verzichtet, durch Anmerkungen jeweils die Ähnlichkeiten und Unterschiede zur deutschen Alternativschuldiskussion aufzuzeigen. Dies bot sich in vielen Punkten an, hätte aber den Rahmen des vorliegenden Buches gesprengt. Statt dessen habe ich versucht, im Anhang (S. 147ff.) einigen „Hintergrund" nachzuliefern, der es den interessierten Lesern erleichtert, den Text in aktuelle und historische Zusammenhänge bei uns und in Frankreich einzuordnen.

Zum Inhalt: Die „Perspectives d'éducation populaire" bestehen *aus drei Teilen:*

Teil I bietet eine Analyse des heutigen Erziehungssystems. Obwohl sich dieser Teil sehr präzise auf die französischen Verhältnisse bezieht, ist er auch für deutsche Leser interessant: einmal, um zu zeigen, wie sehr sich die strukturellen Probleme trotz unterschiedlicher nationaler Ausprägung in hochentwickelten kapitalistischen Ländern gleichen; zum anderen, wie umfassend man bei der Analyse zu Werke gehen muß (d. h. im Hinblick auf konkrete gesellschaftliche Gegebenheiten wie Wohn- und Arbeitsverhältnisse, Verkehrsformen usw.), wenn man Strategien zur Veränderung der *Schule* entwerfen will.

Teil II legt die grundlegenden Prinzipien und „Techniken" der Erziehungspraxis der französischen Freinet-Pädagogen dar u. erläutert sie durch viele praktische Beispiele. Bezeichnend und programmatisch ist dabei, daß die Freinet-Pädagogen von einer „Charta der Rechte und Bedürfnisse der Kinder" als Basis ihrer Praxis ausgehen.

Teil III erläutert die konkreten politischen Zielvorstellungen: Öffnung der Schule zur Arbeitswelt und Beteiligung der Arbeiter an einer nicht-entfremdeten, selbstverwalteten Erziehungspraxis. Die Freinet-Pädagogen listen außerdem alle institutionellen und strukturellen Veränderungen im Schulsystem auf (bis hin zur kollegialen Schulverwaltung und der Abschaffung der Schulaufsicht in der jetzigen Form), die zur Verwirklichung dieser Zielvorstellungen notwendig sind. Das ganze entwickeln sie aus der Perspektive einer lebenslangen Weiterbildung für alle in selbstverwalteten Institutionen, unter weitgehender Abschaffung der beruflichen Spezialisierung der Lehrer und der Trennung von Kopf- und Handarbeit. Zur Realisierung dieser Perspektiven rufen sie zu einer breiten Sammelbewegung aller gewerkschaftlichen, politischen oder sonstwie auf Veränderung drängenden Kräfte in der Gesellschaft auf.

Dieser letzte Gedanke zeigt schon, daß wir es mit einem *Kompromiß*-Text zu tun haben, der eigentlich mehrere Zwecke verfolgt:

1. Er will wahrscheinlich eine möglichst breite gemeinsame Plattform für unterschiedliche gesellschaftliche Positionen und Gruppierungen bieten. Bei „Intergrationstexten" solcher Art kann man davon ausgehen, daß da, wo es „spannend" wird, zumeist klare und eindeutige Formulierungen *vermieden* werden, um möglichst wenige Mitglieder und Sympathisanten vor den Kopf zu stoßen. Denn bei der Freinet-Bewegung in Frankreich handelt es sich um eine Sammelbewegung veränderungswilliger Lehrer, die über die ganze Breite des gewerkschaftlichen und parteipolitischen Spektrums links von der Mitte verteilt sind.

2. Eine solche „Selbstdarstellung" dient einerseits der Abklärung des eigenen Selbstverständnisses nach innen, andererseits soll sie auch „nach außen" etwas erreichen: Eigenwerbung, Abgrenzung von anderen, ähnlichen Programmen (vgl. dazu die Ausführungen im Anhang), Forderungskatalog für die Schulbehörden usw. Es ist damit zu rechnen, daß uns als „Uneingeweihten" der französischen Szene da manche Anspielungen und Feinheiten entgehen werden... aber sei's drum!

Ein solcher kollektiv erstellter Text mit so vielfältigen Absichten kann kein in sich schlüssiges, streng logisch aufgebautes „Gedankengebäude" sein. Es handelt sich dabei *nicht* um eine wissenschaftliche Abhandlung. Wir haben es im Gegenteil mit einem Text zu tun, der z.T. mehr emotional als rational argumentiert, der logische Risse und Sprünge aufweist und in seinen einzelnen Teilen höchst unterschiedlich aufgebaut ist. Dennoch durchzieht eine einheitliche Grundorientierung wie ein „roter Faden" (endlich mal eine zutreffende Metapher, werden die Kritiker dieses Textes sagen!) alle drei Teile: die Ablehnung einer kapitalistischen Gesellschaft, die auf Konkurrenz und Egoismus, Ausbeutung und Profit gegründet ist – und das Eintreten für die freie Entfaltung *aller* Kinder, die gegen die schädlichen Einflüsse dieser Gesellschaft verteidigt werden sollen!

Für ihre tatkräftige Hilfe bei dem Zustandekommen dieses Buches trotz mancher Hindernisse möchte ich vor allem Erika Schernau-Vogel, Friedhelm Märsch, Cathérine Mally, Cathérine Scheublé und Ursula Kreke-Schüle danken.

Dortmund, im Frühjahr 1982   Ingrid Dietrich

Vorwort

Als C. Freinet vor einem halben Jahrhundert das Erziehungssystem scharf kritisierte und die Grundlagen einer anderen Erziehung entwarf, bekam er sehr schnell die Angriffe der reaktionären Kräfte und die Repression der Verwaltung zu spüren, die ihn nach Saint-Paul-de-Vence versetzte. Aber das konnte seine Aktion nicht zu Fall bringen. Nach und nach versammelten sich Tausende von „Erziehern" (sie wählten diesen Namen, weil sie sich weigerten, einfach nur „Lehrer", Wissensvermittler zu sein) aus allen Bereichen des öffentlichen Schulwesens um ihn, vom Kindergarten bis zur Universität. Sie schufen das „Institut Coopératif de l'Ecole Moderne" (I.C.E.M.), das Freinets Forschung und seinen Kampf für eine grundlegende Veränderung des Erziehungssystems fortsetzt.

Ohne auf die Veränderungen zu warten, die auf lange Sicht herbeigeführt werden müssen, bemühen sie sich, den Stil der schulischen Arbeit zu verändern, andere Kommunikationsbeziehungen einzuführen als die, die auf Autorität basieren, den Frontalunterricht abzuschaffen, das Wissen mit dem Erleben der Kinder zu verknüpfen, den Jugendlichen das Recht zu geben, sich zu artikulieren und Verantwortung zu übernehmen. Sie tun dies, damit die Schule etwas anderes wird als ein Ort des Zwanges, des Ärgers, der Langeweile und der Entfremdung. Ihre erzieherische Praxis, die diese Veröffentlichung darstellen will, ist heute schon alltägliche Wirklichkeit und läßt vorausahnen, was Volkserziehung sein könnte.

Die Schule kann übrigens von sich aus die Veränderungen, die wir wünschen, nicht herbeiführen. Diese betreffen ebenso die Familien, die gesellschaftlichen Organisationen und die Jugendlichen selbst; deshalb wenden wir uns auch an diese Gruppen. Als Zeugnis einer bedeutenden Strömung der modernen Erziehung wird dieser Text all jenen zur Reflexion vorgelegt, die gegen jedes System kämpfen, das die Arbeiter ausbeutet und entfremdet.

1. Teil:
Analyse des heutigen Erziehungssystems

1 Erziehung und Gesellschaft

1.1 Reproduktion der Gesellschaft durch die Erziehung

Schon 1924 deckte Freinet in einem Artikel „Für die Schule des Proletariats" in „Clarté"[1] die ideologische Indoktrination auf, die die Schule betreibt: „Nunmehr verbergen sich hinter den großen Worten Gerechtigkeit, Brüderlichkeit, Vaterland oder Humanität die wahren Triebkräfte: die kapitalistischen Interessen."

Die Pseudo-Neutralität, deren sich die öffentliche Schule im Vergleich zur konfessionellen Schule rühmt, hat nur dazu gedient, ihre wahren Ziele zu verdecken. „Noch viel zu sehr in uns verankert ist leider die heuchlerische Illusion einer Schule, die durch ihre Neutralität alle pädagogischen und sozialen Theorien miteinander versöhnt; einer Schule, die den Kindern dient, während sie in Wirklichkeit – wie alle Schulen – ausschließlich der Klasse dient, die sie geschaffen hat und verwaltet; eine Illusion, die die Proletarier selbst dazu treibt, für eine wesentlich anti-proletarische Organisation einzutreten." So drückte sich Freinet ebenfalls im April 1931 im „Educateur prolétarien"[2] aus.

Und mehr als 40 Jahre später, wer kann heute die ideologische Indoktrination leugnen, die in der Schule vor sich geht?

Die Gesellschaft sichert hauptsächlich durch das Erziehungssystem ihr Weiterbestehen. Wenn das Wirtschafts- und Sozialsystem stabil genug ist, kann die Erziehung den Familien und den beruflich-ständischen Gruppen überlassen werden, die auf natürlichem Wege die sozialen Strukturen, die kulturelle und politische Tradition weitergeben und aufrechterhalten. Aber sobald sich dieses System langsam verändert, erscheint die Erziehung als eines der Mittel, um diese Veränderung in den Griff zu bekommen und gewisse soziale Gruppen im Vergleich zu anderen zu begünstigen. Daher das Interesse,

---

1 Damaliges Organ der kommunistischen Partei Frankreichs
2 Dies war die erste pädagogische Zeitschrift der Freinet-Bewegung

das die Kirche, die Arbeitgeberschaft und schließlich der Staat der Erziehung immer entgegengebracht haben. Auch außerschulische Jugendarbeit, die Freizeit- und Sportangebote der verschiedenen Institutionen, sind aus dieser Perspektive nicht neutral.

Nicht nur durch Selektion innerhalb der Institution Schule hilft das Erziehungssystem, die sozialen Strukturen zu reproduzieren, sondern durch alle Details der inneren Organisation. Jedes von ihnen hat eine politische Bedeutung.

Aber wir können das Erziehungssystem nicht wie einen abstrakten Mechanismus analysieren, vollkommen losgelöst von dem Leben der Kinder, dem täglichen Handeln und den Einstellungen der Eltern und vor allem auch der Lehrer. Denn das schulische Selektionssystem benutzt *uns,* die Erzieher, um zu funktionieren, es erwartet von *uns,* daß wir die Schüler benoten und klassifizieren, daß wir einen – vorher festgelegten – Prozentsatz von ihnen sitzenbleiben lassen. Durch *uns* zwingt das Schulsystem den Schülern festgelegte Lernrhythmen und Lernmethoden auf sowie eine patriarchalische, frauenfeindliche Ideologie usw.

Das System bedient sich der Lehrer, um – entgegen allen ministeriellen Erklärungen und offiziellen Anweisungen – auf folgende Weise zu funktionieren:

- die schulische Arbeit wird zur Qual, weil man sich daran gewöhnen muß, Langeweile zu erdulden, Anstrengungen ohne Aussicht auf Erfolg zu unternehmen und den Verzicht auf jegliches Vergnügen zu akzeptieren;
- das System basiert auf Gehorsam, der das Ergebnis von Angst ist (die Schüler sollen den Lehrer fürchten, welcher den Schulrat fürchtet, während dieser den Ministerialrat fürchtet, usw.);
- der freie Ausdruck wird gehemmt und die Kommunikation verboten, um jegliches Risiko eines Protests auszuschalten;
- der kritische Geist wird ununterbrochen von starrem Dogmatismus erstickt (mechanisches Lernen; uneingeschränkter Respekt vor dem geschriebenen Text, der durch das Wort des Lehrers auch nicht in Frage gestellt wird);
- der Individualismus wird durch Selektion und Konkurrenz angeregt (Zensuren, Ranglisten, Leistungswettbewerbe, Sportwettkämpfe).

Die Schule fürchtet, selbst in Frage gestellt zu werden; darum klammert sie die Analyse der Wirklichkeit aus; sie bemüht sich, die Jugend an ein indirektes Leben in einer Ersatzrealität zu gewöhnen, anstatt sich entschlossen in der Gegenwart zu engagieren; weil sie einer Profitwirtschaft dient, organisiert sie die Selektion aufgrund von Mißerfolg. Die Schule zu verändern bedeutet nicht nur, einfach bessere Bedingungen für ihr Funktionieren zu schaffen oder den

Zugang zu den weiterführenden Schulen zu demokratisieren. Es bedeutet, alles in Frage zu stellen, was dazu beiträgt, daß die Schule die gesellschaftlichen Herrschafts- und Ausbeutungsverhältnisse aufrechterhält. Das herrschende System zu kritisieren heißt nicht nur, Strukturen zu verurteilen, man muß sich auch, soweit wie nur irgend möglich, weigern, deren Komplize zu sein.

1.2 Die Lage der Jugend in unserer Gesellschaft

Alle Regierungen, die seit zwanzig Jahren aufeinander folgen, wenden folgende Technik an, um den Leuten Sand in die Augen zu streuen: sie behaupten, daß – wenn auch noch nicht alles perfekt ist – sich doch die Situation laufend verbessert. Als Beweis dafür werden einige Teil-Aspekte aufgeführt, welche durch eine umfassende Untersuchung schnell entmystifiziert würden. Diese Technik war sehr nützlich; und wenn es einen Bereich gibt, wo sie viele Leute erfolgreich getäuscht hat, dann ist es die Lage der Jugend in unserer Gesellschaft.

„Worüber sollte sich die Jugend beklagen?" denken viele Erwachsene. Haben sie nicht mehr Glück als wir in ihrem Alter? Wir mußten schon mit 14 Jahren schuften, manchmal früher, wir hatten nicht wie sie Freizeit, Spielsachen, immer teurer werdende Motorräder, Taschengeld! Müßte man nicht heute eher sagen, daß das Kind König ist?"

Wir stellen die Schwierigkeiten der Erwachsenen von heute, als sie jung waren, nicht in Frage. Aber urteilen sie nun ihrerseits nicht zu schnell, indem sie sich allein auf das materielle Wohlergehen beziehen? Nun, es ist das gleiche Argument, das man immer den Arbeitern vorhält: „Vor 20 Jahren hattet ihr weder einen Fernseher noch einen Kühlschrank noch ein Auto, also seid ihr heute viel glücklicher dran als damals!" Und dabei weiß jeder, daß diese Konsumgüter verhindern, daß die Erkenntnis einer zunehmenden Entfremdung, verschlechterter Lebens- und Arbeitsbedingungen und einer größer gewordenen sozialen Unsicherheit immer weiter um sich greift.

Kann man denn ernsthaft glauben, daß sich die gegenwärtige Arbeitsmarktsituation ergeben hätte (die Mehrheit der Arbeitslosen ist unter 25 Jahren alt und 2/3 davon sind junge Frauen), wenn unsere Gesellschaft aufgeschlossener gegenüber den Jugendlichen wäre? Von jeher waren es die sozial am meisten benachteiligten Gruppen, die die Hauptlast von Krisen tragen mußten. Offensichtlich bringt die aktuelle Konjunkturkrise die wahre Situation der Jugend, der Frauen (wobei die jungen Mädchen doppelt benachteiligt sind) und der Arbeitsemigranten erst recht ans Licht.

Die Großfamilien von früher wurden gesprengt, weil man die Mobilität der Arbeitsplätze forderte, die Menschen wurden in die Sozialwohnungen in den Randvierteln der Städte hinausgedrängt. Früher wohnten oft im selben Stadtviertel Großeltern, Onkeln und Vettern; die Möglichkeit, auf die Hilfe dieser Verwandten zurückzugreifen, hat sich, falls jemand momentan oder definitiv aus dem Erwerbsleben herausfällt, verringert. Erzieherische Lösungen für die Obhut kleiner Kinder fehlen, die Arbeits- und Verkehrsbedingungen verschlechtern sich immer mehr, und all das schadet den Beziehungen zwischen Erwachsenen und Kindern.

Im Rahmen der freien, ungehinderten Wirtschaftsentwicklung sind durch die Bodenspekulation grüne Flecken rar geworden; das Betreten von Wiesen wurde verboten und unbebautes Gelände wurde beseitigt, das früher als „Abenteuerspielplatz" für die kleinen Städter diente. Wegen des Autos wird den Kindern nicht nur das Spielen auf den Straßen verboten, die zu gefährlich geworden sind, auch Plätze und Bürgersteige fallen für das Spielen weg, denn sie sind zu Parkplätzen geworden. Die im allgemeinen schlecht geplanten Massenbauten mit ihrer fehlenden Geräuschdämmung begrenzen den Bewegungsspielraum für Kinder auf einen Sandkasten und eine Rutschbahn. Im ländlichen Milieu läßt die durchrationalisierte Landwirtschaft den Kindern immer weniger Platz. Wann sollten sie auch die gesunde heimische Umgebung genießen, da sie ja den größten Teil des Tages in „Mittelpunktschulen" von ihr ferngehalten werden?

Es wird für Kinder und Heranwachsende immer schwieriger, eigenständige Aktivitäten zu entwickeln, denn das gesamte „erzieherische Milieu" verarmt immer mehr. Schuld daran sind ebenfalls die großen „Schulzentren"[3], in die die Kinder in weniger dicht besiedelten Gebieten sogar per Bus herangekarrt werden. Daher erklärt sich die passive Flucht vieler Jugendlicher zum Fernsehen, das zur Labilität und Gewaltverherrlichung seinen Teil beiträgt; andererseits erschließt es ihnen auch eine größere Menge an Informationen. Organisierte Freizeitaktivitäten werden von den Jugendlichen oft nicht „angenommen", weil sie zu sehr an „Schule" erinnern. Was die Sexualitäts- und Gefühlsmisere anbetrifft, so ist sie nicht spezifisch für Jugend, aber sie trifft diese härter durch die Verbote und Behinderungen, die ihnen aufgrund ihres Alters auferlegt werden.

Diese allgemeine Situation findet ihren Ausdruck in Verweigerungsreaktionen und Revolten, die in immer jüngeren Altersstufen auffallen. Dramatisch ist das Ausmaß der Fluchtreaktionen, der Selbstmordversuche. Neben den Selbstmorden, die viel zahlreicher sind, als man es zugibt, nimmt vor allem das

---

3 die in Frankreich grundsätzlich als Ganztagsschulen geführt werden

gleichgültige Verhalten gegenüber dem Tod zu. Das zeigt sich je nachdem in sinnloser Gewalt, in unbändiger Herausforderung der Gefahr oder in der Flucht zu den Drogen.

Die Mächtigen neigen dazu, diese Phänomene zu verharmlosen. Sie behaupten, daß die Mehrheit der Jugendlichen mit ihrem Schicksal zufrieden ist. Aber alle, die in permanentem Kontakt mit Jugendlichen leben, wissen, daß diese ein tiefes Unbehagen gegenüber der Situation empfinden, der sie in der Schule, auf der Straße und zuhause ausgesetzt sind. Sie reagieren darauf mit Labilität oder Passivität, oder sie demonstrieren dieses Unbehagen durch verzweifelte Handlungen. Man kann ein solch tiefgründiges Problem nicht mit brutaler Repression oder mit Besänftigungsmaßnahmen aus der Welt schaffen; beides wären nur Erscheinungsformen desselben, gegen die Jugend gerichteten „Rassismus".

Es gehört zu unserer Aufgabe als Erzieher, im Zuge einer Strategie der sozialen Veränderungen die spezifischen Bedürfnisse der Jugend öffentlich einzuklagen. Wir bemühen uns, den Dialog mit der Jugend aufrechtzuerhalten. Das Problem ist um so wichtiger, als die Jugendlichen – wenn sie auch heute als Wähler noch wenig ins Gewicht fallen – doch später unvermeidlich die Stelle der Erwachsenen einnehmen werden, auch wenn die Erwachsenen sie nicht darauf vorbereitet haben. Dies ist z.B. der Grund für die Sensibilität der Jugendlichen gegenüber manchen Problemen (z.B. ökologischen Fragen); sie wollen sich später nicht auswegloser Situationen gegenübersehen, die durch irreversible Prozesse verursacht sind.

Besonders wichtig ist es, sie nicht mit *irgendeiner beliebigen* Ausbildung alleinzulassen angesichts der schweren Probleme, die sie einmal zu lösen haben werden. Daher weisen wir dringend auf die Gefahr hin, die es bedeutet, mit der stupidesten und schädlichsten aller Erziehungsformen, der Konditionierung, einfach fortzufahren. Wir dürfen nicht weiter eine „Leistungs-Dressur" praktizieren, sei es in starrer und strenger oder in moderner, ausgeklügelter Form.

1.3 Die sexistische Schule

Ebenso wie die kapitalistische Gesellschaft selbst klagen wir die Unterdrückung der Jugendlichen und der Frauen an, so wie sie sich in der Institution Schule darstellt.

Vom Kindergarten an zeigen die Bücher ein stereotypes Bild der Familie, sie gehen sogar so weit, dies Familienschema auch in den Tiergeschichten zu reproduzieren. Alles das geschieht unter dem Vorwand, das kleine Kind nicht zu verunsichern.

In den Schulbüchern werden auf hinterlistige Weise Geschlechtsstereotype eingeführt. Hier einige Beispiele: in Mathematik (Mengenlehre) sollen zwei Mengeneinheiten gebildet werden: die Jungenspielsachen und die Mädchenspielsachen; in einem Grammatiklehrbuch benutzt man für das Subjekt-Attribut diese Übung: „Wer ist die gute Fee des Hauses? Das ist die Hausfrau."; im Schreibmaschinenunterricht diktiert man in den Handelsschulen den folgenden Text: „Eine gute Sekretärin soll diskret sein, lächeln und immer Haltung bewahren..."

Der Körper der Kinder wird allgemein im Schulleben unterdrückt; davon ausgenommen sind vorhersehbare Momente, die man kontrollieren kann. Auf dem Sportplatz zum Beispiel werden die Mädchen mit Wertvorstellungen konfrontiert, die auf die Männer zugeschnitten sind: physische Kraft, Widerstandsfähigkeit, Stärke, der Wunsch, zu dominieren und zu gewinnen, Unterwerfung unter eine Regel, unter einen vordefinierten Code, Gehorsam gegenüber einem Feldwebel/Schiedsrichter...

Wenn man genauer hinschaut, sieht man, daß die Berufsberatung und die Auslese für verschiedene Berufe nach Geschlecht vorgenommen wird. Die Mädchen werden auf sogenannte „weibliche" Berufe hingelenkt, d. h. Berufe ohne Aufstiegschancen, unterqualifizierte und unterbezahlte Jobs ohne Verantwortung und Unabhängigkeit; Berufe, die scheinbar der „natürlichen Berufung" der Frau entgegenkommen:

Mütterlichkeit → Lehrberufe
Aufopferung, Hingabe → Pflegeberufe, soziale Dienste
Instrumentalisierung des Körpers → Hostess
Fleiß, Feinfühligkeit, Verständnis → Sekretärin usw.

Die Rolle der Lehrer und Lehrerinnen in der Institution Schule ist in dieser Beziehung nicht neutral. Sie tragen dazu bei, die männlichen und weiblichen Rollen zu reproduzieren. Auf einer Lehrerkonferenz hört man oft: „Das ist ein Mädchen, sie kann sitzenbleiben... sie wird ja ohnehin schnell heiraten. " Man könnte noch zahlreiche demütigende Bemerkungen hinzufügen, die an Jungen und Mädchen gleichermaßen gerichtet werden wegen ihres Betragens, mit dem Ziel, sie in ihrer Geschlechterrolle zu verstärken, z. B.:

– einem Mädchen wirft man vor, seine Kleidung und sein Verhalten sei „vermännlicht",
– einen Jungen tut man als „verweiblicht" ab.

Die Schulbehörde verwendet dieselben diskriminierenden Urteile gegenüber der Lehrerschaft: eine Lehrerin ist nicht genügend „mütterlich", ein Lehrer nicht genügend autoritär... Ein Lehrer, der sich nicht mit autoritärem Gehabe durchsetzen will, wird schief angesehen; von Lehrerinnen aber fordert man, sanft und liebenswürdig zu sein, und wenn es Lärm gibt, wirft man ihnen dann vor, nicht für Disziplin sorgen zu können. Also müssen die Männer kommen und bei ihnen mit starker Hand für Ordnung sorgen. Zusammenfassend stellen wir fest: In der heutigen Schule sind Mädchen und Frauen in Rollen eingesperrt, die ihnen eine von Männern regierte Gesellschaft von jeher zugewiesen hat.

1.4 Die modernen Formen der systematischen Massenverdummung

Die konservativen Kräfte trauern oft nostalgisch der Massenverdummung der Vergangenheit nach. Diese Nostalgie äußert sich z. B. in der Aufwertung der manuellen Arbeit: zu viele Abiturienten und nicht genügend Klempner! Die Arbeitgeberschaft hat schon immer für untergeordnete Berufe eine kurze Spezialausbildung gefordert statt einer allgemeineren, umfassenderen Ausbildung, welche erst die berufliche Mobilität sichern würde, von der heute so viel gesprochen wird. Im Idealfall sollen die Arbeiter je nach Laune der Konjunktur wie Schachfiguren versetzt und untereinander ausgetauscht werden können; man möchte ihnen jeweils ein Schnelltraining verpassen, ohne daß sie dabei mehr Wissen erwerben, als für die augenblicklichen Erfordernisse des Unternehmens nötig ist. Man behauptet einerseits, daß manuelle Berufe genau so ehrbar sind wie die anderen; in Wirklichkeit ist jedoch das gesamte Schulsystem auf der Verachtung der manuellen Tätigkeiten aufgebaut. Diese Tätigkeiten sind in der kapitalistischen Arbeitsteilung nur einfache Ausführungsaufgaben, die traditionell für die schlechtesten Schüler reserviert sind (für Kinder, die man mit folgenden Etiketten abqualifiziert: „nicht für abstraktes Denken begabt" oder „begabt mit praktischer Intelligenz").

Die frühere Massenverdummung ließ die Menschen in Unwissenheit, d. h., sie wußten noch nicht einmal, daß sie nichts wußten, und blieben daher abhängig vom platten gesunden Menschenverstand oder von Überlieferungen. Die moderne Massenverdummung macht es besser. Sie sichert denen, die wenig wissen, eine leichte Überlegenheit über die, die nichts wissen. Vor allem beweist sie ihnen, daß sie zu wenig wissen, um selbst denken und entscheiden zu können und daß sie sich, ohne zu verstehen, denen anvertrauen sollen, die – gemäß den Normen des Systems – mehr wissen als sie.

In dieser Hinsicht spielen die Massenmedien und das Schulsystem sich gegenseitig in die Hände bei dieser neuen Form der Massenverdummung. Presse und Fernsehen setzen im wesentlichen auf die spektakuläre Darbietung der Informationen, um die Aufmerksamkeit der Öffentlichkeit zu erzielen, wenn nicht gar um bewußt zu manipulieren. Was die Schule anbetrifft, so verhindert sie durch ihre festgelegten Lehrpläne, ihre bewußte Abkehr vom aktuellen Zeitgeschehen und ihre Wirklichkeitsferne eine bedürfnisgerechte, wirksame Information. Alleingelassen mit der täglichen Nachrichtenflut und der Aufgabe, für sich selbst nützliche Informationen herauszufiltern, schwankt der Einzelne zwischen dem Eindruck seiner Macht über das Zeitgeschehen, der ihm von den jederzeit und bei jedem Ereignis gegenwärtigen Massenmedien vermittelt wird, und dem Gefühl der individuellen Ohnmacht gegenüber den meisten konkreten Problemen, die auf ihn zukommen...

Es mag zu streng erscheinen, wenn man das heutige Erziehungssystem anklagt, daß es keinen Zugang zum Wissen vermittelt und statt dessen dazu führt, daß Mißerfolg und Unwissenheit verinnerlicht werden. Daher halten wir es für notwendig, diese Anklage anhand eines Beispiels zu untermauern: Nehmen wir das Verhältnis des Menschen zu seinem Körper und zu seiner Gesundheit.

Ende des 19. Jahrhunderts, im Zeitraum des Entstehens der Pflichtschule, ist die Medizin noch kaum in ihr modernes Entwicklungsstadium getreten. Das Krankenhaus wird noch als ein „Sterbehaus" empfunden, die Menschen suchen eher Hilfe bei den Hausmitteln der Kräuterweiber als bei den Ärzten; sie vertrauen mehr auf die Methoden der Quacksalber oder gar auf Novenen und Pilgerfahrten. Ein Jahrhundert später hat sich die Lebenserwartung deutlich verlängert, Hygiene, Medizin und Chirurgie haben unbestreitbar Fortschritte gemacht. Aber was hat die Erziehung dazu beigetragen? Wenn sie ein vernünftiges Wissen über den Körper vermittelt und die Menschen gelehrt hätte, sorgfältig auf eine ausgewogene Lebensweise zu achten, dann hätte man diejenigen Krankheiten vermindert, die vom Menschen selbst verursacht werden. Statt dessen erlebt man zur Zeit, wie all die Übel um sich greifen, die der Mensch bei sich selbst hervorruft durch den Mißbrauch von ungeeigneten Medizinen, von Beruhigungs- und Schlafmitteln, Abführ- und Aufputschmitteln und Abmagerungskuren. Ist das ein Zufall? Wir glauben im Gegenteil, daß die Schule daran schuld ist. Sie hat die Menschen nicht gelehrt, den natürlichen Bedürfnissen des eigenen Körpers aufmerksame Beachtung zu schenken. Statt dessen hat sie eine frömmelnde Bewunderung für die absolute Macht der Wissenschaft entwickelt und eine antibiologische Auffassung vom Gesundsein gefördert: der Körper soll auf Kommando fähig sein zu schlafen, sich in Form zu halten, abzumagern, sich zu entleeren, fast wie auf Knopfdruck, indem man ohne Nachdenken ein Medikamentenröhrchen öffnet. Ein solches Verhalten hat nichts mit Unwissenheit zu tun; das zeigt die Tatsache, daß es gerade *nicht* die ungebildetsten Schichten sind, in denen der Medikamenten-Mißbrauch wütet. Tatsächlich hat ein bestimmter Sozialisationstypus – weit davon entfernt, eine vernünftige Einstellung zum eigenen Körper zu entwickeln – im Gegenteil geradezu fetischistische Verhaltensweisen auf den Arzt und vor allem auf die Medikamente übertragen. Das Gesundheitswesen hat Fortschritte machen können, aber das Verhältnis des Menschen zu seinem Körper hat sich verschlechtert.

Für uns besteht die Gesundheitserziehung nicht darin, sich blind dem großen Wunderdoktor anzuvertrauen, Impfungen zu sammeln oder übertrieben medizinische Drogen aller Art zu konsumieren, sondern sich der biologischen Realitäten des menschlichen Körpers bewußt zu werden. Diese fordern von uns in erster Linie eine vernünftige „Lebenshygiene" und eine gewisse Zahl bewußter Entscheidungen hinsichtlich der sozialen, ökonomischen und politischen Organisation unseres Lebens.

1.5 Erziehungsprobleme beschränken sich nicht auf die Vermittlung von Wissen

Die konservativen Kreise spielen den Gegensatz aus zwischen den „Erziehern von Beruf", die in die Rolle von Wissensvermittlern eingezwängt sind, und den „natürlichen Erziehern", d. h. den Eltern. Sie sprechen der Familie gern das Erziehungsmonopol zu, ohne sich um dessen Nichterfüllung zu kümmern; die heutigen Lebens- und Arbeitsbedingungen sowie die Partnerprobleme der Eltern verhindern oft ein richtiges Eingehen auf die Kinder. Ganz allgemein ist dieses „Erziehungsmonopol" der Eltern ohnehin in Frage gestellt durch die fehlende Vorbereitung auf eine solche Verantwortung.

Leider ist die restriktive Auffassung von Erziehung, die sich auf den Erwerb von Wissen beschränkt, nicht nur unter den Konservativen verbreitet. Erzieherische Überlegungen und pädagogische Entscheidungen erscheinen aus dieser Sicht oft als relativ unwichtige „Verpackung" jenes Wissens, das auch noch von möglichst hohem Niveau sein soll. Aus dieser Perspektive wären alle pädagogischen Maßnahmen akzeptabel, wenn sie nur die gleichen Resultate bringen. Aber damit ist die Frage noch nicht geklärt, was man auf dem Gebiet der Erziehung überhaupt „Resultate" nennen kann.

1.6 Die Bedeutung der Erziehungsstrategie für die politische Strategie

Die Schule allein kann die Gesellschaft nicht verändern. Dennoch sind die Praktiker der Bewegung für eine neue Erziehung nicht vor dieser „pädagogischen Illusion" gefeit – wenigstens nicht in der Schule, so wie sie heute funktioniert. Solange man isoliert oder auf sich selbst konzentriert lebt, ohne die Anregung und kooperative Kritik, die die Arbeit in einer Lehrergruppe und die Öffnung der Schule zur Außenwelt bieten, ist die Versuchung groß, die eigenen Aktivitäten in der Klasse für *den* wesentlichen, wenn nicht sogar ausreichenden Beitrag zu der sozialen Revolution zu halten. Das heißt, folgende Tatsachen zu vergessen oder außer acht zu lassen:

- Die Schule ist nur einer der Determinationsfaktoren der Erziehung, und ihr Einfluß ist um so geringer, je weniger sie eingebettet ist in einen permanenten Dialog und eine ständige Aktionseinheit mit allen sozialen Schichten.
- Die Schule wird selbst determiniert in ihrer inneren Organisation, in ihren Regeln und Riten, in ihren Lernzielen durch eine ganze Anzahl offizieller Vorschriften, Gewohnheiten und Zwänge. Diese schränken den Aktionsradius jedes progressiven Lehrers ein und durchkreuzen ihn.
- Die sozialen und politischen Gegebenheiten, die Arbeits- und Lebensbedingungen der Eltern sowie der Kinder beeinflussen in entscheidender Weise die Erziehung der jungen Generation.
- Die Organisation der schulischen Institutionen und die augenblicklich herrschenden politischen Zielvorstellungen wirken darauf hin, daß hauptsächlich das sozio-kulturelle Herkunftsmilieu über die schulische Zukunft des Kindes entscheidet, und es ist kein Zufall, wenn man in diesem Zusammenhang konstatieren muß, daß die Kinder mit Schulschwierigkeiten vorwiegend aus der Arbeiter- und Bauernklasse stammen.

Deshalb lehnen wir jede pädagogische Illusion ab. Man kann Pädagogik und Politik, Schule und Gesellschaft nicht voneinander trennen. Aber ebenso nachdrücklich fügen wir hinzu: das pädagogische und erzieherische Handeln hat einen wichtigen Stellenwert innerhalb des politischen Kampfes; dieses Handeln kann jedoch nicht nur Sache der einzelnen Lehrer sein; die ganze pädagogische Bewegung muß stark genug sein, um wirksam die Tatsache zu vertreten, daß ohne eine radikale Umformung der gesamten erzieherischen Strukturen jeder gesellschaftsverändernde Ansatz an Glaubwürdigkeit und Kraft verlieren muß.

So glauben wir, daß sich der aktuelle Kampf der proletarischen Erzieher auf die beiden Fronten Pädagogik und Politik zugleich richten sollte. Gemäß Freinet denken wir mehr als jemals zuvor: „Wir würden es nicht verstehen, wenn einige Kameraden die neue Pädagogik betreiben, ohne sich um die entscheidenden Kämpfe zu kümmern, die sich vor den Toren der Schule abspielen; aber wir verstehen noch weniger diejenigen Erzieher, die sich aktiv für die militante Aktion einsetzen und begeistern und in ihrer Klasse friedliche Konservative bleiben."

Reformen, woher sie auch kommen mögen, können allein die Schule nicht verändern. Immer mehr Menschen werden sich der selektiven Funktion der Schule bewußt; und in den letzten Jahren ist unter dem Druck dieses neuen Bewußtseins und der Ablehnung, die es hervorruft, eine Lawine von hastig ausgearbeiteten Reformen in Gang gesetzt worden. Mit diesen Reformen wollte man außerdem neuen gesellschaftlichen Bedürfnissen Rechnung tragen.

Wir wiederholen jedoch: Reformen werden diese Schule nicht ändern. Wenn wir uns ihnen widersetzen, dann wollen wir damit aufzeigen, in welchem Maße sie die momentane Situation noch verschlimmern. Wir wollen uns nicht schlagen für verschleierte Formen des Status quo. Das traditionelle Schulsystem kennt nur die Wahl zwischen Elitebildung und Nivellierung. Wir lehnen diese falschen Alternativen ab. Uns interessieren z. B. nicht so sehr die Abiturbestimmungen im Detail, sondern wir wollen grundsätzlich das System schulischer Leistungskontrollen neu überdenken. Wir wollen für die Gesamtdauer der Schulzeit ein System vielfältiger und flexibel handhabbarer „Leistungseinheiten" einführen, die nicht darauf abzielen, auf dem Wege sturer Büffelei zu selektieren, sondern die es erlauben, den Leistungszuwachs und das Niveau der erworbenen Fähigkeiten in den verschiedensten Bereichen zuverlässig zu registrieren.

Wir wollen uns damit für eine Perspektive lebenslanger Erziehung einsetzen, deren Ziel die freie Entfaltung aller Menschen ist. Reformen werden diese Schule nicht ändern: Wirkliche Veränderungen können sich nicht im Rahmen einseitiger Entscheidungen vollziehen, vor allem, wenn sie sich nicht gegen diejenigen Faktoren richten, welche das Überleben des Systems sichern: die Uniformität, die Selektion, die autoritäre Bürokratie. Die Schule soll in Kooperation mit ihren „Benutzern" verändert werden, mit Erwachsenen und Jugendlichen; dazu müssen sie das Recht auf Eigeninitiative und Autonomie in Anspruch nehmen, was die gegenwärtige Trägheit und Unterwürfigkeit überwinden helfen würde. Dies alles muß eingebettet sein in den Rahmen einer umfassenden politischen Aktion, durch die alle Praktiken gefördert werden, die mit der herkömmlichen Schule brechen (freier Ausdruck, kollektive Selbstverwaltung, Erzieherteams, Infragestellung von Autoritätsfunktionen wie die Kontrollbesuche der Schulräte, usw.). Diese neuen Ansätze dürfen nicht als anormale Erscheinungen mit subversivem Charakter betrachtet werden, sondern als institutionelle Bedingungen, die für eine wirkliche Veränderung unumgänglich sind.

Jedes erzieherische Detail birgt eine bewußte oder unbewußte politische Entscheidung in sich. Erziehung ist politisch.

Wir kehren uns ab von pädagogischen und reformistischen Illusionen und behaupten, daß die Demokratisierung der bürgerlichen Schule ein Köder ist, daß nur eine demokratische Gesellschaft, die Profit, Ausbeutung und eine autoritäre Staatsform verwirft, das Entstehen einer „Schule der Volkes" ermöglicht, in der alle Kinder ihre Anlagen frei entfalten können.

Und wir behaupten auch, daß trotz der augenblicklich schwierigen Arbeitsbedingungen die pädagogische Erprobung einer Perspektive der Volkserziehung nicht warten kann: die Kinder von heute müssen den sterilisierenden Kulturmaßnahmen und der herrschsüchtigen Autorität der Erwachsenenwelt entkommen können. Die Gesellschaft von morgen braucht Erprobungsfelder und neue Orientierungspunkte für die Gestaltung einer sozialen und schulischen Praxis, in der es keine hierarchischen, autoritären Strukturen gibt, welche untrennbar verbunden sind mit ökonomischer Ausbeutung und schulischer Auslese.

Kann man ernsthaft glauben, daß man eine Chance hätte, einen von Entfremdung befreiten sozialen Staat zu gründen, wenn man weiterhin die Erziehung auf Gehorsam gegenüber Individuen (Eltern, Lehrern) aufbaut, auf Respekt vor erzwungener physischer oder intellektueller Autorität, auf Wettbewerb und individuellem Aufstieg?

Deshalb wollen wir zeigen, daß das heutige Erziehungssystem nicht nur aufgrund seiner Chancenungleichheit und des tendenziösen Charakters seiner Unterrichtsinhalte reaktionär ist, sondern auch und vor allem deshalb, weil von Kindheit an die Individuen so konditioniert, daß sie ständig nach Vorbildern suchen oder sich auf einen über ihnen Stehenden verlassen. Deshalb stellen wir eine Erziehung in Frage, die die Individuen vereinzelt und manipuliert, die jeden nach dem Fortschritt in seinem eigenen Schulbuch bewertet und zur individuellen Arbeit zwingt. Deshalb wollen wir eine Erziehungsstrategie anwenden, die sich nicht auf Individualismus und Rivalität gründet, sondern auf kooperative Organisation und gemeinschaftliche Nutzung von gesammelten Informationen und von Lernmaterial, das allen zur Verfügung steht. Deshalb legen wir das Schwergewicht auf alles, was den Menschen öffnet für Kooperation und Solidarität, auf der Ebene der Kinder so gut wie auf der Ebene der Erwachsenen: das Verlassen des „geschlossenen"

Klassenraumes, das Arbeiten in Lehrer-Teams, die Öffnung der Schule für die Eltern und die Arbeiter, der Einfluß auf die natürliche und soziale Umwelt. Dies sind für uns bewußte pädagogische Entscheidungen, die einen politischen Stellenwert haben. Sie sind für uns ebenso wesentliche Fragen wie die Strukturen der Institution Schule, der Umfang des Haushaltsetats oder die Dauer der schulischen Erziehung.

Das ausschlaggebende Moment für unsere politische Ausrichtung ist das erzieherische Engagement, welches sich mit dem politischen Engagement vereinigt und dieses bereichert und konkretisiert.

2 Das Scheitern in der Schule

Von allen Problemen, die sich in der Schule stellen – und zwar schon von der Grundschule an – ist das Problem der Nachzügler und der Sitzenbleiber, mit einem Wort: das Problem des schulischen Scheiterns, das von vielen Jugendlichen und Eltern am schmerzhaftesten erlebte Problem.

Dieses Schulversagen nimmt Massendimensionen an. Vom Ende des 1. Vorschuljahres an scheitern schon 33%. Die offiziellen Zahlen geben ebenfalls an, daß mehr als die Hälfte der Kinder im dritten Grundschuljahr ein-, zwei- oder dreimal sitzengeblieben sind.

Dagegen ist die Zahl derjenigen, die ihre Schulzeit den Normen des Systems entsprechend durchlaufen und mit den angestrebten Abschlüssen beenden, dermaßen klein, daß sie jeden Verantwortlichen beunruhigen müßte, welcher sich darum bemüht, die selbstgesteckten Ziele auch zu erreichen.

Unsere Regierung ängstigt sich nicht übermäßig wegen dieser Situation. Hat man sie schon etwas anderes verkünden hören als ihre Selbstzufriedenheit? Das hängt wahrscheinlich davon ab, daß für sie die wahre Aufgabe des gegenwärtigen Schulsystems nicht der Schul*erfolg* ist, sondern im Gegenteil das allgemeine Scheitern, wofern nur die Selektion zugunsten einer Minderheit aufrechterhalten wird.

Dieses Scheitern hat den Charakter einer Sozialauslese: es trifft vor allem (zu 75%) die Kinder aus dem Arbeitermilieu. Tausende von Kindern leben also abseits einer normalen Schullaufbahn. Entweder werden für sie besondere „Beschulungsmaßnahmen" geschaffen, oder sie vegetieren auf den Hinterbänken sogenannter „normaler" Klassen vor sich hin. Im ersten Fall werden sie in spezielle Sonderschul-Abteilungen der Grundschule verwiesen. Sie tragen das Etikett von Geistesschwachen und werden oft verachtet. In dem zweiten Fall bilden sie die Heerschar der Sitzenbleiber, die die Schule ohne wirkliche Schulausbildung verlassen und dann auch ohne *Berufs*ausbildung in das „Berufsleben" eintreten, wo sie wenig Chancen haben, eine Stellung zu finden.

2.1 Das Problem der Begabung

Wenn man den Streitgesprächen über dieses Thema zuhört, könnte man glauben, das Wesentlichste sei, für jedes Lebewesen herauszufinden, welchen Anteil die *angeborenen* Fähigkeiten an seiner Entwicklung haben, die schon vor der Geburt in seine Chromosomen eingeprägt wurden, und welcher Anteil den *erworbenen* Verhaltensweisen zukommt. Ein Problem, das noch nicht einmal für die Tiere geklärt ist, viel weniger noch für die Menschen. Beim Menschen ist dieses Problem noch viel komplexer aufgrund der Tatsache, daß sein gesamtes Verhalten das Resultat des Lebens in der Gesellschaft ist. Den „Wolfskindern", die abgeschieden im Wald aufwuchsen oder von frühester Kindheit an von menschlichem Kontakt isoliert waren, fehlen nicht nur die Sprache und das begriffliche Denken, sondern oft auch der aufrechte Gang, der nicht angeboren zu sein scheint. Alles im menschlichen Wesen wird hervorgebracht durch die Interaktion der Umwelt mit den erblich programmierten Nervenstrukturen.

Warum haben so viele Jungen der Bach-Familie von ihrem Vater das musikalische Talent geerbt, während scheinbar kein Mädchen etwas davon mitbekommen hat? Ist das musikalische Talent, wie gewisse Krankheiten, etwa eine Erbanlage, die nur an die Männer weitergegeben wird? Oder sollte man nicht eher die Erklärung dafür im sozialen System der damaligen Zeit suchen, das die Frauen auf ihren Status als Ehefrau und Mutter festlegte?

Das wichtigste Problem ist nicht das der Begabung, die bei der Geburt empfangen wurde, sondern die Frage, was man aus ihr macht. Auf sportlichem Gebiet kann es die Entscheidung für eine Elitebildung sein, wo man sich mit allen Mitteln (Dressur eingeschlossen, Doping nicht ausgeschlossen) für die „Züchtung" von Champions engagiert. Man könnte auch die Entscheidung treffen, daß man allen die beste physische Kondition zusichert, sogar denen, deren Leistungen mittelmäßig sind. Es ist also ein *soziales* Problem, darüber zu entscheiden, ob man ein Kind, das nicht einmal mehr laufen kann, als bettlägerig aufgibt oder ob man alles in Bewegung setzt, um ihm die selbständige Fortbewegung zu ermöglichen, sogar wenn dies genauso teuer ist, wie einen neuen „Champion" zu fabrizieren. Man kennt die Erfolge, die die Wissenschaft zugunsten der Behinderten erreicht, die ohne physische Fähigkeiten geboren werden.

Während man es auf dem Gebiet physischer Behinderung ungeheuerlich findet, jemanden aufzugeben, ohne ihm geholfen zu haben, ist es ein allgemeines Gesetz des heutigen Erziehungssystems, eine Menge Kinder abzuweisen, denen man noch nicht einmal die Gelegenheit gegeben hat, ihre Fähigkeiten überhaupt zu zeigen. Und von daher rechtfertigt man die offizielle Feststellung des Scheiterns: wahrscheinlich kann ein Kind, dem man nicht die Möglichkeit gegeben hat, etwas zu lernen, denjenigen auch nicht widerlegen, der es als unfähig bezeichnet. Manchmal kommt das jedoch vor, und besonders unter den außergewöhnlichen Menschen findet man den ehemaligen schlechten Schüler, den mittelmäßigen Schüler. Aber man hat dafür auch schnell eine Entgegnung parat: es handelte sich um Hochbegabte, die deshalb dem allgemeinen Rhythmus nicht folgen konnten!

Tatsächlich ist das Problem der angeborenen Fähigkeiten, das Problem der Begabung in der Erziehung ein unlösbares Paradox. Die Kinder werden zweifellos mit verschiedenen Möglichkeiten geboren, aber niemand kann diese mit Sicherheit feststellen, und niemand kann sie ändern. Was zählt, ist also, für alle Kinder alle Hebel in Bewegung zu setzen, damit alle Fähigkeiten maximal entwickelt werden können; wenn man dabei auf Hindernisse stößt, muß man Mittel suchen, um sie zu überwinden oder zu umgehen.

2.2 Die Verweigerung der Identität

Alle Herrschaftssysteme setzen ihren politischen und kulturellen Imperialismus durch, indem sie den Individuen das Recht auf eine persönliche Identität verweigern, ja sogar noch entschiedener die Zugehörigkeit zu einer kollektiven Persönlichkeit, die ihren Interessen nicht dient (die Freundes-Clique, die Klassengruppe, regionale oder ethnische Eigenständigkeit, die soziale Klasse, die philosophische oder politische Gruppe, das kulturelle Milieu). Das Erziehungssystem verhält sich in diesem Sinne genauso wie ein Herrschaftssystem. Man weiß, mit welcher Grausamkeit die öffentliche Schule früher die regionale Identität der Kinder zerstörte: das Kind, das dabei überrascht wurde, seinen heimischen Dialekt zu sprechen, wurde an den Pranger gestellt mit dem Holzschuh um den Hals...

Die Kenntnis mehrerer „Sprachen" kann sich jedoch positiv auf die individuelle Entwicklung auswirken; so hätte auch der Reichtum der regionalen Kultur eine Gelegenheit zur Vertiefung der Bildung abgeben können. Aber das Problem war ja nicht, die Entfaltung der Kinder zu fördern, sondern all das auszuschalten, was nicht dem gewünschten Ziel unterworfen war: der herrschenden Kultur. Heute läuft der Integrationsprozeß von Fremdarbeiterkindern nach dem gleichen Muster ab.

Das Erziehungssystem verweigert den Kindern aus dem Arbeitermilieu ebenso jegliche Identität mit ihrer sozialen Klasse. Die Sprache der Schule ist nicht die, die das Kind in seiner Familie hört. Es ist auch nicht die, die von der Bourgeoisie den ganzen Tag über benutzt wird. Man braucht nur geheime Aufzeichnungen anzuhören (wie es die Amerikaner anläßlich des Watergate-Skandals getan haben), um zu wissen, daß sogar die „Herrschafts-Elite" nicht immer die geschliffene Sprache spricht, die man in offiziellen Reden hört. Trotzdem lernt das Kind aus den gehobenen Schichten leichter *zwei* Sprachen: die Sprache, die in der Familie benutzt wird, und die offizielle Sprache der „Académie Française". Das Kind aus der Unterschicht aber wird dauernd angeschnauzt, weil es nicht die „schöne Sprache" spricht.

Das Problem beschränkt sich übrigens nicht nur auf die Sprache: alle kulturellen Bezüge sind außerhalb der Aktivitäten und Realitäten des Lebens der Unterschicht angesiedelt. Es genügt, Lesebücher, Grammatikbeispiele und Rechenaufgaben einmal kritisch durchzusehen, um zu merken, wie verwirrt und „heimatlos" sich ein Arbeiterkind dabei fühlen muß. Außerdem erlebt jedes Kind, jeder Heranwachsende, daß ihm seine spezifische Identität als Jugendlicher verweigert wird, mit allem, was dazu gehört: seiner Mentalität und seiner Affektivität, den Interessen und Vorlieben seines Alters. Beim Eintritt in das Schulsystem soll er seine Persönlichkeit und alles was sie ausmacht, ablegen, um nur noch ein „Standard-Schüler" zu sein. Das Empörendste ist, daß man vorgibt, ihn wie einen Erwachsenen zu behandeln, während man ihm in Wirklichkeit gewaltsam die Werte und Normen aufhalst, die er als Erwachsener annehmen soll. Gleichzeitig verweigert man ihm dabei jedoch jede Eigeninitiative und Verantwortung. Was aber ist ein Erwachsener, wenn nicht ein autonomer, selbstverantwortlich handelnder Mensch?

2.3 Die Scheinheiligkeit der Begriffe „Leistung" und „Verdienst"

Das wichtigste Postulat, auf dem die Verinnerlichung des Scheiterns ruht, ist: „Jeder kann Erfolg haben, je nach seinen Begabungen und seiner Tüchtigkeit". Dadurch gibt es für denjenigen, der scheitert, nur folgende Alternative: entweder er erkennt seine Unfähigkeit und Minderwertigkeit an, oder er muß zugeben, daß er sich nicht genügend angestrengt hat. Das Erziehungssystem entwickelt eine „Ideologie des Sich-Anstrengens", die ganz und gar nicht harmlos ist.

Wir, die wir das Ziel von Freinet, eine Erziehung zur Arbeit, übernehmen, verdammen nicht den Appell an das Bemühen an sich; allerdings muß man über den oberflächlichen Aspekt der Dinge hinausgehen.

Wenn es überhaupt ein Kind gibt, das von seiner Umgebung her mehr an Mühen und Anstrengung als an ein leichtes Leben gewöhnt ist, dann ist es das Arbeiterkind. Es weiß viel eher als das Kind aus der Mittelschicht, daß ihm die gebratenen Tauben nicht in den Mund fliegen, wie das Sprichwort sagt. Man dürfte also meinen, daß es mehr Fleiß und Ausdauer aufbringt als ein Mittelschicht-Kind, um Erfolg zu haben.

Das hieße aber den gesamten schulischen Kontext vergessen, in dem dieser Appell zur Anstrengung an das Kind ergeht. Im Arbeitermilieu herrscht ein Realismus vor, der die Anstrengungen immer auf konkrete, im allgemeinen nutzbringende, fest umrissene Ziele richtet. Die von der Schule vorgeschlagenen Lernziele sind aber immer abstrakt, von jeder Realität losgelöst; selbst wenn sie im Leben nützlich sein können, wird dieser Aspekt sorgfältig im Hintergrund gehalten. Das Streben nach Erkenntnis scheint eine total grundlose Übung ohne praktischen Nutzen zu sein. Wenn das Kind fragt: „Wozu lernt man das?", antwortet man ihm: „Das wirst du später sehen." Seltsamerweise fordert man, daß die Triebfeder für die Suche nach der reinen Erkenntnis nur die Freude an der Erkenntnis selbst sei; im anderen Zusammenhang aber werden Freude und Vergnügen in allen ihren Formen verleugnet und angeprangert. Bis zu einem solchen Grad, daß es viele Lehrer und Eltern verdächtig finden, wenn die Kinder unter veränderten erzieherischen Bedingungen mit Freude zur Schule gehen: „Ist das nicht ein Zeichen dafür, daß dort nicht gearbeitet wird?"

Von daher meinen wir, daß man die Langeweile in der Schule zu den Auslesefaktoren rechnen muß, denn diese (künstlich erzeugte und aufrechterhaltene) Langeweile beschleunigt das Abspringen der Arbeiterkinder.

Das Kind aus dem Arbeitermilieu, das kein realistisches Ziel für seine Anstrengungen sieht und nicht durch die Freude am Lernen motiviert ist, hat keinen anderen Antrieb zum Lernen als die Hoffnung, erfolgreich zu sein. Und gerade auf dieser Ebene bekommt es starke Minderwertigkeitskomplexe gegenüber einem Kind aus bessergestelltem Milieu, das viele Anregungen erhält, die es vorwärtsbringen. Man weiß, wie schwierig es manchmal ist, Arbeiter-Eltern dazu zu überreden, ihr Kind auf weiterbildende Schulen zu schicken, sogar mit einem Stipendium; so sehr sind sie davon überzeugt, daß das nichts für sie ist.

Dagegen muß man einmal beobachten, mit welcher Ausdauer und Anstrengung die Kinder aus bevorzugtem Milieu vom Elternhaus unterstützt werden. Für sie ist das Scheitern eine solche Abweichung von dem vorgezeichneten

Lebensweg, daß es, wenn es trotz allem vorkommt, ernste Traumata nach sich zieht und das Kind in eine Neurose treiben kann; und manchmal bekommen auch die Eltern eine Neurose, indem sie sich fragen, was sie nur getan haben, daß sie ein solches Monster hervorgebracht haben.

Wenn sie scheitern, verinnerlichen die Kinder ihr Versagen. („Ich war zu dumm", oder „Das kommt, weil ich in der Schule nur gefaulenzt habe".) Das System bereitet sie darauf vor, alle Ansprüche fahren zu lassen und die „objektive" Überlegenheit der Erfolgreichen anzuerkennen. Damit wird die soziale Realität, die das Versagen hervorbrachte, verdeckt. Wenn das Arbeiterkind jedoch Erfolg hat, wird es dazu gebracht, als „Aufsteiger" die Werte seiner sozialen Klasse zu verleugnen.

2.4 Die Selektionsfilter

Die verschiedenen Niveaus des Erziehungssystems sind sozusagen als Klärbecken konzipiert, wo man die „Besten" herausfiltert, d. h., diejenigen, die sich den Normen des Systems am besten angepaßt haben. Praktisch ist in jedem Schuljahr ein Filter zu passieren.

Diejenigen, die durch einen Filter hindurchgelangt sind, wissen, daß sie dank des Systems eine gewisse Macht erworben haben (selbst wenn es nur die des Vorwärtskommens in Richtung auf einen neuen Filter ist) – eine Macht, welche sie unwillkürlich vor den Angehörigen unterer Schichten schützen werden. Dies erklärt z. B. die „Verteidigungshaltung" einer Vielzahl von Lehrern gegenüber ihren Schülern. Solche Lehrer sind im Grunde gar nicht darauf erpicht, ihr Wissen zu teilen und sich dem Dienst an den Jugendlichen zu widmen; sie versuchen im Gegenteil fieberhaft die Autorität aufrechtzuerhalten, welche ihnen ihr Wissensvorsprung verleiht. Ihr persönlicher guter Wille soll nicht bestritten werden, aber sie sind selbst so konditioniert worden durch ein System, von dem sie sich nur befreien können, wenn sie es in Frage stellen.

Das zurechtgezimmerte Gerüst des sozialen Lebens hält sich nur aufrecht durch das Zögern und die Weigerung eines jeden, dieses System anzufechten, aus Angst, seinen eigenen Platz in der Hierarchie zu gefährden. Es erscheint uns außerdem notwendig, den Mechanismus, der das Wissen mit technokratischer Macht verbindet, von seinen Grundlagen her in Frage zu stellen.

2.5 Die Schwierigkeiten des Zugangs zum Wissen

Wenn es wirklich, wie verkündet wird, das Ziel des Erziehungsystems ist, das Wissen maximal unter den Menschen zu verbreiten, dann würden in diesem Schulsystem nicht immer neue Hindernisse und Schikanen aller Art aufgebaut werden, die das Verlangen nach Wissen zügeln und bremsen.

An erster Stelle der Hindernisse stehen dabei die „linear" aufgebauten Lehrpläne. Während das menschliche Wissen ein unendliches Geflecht mit vielfältigen Verbindungen untereinander darstellt, wird das Schulwissen in verschiedenen Ausschnitten, den Fächern, in linearer Abfolge verabreicht, wobei jedes Fach eine verschiedene Ordnung hat und total unabhängig von den anderen ist: der Lehrplan in Mathematik hat keinerlei Verbindung zum Physiklehrplan, das Literaturpensum hat keine Verbindung zum Geschichtsunterricht usw. Diese Zerlegung entspricht in keiner Weise der Realität. Wenn auch gewisse grundlegende Konzeptionen für den Aufbau gewisser Schlußfolgerungen notwendig sind, so ist es doch falsch, daß es im Bewußtsein eine vorherbestimmte Ordnung gibt. Die Entwicklung der Naturwissenschaften nahm durchaus keinen linearen Verlauf; der Vorwand jedoch, daß man Zeit gewinnt durch Vermeidung von Versuch und Irrtum, welche am Anfang aller großen Entdeckungen standen, ist trügerisch. Man braucht ja nur den Prozentsatz von Mißerfolgen zu betrachten, welche dieses Unterrichtskonzept hervorbringt.

In Wirklichkeit hemmt diese Zerlegung in Segmente das Verlangen nach Wissen. Wenn sich die Neugier des Kindes auf ein Thema richtet, kommt es ziemlich oft vor, daß man ihm antwortet: „Das steht nicht im Lehrplan, das wirst du später lernen", oder auch: „Du kannst das nicht verstehen, weil dir die Vorkenntnisse dazu fehlen."; und diese Vorkenntnisse sind oft so weit von dem Objekt entfernt, das die Neugier des Kindes erregt hat, daß das Kind sehr oft darauf verzichtet; das wiederum läßt die Lehrer darauf schließen, daß das Interesse des Kindes nur oberflächlich war.

Die Distanz zwischen dem Wissen und dem Lernenden wird auch wie eh und je durch den Fachjargon, durch Definitionen und Symbole vertieft. Sicher ist es normal, daß die Spezialisten ihr Vokabular standardisieren, um präzise bestimmen zu können, wovon sie sprechen (auch das ist leider nicht immer der Fall!). Aber diese Normung ist der Endpunkt eines Prozesses, während man sie meistens zur Voraussetzung macht... Bevor man zum Kernpunkt des Themas vordringt, muß man langwierige Lektionen mit einem fremden Vokabular durchstehen, die um so schlechter verdaulich sind, als sie nur vorbereitenden Charakter haben. Und meistens stellt es ein großes Hindernis beim Lernen dar, wenn man die Bedeutung von Fachtermini und Symbolen nicht kennt, auf die man in jeder Zeile trifft; es reicht, wenn man nur eines davon nicht entschlüsseln kann, um in seinem Vorwärtskommen blockiert zu sein.

Das traditionelle Werkzeug dieser Wissensvermittlung ist das Schulbuch. Es gibt vor, die für ein bestimmtes Niveau nötigen und ausreichenden Kenntnisse bereitzuhalten. Es soll für alles und für alle genügen. Es stellt keine Arbeitsanleitung dar, die anregt zu eigenen Erfahrungen, zur Lektüre oder zur eigenen Konfrontation mit Dokumenten; es enthält alles, es entbindet von jeder eigenen Bemühung, es ist *die Anti-Bibliothek*.

Angesichts so vieler Hindernisse, denen man begegnet, bevor man zu nützlichen und anwendbaren Antworten vordringt, ist es nicht verwunderlich, daß viele Jugendliche auf diesem Weg entmutigt werden. Dies gilt besonders für die Mehrzahl der Kinder, welche im häuslichen Milieu nicht die nötige Unterstützung finden für den Marsch durch das verwirrende Labyrinth des Schulwissens.

3 Der Mythos der Chancengleichheit und die Illusion der Förderung

Unsere Gesellschaft hat lange mit dem Mythos einer Schule gelebt, die den Menschen „befreit". Nach diesem Mythos genügt es, den Menschen ein bestimmtes Wissen zu vermitteln, um sie frei zu machen. Manche aufrichtigen Republikaner haben zu Beginn der 3. Republik an diesen Mythos einer Institution geglaubt, die allen Jugendlichen dieselbe Kultur unter denselben Lernbedingungen vermittelt. Anscheinend gibt es nichts Neutraleres und nichts, was mehr die Gleichheit gewährleistet. Wenn die einen Erfolg haben und die anderen scheitern, so liegt die Ursache dafür nicht in der Schule, sondern in den unterschiedlichen moralischen und intellektuellen Fähigkeiten derjenigen, die sie besuchen.

Viele Franzosen hängen noch heute an dieser Überzeugung, besonders angesichts der Tatsache, daß der Schulerfolg augenscheinlich nicht nur den Kindern der privilegierten sozialen Klassen vorbehalten ist: gibt es nicht Kinder aus dem Arbeitermilieu, die zu Spitzenberufen aufsteigen? Diese Feststellung trägt sicherlich dazu bei, die Illusion von der emanzipatorischen Schule aufrechtzuerhalten, die alle gleichermaßen fördert. Betrachtet man jedoch die Realität, so zeigt sich, daß es die Kinder aus gehobenen Familien sind, die in der Schule Erfolg haben und die Mehrheit an den Universitäten stellen. Weniger als 5% der Kinder der Arbeiter- und Bauernklasse besuchen die Universität. Die Beobachtung zeigt außerdem, daß unter den Mädchen an der Universität eine große Zahl ihr Studium aufgibt und sich eine weniger qualifizierte Arbeit sucht, damit der Ehemann seine Universitätsausbildung zu Ende bringen kann.

Unbestreitbar gibt es Ungleichheiten des Entwicklungsstandes aufgrund der Lebensbedingungen, die von der kapitalistischen Gesellschaft aufgezwungen werden. Es handelt sich dabei sowohl um materielle Lebensbedingungen als auch um ein gefühlsmäßiges Klima, das der physischen und intellektuellen Entwicklung des Kindes schadet. Diese Lebensbedingungen können so ungünstig sein, daß sie bei manchen Kindern sogar den Wunsch hemmen, zu wachsen. In diesem Kontext entstand und entwickelte sich das Thema der Chancengleichheit: eine gerechte Gesellschaft muß jedem Individuum die gleichen Möglichkeiten des Zugangs zum schulischen und beruflichen Erfolg bieten. Diese Argumentation wurde lange Zeit von fortschrittlichen Kreisen vertreten, wobei man die Funktion der Schule für die Aufrechterhaltung der sozialen Ungleichheit anprangerte. Heute wird dieses Argument von der Staatsmacht selbst übernommen: Also ist der logische Schluß erlaubt, daß – wenn die Herstellung von Chancengleichheit eine so dringende Sache ist – die soziale Ungleichheit eben doch existiert.

Aber soll man den Kampf, der gegen die Klassenunterschiede geführt werden muß, mit dem Kampf für eine angebliche Chancengleichheit verwechseln? Hätte man das Problem der sozialen Ungleichheit gelöst, wenn man die gleiche Anzahl Kinder aus verschiedenen sozialen Milieus zu einem vergleichbaren Schulerfolg führte? Wenn man auf diese Weise die Spielregeln der „sozialen Lotterie" abänderte, hätte man dann die Lotterie selbst abgeschafft? Hätten Schule und Zeugnisse dann nicht mehr die Funktion, eine soziale Hierarchie, also soziale Ungleichheit, zu rechtfertigen?

3.1 Der Gleichheitsmythos

Wir müssen die Zweideutigkeit, besser: das Trugbild der Zielvorstellung der Chancengleichheit aufdecken, denn dieses ist verknüpft mit einer schulischen und politischen Konzeption, die sich immer noch nicht loslösen kann von solchen Begriffen wie Standard und Norm, von einem Zurückbleiben hinter dieser Norm, von Wettbewerbsstreben und hierarchischem Machtgefälle...

Auf schulischem Gebiet äußert sich dies in der Durchführung von systematischer Kompensations-Pädagogik, die ihren Ursprung in der Überzeugung hat, daß es Kinder gibt, denen etwas fehlt – die soziokulturell Behinderten – und andere „Normale", denen nichts fehlt. So ist also die wichtigste Sorge des

Erziehers nicht der Respekt vor dem Kind, sondern die Respektierung der Normen und Regeln. Die Erzieher dienen so, ohne ihr Wissen und in Widerspruch zu ihrer politischen Einstellung, meistens der sozialen Hierarchie, indem sie sich für die Hierarchien und kulturellen Spaltungen verbürgen und sie verstärken. Systematische Kompensationserziehung, gerechtfertigt durch die Ideologie von der Minderwertigkeit der Kinder aus den unteren sozialen Schichten, hat natürlicherweise zur Folge, daß implizit das Hindernisrennen legitimiert wird, welches die schulische Laufbahn heute für die Kinder darstellt. Außerdem, was bedeutet es schon, im Bereich der Schule gleiche Chancen zu bieten, wenn am Ende des Rennens immer noch Macht und Geld auf die einen, Abhängigkeit und Ausbeutung auf die anderen warten?

Denn auf sozialem Gebiet ist nach Ende der Schulzeit die Ungleichheit von Gehalt, Macht und beruflichem Ansehen eine Realität, die zeigt, von welchen Chancen man spricht: nämlich von den Chancen, zur sozialen und kulturellen Elite zu gehören. Das ist die Realität der kapitalistischen Gesellschaft. Auch die sozialistische Gesellschaft wird Gefahr laufen, daß dies zu einer Realität wird, wenn sie sich nicht die Abschaffung der Privilegien zum Ziel setzt, welche sich aus der Arbeitsteilung ergeben. Bekanntermaßen werden diese Privilegien heute gerechtfertigt für eine kulturelle Hierarchie, die sich durch ihre Schulbildung legitimiert. Also hat die Schule auch dort die Funktion, soziale Unterschiede abzustützen und zu sanktionieren.

Man sieht, die Zwiespältigkeit des Themas „Chancengleichheit" ist letztlich verankert in einer falschen erzieherischen Grundhaltung: das Kind und der zukünftige Erwachsene werden immer als Objekt und nicht als Person betrachtet; von den Kindern wird außerdem gefordert, sich gleichförmig an ein starres Schulsystem anzupassen. Dieser gleichförmige Maßstab hat natürlich selektive Auswirkungen; und dadurch bereitet man die Erwachsenen darauf vor, fatalistisch den Platz in der Gesellschaft zu akzeptieren, den ihnen ihre „Verdienste" oder die „unglücklichen Umstände" zuweisen.

Täglich widersetzen wir uns diesem Geschäft der Normierung von Kindern und Jugendlichen, das notwendigerweise zum massiven Scheitern einer Vielzahl von ihnen führt – besonders derjenigen, die aus den unteren Schichten kommen. Es gibt kein typisches Kind, kein von den Psychologen und Pädagogen erfundenes Norm-Kind, sondern Kinder, aus den oberen wie aus den Arbeiterschichten, mit den Freuden und Leiden aller Kinder, mit den Ungerechtigkeiten und Privilegien ihres sozialen Milieus: also Kinder, die zugleich ähnlich und verschieden sind. Ähnlich in ihren unentfalteten Möglichkeiten, in ihrem Wunsch nach Leben, Spielen, Schaffen, Lieben und Geliebtwerden... Verschieden durch die Zuneigung, die ihnen zuteil wurde, verschieden hinsichtlich der Atmosphäre und des Komforts in ihrem Zuhause, hinsichtlich ihrer Position in der Geschwisterreihe, der Verfügbarkeit der Eltern für sie, der durch das Milieu bedingten Ernährung und Kultur, der Klassenzugehörigkeit...

Es steht nicht in unserer Absicht, die Realität der Ausbeutung zu leugnen, wie sie von den unteren Schichten erlebt wird und wie sie sich auf die Entwicklung der Kinder auswirkt; aber wir können es nicht akzeptieren, daß soziokulturelle Unterschiede mit Behinderungen und Defiziten gleichgestellt werden. Die Schule müßte sich der Verschiedenartigkeit der Kinder anpassen und nicht umgekehrt. Das Recht auf Unterschiedlichkeit ist ein grundlegendes Prinzip der Schule des Volkes. Eine Schule der Gleichheit gründen heißt, *Unterschiede* anzuerkennen und zu akzeptieren, heißt alle Stimulationen und alle Aufwertungen des Einzelnen begünstigen, die ein kooperatives Gruppenleben mit sich bringt. Dies kann man sich nur in einer Gesellschaft vorstellen, in der vor dem Gesetz alle gleich sind und alle von denselben Anliegen bewegt werden.

Daher glauben wir auch, daß die Chancengleichheit nur ein Mythos ist, und daß die *Idee* von der Gleichheit an sich ebenfalls ein Mythos ist, solange die Schule weiterhin die Kinder so einordnet und behandelt, *als ob* sie gleich wären, also als ob sie denselben ideologischen und kulturellen Hintergrund hätten, die gleichen affektiven Erlebnisse, den gleichen Wunsch zu wachsen, die gleichen Lerngewohnheiten und den gleichen Lernrhythmus.

Ebenso wird der Kampf gegen die Ungleichheit ein leeres Wort bleiben, solange die Schule diejenigen Kinder aufwertet, die die „schöne" Sprache sprechen, wobei sie gleichzeitig die anderen abwertet; solange sie nur Aktivitäten anbietet, die von der Realität abgetrennt sind, wie sie jeder täglich erlebt; solange sie die mögliche Vielfalt des Erfolgs und der Selbstverwirklichung leugnet, indem sie rangmäßig untergliedert in grundlegende Fächer und Nebenfächer; solange sie die Äußerung der Bedürfnisse und der kulturellen Identität eines jeden verhindert; solange sie Lernbehinderungen bestraft, wobei sie vorgibt, sie zu kompensieren – Behinderungen, die vor allem das Indiz für eine tiefgreifende Abneigung gegen die Schule sind und die nur entstehen, weil das Kind aus bürgerlicher Familie das implizite kulturelle Vorbild und kultureller Bezugspunkt der Schule ist und bleibt.

3.2 Die erzwungene Angleichung

Ein besonderes Merkmal des Erziehungssystems ist es, daß es alle Kinder in jedem Augenblick zu demselben Rhythmus zwingt. Wenn man auch die schlimmen Folgen einer solchen Praxis anerkennt, so doch nur, um zu sagen: „Man müßte die Langsamen halt mit den Langsamen zusammentun und die schneller Lernenden in gesonderten Gruppen zusammenfassen." Auf diese Weise werden mit Hilfe von Niveau-Gruppen oder gesonderten Schulzweigen voneinander verschiedene Schulkarrieren geschaffen. In Wirklichkeit jedoch existieren solche Kategorien wie: „die Langsamen" und „die Lebhaften", „die Frühreifen" und „die Zurückgebliebenen" gar nicht. Ein Kind kann sich z.B. deshalb gewisse Lerninhalte langsamer aneignen, weil es das Thema wenig interessiert, weil es ihm unverständlich ist und von seiner Wirklichkeit losgelöst erscheint. Es kann auch in diesem Augenblick müde sein aufgrund von Anstrengungen, die es anderswo erbringen mußte; seine Aufmerksamkeit kann durch andere Sorgen abgelenkt sein, seien sie nun sozialer Art (Arbeitslosigkeit der Eltern, beängstigende finanzielle Probleme) oder persönlicher Art (Familienkonflikte etc.). Dasselbe Kind kann sich jedoch andere Lerninhalte schnell aneignen, die eine Antwort darstellen auf Probleme, mit denen es sich im Augenblick stark beschäftigt.

Auf alle Fälle ist es nicht möglich, einer Gruppe von Kindern, gleich welcher Zusammensetzung, einen einheitlichen Rhythmus aufzuzwingen, ohne Schäden zu verursachen. *Es gibt keine homogene Klasse,* in der alle Schüler gleich schnell vorwärtskommen. Es ist notwendig, daß jeder nach seinem momentanen Rhythmus arbeiten kann. Das bedeutet nicht, daß man jeden seiner natürlichen Neigung überläßt, was eine Art von impliziter Verstärkung der unterschiedlichen Bildungseinflüsse wäre, denen jedes Kind ausgesetzt ist. Das Erziehungsmilieu sollte so reich an Anregungen wie möglich sein, was aber absolut nicht die Unterwerfung unter einen gemeinsamen Lernrhythmus bedeutet.

Man erklärt das schulische Scheitern manchmal mit seltsamen Krankheiten wie: Leseschwäche, Rechtschreibschwäche (Legasthenie), Rechenschwäche. Die Wiederanpassungsversuche nehmen oft das Aussehen einer „Erziehungsorthopädie" an, während die wirkliche Lösung darin bestände, die Schule den wahren Bedürfnissen der Kinder anzupassen.

Wir glauben auch nicht, daß die Lösung des Problems der Schulschwierigkeiten erreicht werden könnte durch eine „Psychiatrisierung" des abweichenden Verhaltens... Diese dient im jetzigen schulischen Kontext nur dazu, die Kinder und Jugendlichen abzustempeln, herabzusetzen und schuldig zu sprechen.

Weit davon entfernt, die Bedeutung psychologischer Probleme zu leugnen (gerade diese treiben uns an, nach generellen Möglichkeiten einer „therapeutischen Erziehung" zu forschen), kritisieren wir, daß sehr oft soziale Probleme mit den Begriffen der Individualpsychologie wegdefiniert werden. Nur indem man die tieferen *sozialen* Ursachen von Lernschwierigkeiten aufdeckt und diese direkt angeht, kann man auf eine tatsächliche Verbesserung hoffen.

3.3 Der Betrug der Leistungskontrollen

Das ganze Normierungs- und Selektionsgebäude des gegenwärtigen Systems beruht auf Leistungskontrollen, die unangefochten bleiben müssen, um den Fetisch von „Kompetenz" und „Verdienst" zu rechtfertigen. Daher ist die Infragestellung der schulischen Leistungskontrollen (Benotungen, Prüfungen) diejenige Form von Protest, die am wenigsten geduldet wird.

Dennoch ist die Anfechtung der traditionellen Leistungskontrollen der Schlüssel jeder fundamentalen Kritik des Systems, der Rest ist nur „Literatur", die folgenlos bleibt.

Zunächst, was überprüft die Prüfung? Im Prinzip sollte sie untersuchen, ob der Schüler aus dem Unterricht Nutzen zieht und in bestimmten Fällen, ob er die notwendigen Eigenschaften an den Tag legt, um dieses oder jenes Studium fortzusetzen oder einen bestimmten Beruf auszuüben. Nun bemerkt man aber, wenn man die Leistungskontrollen näher betrachtet, daß sie nur in entferntem Zusammenhang mit all dem stehen. Die Mehrzahl der Prüfungen kontrolliert nur die Fähigkeit, in vorgegebener Zeit das Gelernte wiederzugeben. Man überprüft nicht die Art, in der der Schüler auf einen naturwissenschaftlichen Versuch, ein historisches oder geographisches Dokument reagiert, sondern man läßt ihn Angelerntes aufsagen und hört ihn ab. Selbst in Mathematik erstreckt sich die Kontrolle mehr auf die Anwendung der gelernten Beweisführungen als auf das „Mathematisieren" einer Situation. In Französisch oder in Literatur handelt es sich weniger darum, einige gute Gedanken schlüssig aneinanderzureihen als zu beweisen, daß man sich die Technik einer besonderen Gattung – des Schulaufsatzes – angeeignet hat. Wenn die Leistungskontrollen wirklich überprüfen wollen, was die Schüler sind und was sie können, würde es diesen nichts nützen, sich auf die Prüfungen speziell vorzubereiten; diese wären dann der normale Abschluß einer Ausbildung. Ebenso müßte man sich jederzeit und Jahre später einer Prüfung unterziehen können, wenn es wirklich auf ein einmal erreichtes Fähigkeitsniveau ankäme. Wieviel Abiturienten würden 5 oder 10 Jahre später noch einmal ihr Abitur bestehen? Dies beweist wohl, daß diese Art Leistungskontrolle absolut nicht die „Allgemeinbildung" feststellt („das, was bleibt, wenn man alles vergessen hat", sagen manche dazu), sondern die Fähigkeit, in einem bestimmten Moment eine Anzahl angelernter Kenntnisse zu reproduzieren.

Aber, wird man sagen, diese Kenntnisse sind unerläßlich. Vielleicht, aber es gibt Fähigkeiten, die noch unentbehrlicher sind; diese werden jedoch von den Leistungskontrollen überhaupt nicht erfaßt. So hat die Rechtschreibung Einfluß auf die meisten Prüfungen, während sie für die meisten Menschen nur von relativer Wichtigkeit ist, da sie sich trotzdem schriftlich verständigen können, und sei es nur mit einem Brief in wenigen Worten. Andererseits ist in einer Vielzahl von Fällen die Fähigkeit notwendig, eine komplexe Situation durch eine Skizze oder ein Schema zu verdeutlichen. Die Leistungskontrolle begnügt sich auf diesem Gebiet mit der Reproduktion von gelernten Schemata, was etwas völlig anderes ist. Nirgendwo wird die Fähigkeit überprüft, Initiativen zu ergreifen; auf unvorhergesehene Situationen gefaßt zu sein; eine Arbeitsmethode selbst zu entwickeln; eine Untersuchung durchzuführen; verschiedenartige Wissensquellen zu benutzen; die Fähigkeit, im Team zu arbeiten, welche doch für die große Mehrheit notwendig ist. Nein, das Rechtschreib-Gedächtnis wird für wichtiger gehalten als all dies andere, unserer Meinung nach deshalb, weil es im Hinblick auf soziale Unterschiede selektiver wirkt.

Tatsächlich beruht die Ungerechtigkeit der Leistungskontrollen im wesentlichen auf den Noten, und es wird weiterhin so gehandelt, als ob man die wissenschaftlichen Studien über die Zensurengebung nicht kenne. Schon lange ist bewiesen, daß dieselbe Schularbeit von mehreren Prüfenden sehr verschieden benotet werden kann (manchmal mit 10 Punkten Abweichung bei maximal 20 Punkten), selbst wenn sie sich über einen Bewertungsmaßstab geeinigt haben. Diese abweichenden Resultate wurden bei Mathematikarbeiten beobachtet, aber logischerweise noch mehr bei literarischen Aufsätzen.

Selbst die Doppelkorrektur (übrigens wenig verbreitet oder „reduziert" auf die doppelte Unterschrift der Korrektoren) bringt keine Lösung für dieses Problem; auch wenn zwei Korrektoren sich über eine Note einig sind, beweist das dann, daß ein dritter ihr auch zustimmen würde? Und wenn sie sich nicht einig sind, welcher der beiden hat recht? Ist der Durchschnitt der beiden Noten gerechter? Bei all diesen Fragen ist die Ungewißheit so groß, daß man ins Schwimmen gerät.

Schlimmer noch, Studien haben gezeigt, daß derselbe Korrektor dieselbe Arbeit nach einem Intervall von mehreren Tagen anders benotet gemäß seiner Laune, seiner persönlichen Müdigkeit oder den Arbeiten, die er vorher gelesen hat. Es handelt sich hierbei nur um normale menschliche Reaktionen, und man kann sie keinem Lehrer vorwerfen. Aber das Skandalöse dabei ist das absolute Vertrauen in die Schulzensur, während jede Untersuchung dieses Problems deren Fragwürdigkeit erweist.

Die Benotung versucht, sich übergenau zu geben, indem sie auf den halben Punkt genau differenziert und dabei hierarchische Koeffizienten für die verschiedenen Fächer aufstellt und den Zensurendurchschnitt auf $^1/_{100}$ genau berechnet. In Wirklichkeit begnügt sie sich damit, subjektive Bewertungen mathematisch zu verbrämen, und nichts kann die Willkür dieser Prozedur aufheben. Wenn man die Noten vervielfacht, läuft es ganz einfach darauf hinaus, die Prüfungsspannung das ganze Schuljahr über aufrechtzuerhalten. Die besten Chancen haben diejenigen, die diese permanente Spannung am besten ertragen. Die „jungen Wölfe" haben Vorrang, und das System will es so: vertiefte Sachkenntnis zählt weniger als die Besessenheit zu gewinnen, wobei man sich den Spielregeln bedingungslos unterwirft. Das Ziel der Prüfungen und Wettbewerbe ist nicht die objektive Leistungskontrolle, sondern die Reproduktion des Systems durch das Aufsteigen von einigen wenigen und das Scheitern der großen Menge.

3.4 Güterverteilung, Wissensaneigung, Machtverteilung

Chancengleichheit auf der Ebene der schulischen Erziehung ist der Köder der „liberalen" kapitalistischen Gesellschaft.

Für uns ist jedoch die Infragestellung des Schulsystems an eine Infragestellung des sozialen und ökonomischen Systems selbst gebunden. Die Schule ist abhängig vom Produktionssystem: sie ist ein Machtinstrument des Staates und zielt darauf ab, das Kind einer Ideologie zu unterwerfen und ihm einen Platz im Prozeß der kapitalistischen Wirtschaft und deren Zwecken zuzuweisen.

Für die Produktion ist die Gewöhnung an die Arbeitsteilung und an einen Tagesablauf, der durch einen strikten Zeitplan geregelt ist, unerläßlich; nur so ist die Reproduktion des Systems gewährleistet. Also pflanzt sich das System in der Schule fort durch einen in Haupt- und Nebenfächer zerstückelten Unterricht, der im Rahmen eines präzisen und stets gleichbleibenden Stundenplans abläuft.

Wir klagen diese Entfremdung und diese Ausbeutung an. Wir glauben, daß soziale Gerechtigkeit unvermeidbar ist mit einer Ökonomie der Ausbeutung und des Profits; gleichzeitig greifen wir den Mythos der Chancengleichheit an. Aber aus eben diesem Grund weigern wir uns, das Problem der Unterrichtsinhalte von dem des Aneignungsmodus dieser Inhalte zu trennen. Wir glauben, es ist nötig, auf dem Gebiet der Erziehung einen Kampf zu führen, der vergleichbar ist dem Kampf um die Verteilung des gesellschaftlichen Reichtums und der Macht. Sich damit zu begnügen, eine allgemeine Anhebung des Wissensniveaus zu verlangen, wäre ebenso illusorisch, wie sich auf Gehaltsforderungen zu beschränken, ohne sich die Mittel für die Lenkung der Wirtschaft verschaffen zu wollen.

Eine weit verbreitete Auffassung in den kulturell privilegierten Milieus – einschließlich derjenigen, die ernsthaft progressiv sein wollen oder sich dafür halten – besagt, daß das Anwachsen des kulturellen Reichtums bis zum höchsten Niveau ein systematisch notwendiger Faktor für den Fortschritt der Gesamtbevölkerung sei. Auf die Gefahr hin, zu mißfallen, bekräftigen wir unsere Ansicht, daß dies genausowenig wahr ist wie auf ökonomischem Gebiet. Wenn man nicht den Aneignungsmodus für das Wissen neu überdenkt, läuft dieser Prozeß im Gegenteil darauf hinaus, die Ungleichheiten zu verschärfen und die Macht einer Minderheit zu stärken.

Die Arbeiter wissen es: jedesmal, wenn sie eine andere Art der Güteraneignung und eine andere Machtverteilung in den Unternehmen fordern, antwortet man ihnen: „Natürlich ist es notwendig, Ungerechtigkeiten zu verringern. Aber nur der allgemeine Zuwachs an gesellschaftlichem Reichtum wird die Lebensqualität heben und die Ungleichheiten vermindern!"

Diese Argumentation ist falsch und zielt nur darauf ab, Privilegien zu schützen. Ebenso lehnen wir die Argumente derjenigen ab, die die Ungleichheiten des heutigen Systems erkennen, sich aber im Namen des nötigen „hohen Niveaus" der Allgemeinbildung weigern, die Art der Wissensaneignung, die traditionellen Prüfungen und die heutige Lehrerausbildung in Frage zu stellen.

Ebensowenig wie die Arbeiter eine wirtschaftliche Verarmung wollen, reden wir einer kulturellen Verarmung das Wort. Aber wir lehnen es ab, einer Minderheit die Mehrheit der Güter, des Wissens und der Macht zu überlassen. Auf dieser fundamentalen Infragestellung des Bestehenden sollte eine neue Auffassung von der Erziehung aufbauen.

Schlußfolgerungen aus dieser kritischen Analyse

Diese Analyse veranlaßt uns nicht dazu, zu resignieren. Noch weniger als die Arbeiter den sozialen Kampf unter schwierigen Bedingungen aufgeben, haben wir die Absicht, die Arme hängenzulassen. Sicher wäre es eine schwere Täuschung zu glauben, daß eine Änderung der Erziehung zu einer Änderung der Gesellschaft führen würde. Aber wir lehnen auch die entgegengesetzte Illusion ab, die von einer Änderung des politischen Gesamtsystems eine beinahe „magische" Umwandlung des Erziehungssystems erwartet. Es kann nur eine politische Revolution geben, wenn sie von einer erzieherischen und kulturellen Revolution begleitet und unterstützt wird, und für diese arbeiten wir, ohne uns lange aufzuhalten. Weil wir uns jeder Indoktrination, jeder Konditionierung widersetzen, können wir behaupten, daß sich unser täglicher Kampf für eine andere Erziehung in eine umfassende politische und soziale Perspektive einfügt. Gegenüber einem Erziehungs- und Sozialsystem, das geprägt ist durch Konditionierung, Entfremdung, Eigentum und Profit, wollen wir ein anderes Erziehungssystem aufbauen, dessen Werte sein sollen: kritischer Verstand, Teilung der Verantwortung, Initiative, gegenseitige Hilfe, Kooperation, persönliche Entfaltung, brüderliches Teilen.

Aber wir wissen, daß man mit bloßen Worten alles machen kann und daß gerade die politisch Reaktionärsten schnell dabei sind, sich mit den uneigennützigsten Ideen zu schmücken. Freinet nahm oft einen Satz von Barbusse[4] auf: „Worte, die nur Worte sind, sind fast schon Lügen"; daher werden wir zeigen, wie wir unsere Erziehungsvorstellungen in die Realität umsetzen.

---

4 Henri Barbusse (1873 – 1935), anti-militaristischer Schriftsteller, der sich während des in ganz Frankreich mit Aufmerksamkeit verfolgten „Schulkampfes" um Freinet (1932 – 1933) öffentlich mit ihm solidarisierte.

2. Teil:
Die Grundzüge unserer Erziehungspraxis

Durch unsere Kritik des Erziehungssystems wollen wir niemanden beschuldigen oder auch niemandem, wer es auch sei, ein gutes Gewissen verschaffen. Wir wollen auch nicht den Eindruck erwecken, als seien wir gefeit vor all dem, was wir verurteilen. Genau wie die anderen sind wir den Zwängen und Behinderungen unterworfen, die wir angeprangert haben; doch wir versuchen, die gefährlichsten Fallstricke zu erkennen und alle Lücken im System zu nutzen, die es uns erlauben, trotz der augenblicklichen Bedingungen die Veränderung der Erziehung in Angriff zu nehmen.

Wir schlagen kein Erziehungsmodell vor, das man nur einfach kopieren kann. Für uns ist die Freinet-Pädagogik vor allem ein erzieherisches Vorgehen, welches sich an den Bedürfnissen der Kinder, Jugendlichen und Erwachsenen ausrichtet. Die Freinet-Pädagogik kann nicht reduziert werden auf ein Modell, das ein für allemal von Freinet so und nicht anders entworfen und festgeschrieben wurde; Freinet selbst, daran wollen wir hier erinnern, war genau wie wir ein Feind jedes Dogmatismus. Zwischen den beiden Weltkriegen hat er die Basis für eine Veränderung vor allem der ländlichen Grundschule gelegt; wir würden sein Anliegen verraten, wenn wir uns begnügten mit einer simplen, vereinfachenden Übertragung seiner Pädagogik auf die städtischen Grundschulen des letzen Viertels unseres Jahrhunderts, auf die Sekundarschulen und Gymnasien, auf die Pädagogischen Hochschulen und Universitäten.

Was uns am wichtigsten erscheint bei dem Ansatz Freinets, ist sein realistisches und objektives Vorgehen; er wollte nicht Verhalten durch Worte verändern, sondern indem er sich die Alltagspraxis selbst auf's Korn nahm.

Wie man zur Genüge gesehen hat, widerspricht das bestehende System ständig in der Praxis den Prinzipien, die es öffentlich verkündet. Die eigentliche Ideologie der Schule darf man nicht in den offiziellen ministeriellen Erklärungen suchen, sondern sie ist verkörpert in der Anlage und der Ausgestaltung der Klassenräume selbst, in der Form des Lehrmaterials, in den Schul- und Hausordnungen und im System der Schulstrafen. Wie kann z. B.

öffentlich behauptet werden, unsere reformierten Sekundarschulen seien „Erziehungsgemeinschaften, in denen die Jugendlichen auf die Übernahme von Eigeninitiative und Verantwortung vorbereitet werden", wenn dort immer noch ein strenges Pausen-Reglement und die frontale Sitzordnung in den Klassen vorherrschen? Diese Beobachtung allein enthüllt den Wirklichkeitsgehalt dieses hochgespannten Anspruchs: alle, die schon einmal in einer Gruppe Entscheidungen getroffen haben, wissen, daß dies bei der traditionellen Sitzanordnung in unseren Klassen nicht möglich ist. Diese ist nur dazu konzipiert, um zuzuhören und mit anderen gemeinsam die gleiche Lektion von der Tafel abzuschreiben.

Darum können wir uns nicht damit zufriedengeben, nur Prinzipien aufzustellen, welche diejenigen geschickt für sich umbiegen können, die uns ohnehin nur mit Worten abspeisen. Wir wollen uns nicht damit begnügen, erzieherische „Techniken" aufzulisten, die, ihrer ursprünglichen Intention entkleidet, nur ein Firlefanz wären, der sich als Reform ausgibt. Wir wollen unsere Prinzipien und unsere Praxis miteinander in Einklang bringen. Den offiziellen Bestrebungen, welche das Verhalten der Jugendlichen durch Ermahnungen und das Handeln der Lehrer durch ministerielle Erlasse verändern wollen, setzen wir *unser* Vorgehen entgegen; dieses besteht darin, die alltägliche Wirklichkeit zu analysieren und eine Neugestaltung des erzieherischen Milieus, der Unterrichtstechniken und der Lehrmittel vorzuschlagen, die sich bis ins Detail erstreckt und die eine Veränderung im Verhalten der Jugendlichen und Erwachsenen effektiv ermöglichen wird. *Dies bezeichnen wir als das materialistische Vorgehen in der Erziehung.*

1 Die Rechte und die Bedürfnisse der Kinder und Jugendlichen

Im allgemeinen beziehen sich Reformpläne für die Erziehung nur auf die Institution Schule und ihre Reproduktionsfunktion für die Gesellschaft. Für uns hat aber ein Erziehungsansatz nur Bedeutung, wenn er in erster Linie auf diejenigen ausgerichtet ist, die von ihm am meisten betroffen sind: die Kinder und Jugendlichen. Deswegen erschien es uns notwendig, die Grundlagen einer Charta der fundamentalen Bedürfnisse und Rechte der Kinder zu erarbeiten.

Sicherlich kann es dabei für uns nicht darum gehen, die Anerkennung dieser Rechte und Bedürfnisse loszulösen von der gesellschaftlichen Gesamtperspektive, in die diese Forderungen eingebettet sind. Es geht auch nicht darum, die

Jugendlichen zu isolieren, indem man ihnen einen eigenen Status gibt. Die *Rechte und die Bedürfnisse der Kinder und Jugendlichen, die wir hervorheben, sind die Rechte und Bedürfnisse aller Menschen, ohne Unterschied.* Aber es erscheint uns notwendig, sie den jungen Menschen ausdrücklich von Kindheit an zuzuerkennen, ohne uns mit globalen Formulierungen zufriedenzugeben, welche die spezifischen Probleme der jungen Generation nur zudecken würden; so wurden ja auch oft die Probleme der Stellung der Frau überspielt durch humanistisches Gerede im allgemeinen.

Indem wir diese Rechte allen Jugendlichen zuerkennen, wollen wir auch nicht über die sozialen Ungleichheiten hinwegtäuschen, gegen die wir gerade unseren Kampf führen. Aber wir wollen verhindern, daß über der Entfremdung, welche das kapitalistische System hervorbringt, die *zusätzliche Entfremdung* vergessen wird, unter der die Mehrzahl der jungen Menschen leidet, einzig und allein aufgrund der Tatsache, daß sie keine Erwachsenen sind.

Es wäre dumm und unehrlich, das Kind eines höheren Angestellten und das Kind eines Hilfsarbeiters gleichzusetzen. Aber man muß ebenfalls zugeben, daß das erstere wie das zweite (und oftmals das erstere mehr als das zweite) unter der Entfremdung leiden, die ihr Status als Minderjährige mit sich bringt: in ihrer Familie, auf der Straße, auf dem Arbeitsmarkt, an ihrer Arbeitsstelle, in den Vereinen, Verbänden und Parteien etc. Diese Entfremdung manifestiert sich in jedem Augenblick in der brutalen oder hinterhältigen Autorität der Erwachsenen, in materieller und moralischer Abhängigkeit, in einem Mangel an Vertrauen und Respekt (denn der kommt ja prinzipiell nur den Erwachsenen zu!), in gefühlsmäßiger Erpressung, sexueller Unterdrückung usw.

Darum erscheint es uns unerläßlich, darauf zu bestehen, daß *diese fundamentalen Rechte und Bedürfnisse jedem menschlichen Wesen von der Geburt an zuerkannt werden,* und sogar schon bevor seine Eltern die Verantwortung auf sich nehmen, es zu zeugen. Wir können uns nicht damit begnügen, daß formale Barrieren der Benachteiligung langsam gesenkt werden, wie es in der Zuerkennung der Volljährigkeit, des Wahlrechts, der juristischen und sexuellen Selbständigkeit zum Ausdruck kommt. Wir lehnen es ab, daß die Kinder – an welchem Punkt ihres Lebens sie sich auch immer befinden – in einen Status der Minderjährigkeit abgedrängt werden. Wir setzen als unerläßliche Bedingung voraus, daß sie in keinem Augenblick ihres Lebens Objekte sind, über die sich die Erwachsenen das Recht anmaßen, sie zu „formen", zu manipulieren und sie zu unterwerfen nach Maßgabe ihrer Wünsche oder ihrer eigenen Unterdrückung; die Erwachsenen sollen ebenfalls nicht das Recht haben, sie politischen und wirtschaftlichen Erfordernissen zu unterwerfen, welche nicht in Frage gestellt werden dürfen. Wir gehen von dem Prinzip aus , daß die

Kinder von ihrem frühesten Alter an Personen auf der Suche nach ihrer eigenen Selbständigkeit und Verantwortung sind; man muß ihnen die Lebensbedingungen zu ihrer Entfaltung geben, indem man ihre Verschiedenheit respektiert, ohne Dressur, Normierung und Bestrafung irgendwelcher Art.

Von diesem geistigen Ausgangspunkt her schlagen wir vor, eine gemeinsame Reflexion von Jugendlichen und Erwachsenen in Gang zu bringen über das Thema der Rechte und Bedürfnisse der Kinder und Jugendlichen, um Perspektiven zu entwickeln, die weit über den Rahmen der schulischen und familiären Erziehung hinausgehen. Auf diese Weise sollen die vielfältigen sozialen, ökonomischen, kulturellen und politischen Voraussetzungen und Folgen aufgezeigt werden, die mit einer solchen Anerkennung der Rechte und Bedürfnisse der Kinder und Jugendlichen verbunden sind.

Charta der fundamentalen Rechte und Bedürfnisse der Kinder und Jugendlichen

1. Die Geburt und die Aufnahme des Kindes in dieser Welt

– Das Kind hat das Recht, kein Produkt des Zufalls zu sein.
– Das Kind hat das Recht, um seiner selbst willen gewollt zu werden und nicht im Interesse irgendeiner Politik.
– Das Kind hat das Recht, um seiner selbst willen gewollt zu werden und nicht allein im Interesse seiner Eltern.
– Das Kind braucht eine Schwangerschaft und eine Geburt ohne traumatische Schädigung.
– Das Kind hat das Recht, angenommen zu werden, so wie es ist – wie auch immer seine körperliche Konstitution sein mag.
– Das Kind hat das Recht, angenommen und geliebt zu werden ohne Rücksicht auf sein Geschlecht.

2. Die Entwicklung des Körpers

– Das Kind hat das Bedürfnis nach einer ausgewogenen Ernährung.
– Das Kind hat das Bedürfnis, nach seinem eigenen Rhythmus zu leben und sich auszuruhen.
– Das Kind hat das Recht, daß die Bedürfnisse seines Körpers berücksichtigt und auch nicht unbewußt mißachtet werden.
– Das Kind hat das Bedürfnis, sich aller Möglichkeiten seines Körpers bewußt zu werden.
– Das Kind hat das Recht, nicht dauernd sauber und untadelig sein zu müssen.

3. Die Achtung vor der Person des Kindes

- Das kleine Kind braucht den Kontakt mit der Mutter oder dem Vater.
- Das Kind braucht den Kontakt mit Erwachsenen beiderlei Geschlechts.
- Das Kind braucht den Kontakt mit Kindern beiderlei Geschlechts.
- Das Kind braucht gefühlsmäßige Geborgenheit.
- Jedes Kind ist einzigartig und hat ein Recht darauf, daß seine Persönlichkeit respektiert wird.
- Das Kind braucht Vertrauen.
- Das Kind hat ein Recht auf Würde.

4. Die volle Entfaltung des Kindes

- Jedes Kind hat das Recht auf die maximale Entfaltung aller in ihm angelegten Möglichkeiten; es hat das Recht auf Genuß und Vergnügen.
- Das Kind hat das Recht auf Selbständigkeit und Verantwortung.
- Das Kind braucht das Erlebnis des Erfolgs.
- Das Kind hat das Recht auf Irrtum.
- Das Kind hat das Bedürfnis, erfinderisch und kreativ zu sein.
- Das Kind hat das Bedürfnis, sich auszudrücken.
- Das Kind hat das Bedürfnis, mit anderen zu kommunizieren.
- Das Kind hat das Bedürfnis nach ästhetischen Empfindungen.

5. Der Zugang zum Wissen

- Das Kind hat das Recht auf wahre und plausible Antworten auf die Fragen, welche es sich stellt.
- Das Kind hat das Recht, sich jedes Wissen anzueignen.
- Das Kind hat das Recht, die sozialen und wirtschaftlichen Phänomene zu verstehen, die es umgeben.
- Das Kind hat das Bedürfnis, sich seiner sozialen Umwelt bewußt zu werden.

6. Die Umwelt

- Das Kind hat das Recht auf ein Minimum an Raum.
- Das Kind hat das Bedürfnis nach lebendigem Kontakt mit der Welt.
- Das Kind hat das Bedürfnis, mit sehr verschiedenen Materialien zu experimentieren.
- Das Kind hat das Recht, auf seine Umwelt Einfluß zu nehmen.

7. Das soziale Verhalten

- Das Kind hat das Recht, weder indoktriniert noch konditioniert zu werden.
- Das Kind hat das Recht, nicht den jeweils wechselnden Moden unterworfen zu sein.
- Das Kind hat das Recht, Kritik zu üben.
- Das Kind hat das Recht, am Berufsleben teilzunehmen, bevor es selbst in die Produktion eingespannt ist.
- Die Kinder haben das Recht, sich demokratisch zu organisieren, um für die Respektierung ihrer Rechte und die Verteidigung ihrer Interessen einzutreten.

Beispiele, wie gegen die fundamentalen Rechte und Bedürfnisse der Kinder verstoßen wird

Ein Augenzeugenbericht: Sonntag abends, in einem Bahnhof...

Ich betrete den Wartesaal zweiter Klasse. Nur wenige Sitzplätze sind frei. Viele Gesichter mit leerem, resigniertem Ausdruck. Das Ohr wacher als das Auge. Man wartet... Jeder wartet auf das metallische Klicken des Lautsprechers und die näselnde Stimme, welche die Ankunft des Zuges ankündigt, auf den er wartet...

Mein Blick wird angezogen von einem kleinen Mädchen, drei oder vier Jahre alt, mit blondem, krausem Haar. Sie weint und schreit, dort, wo man sie zwischen drei Koffern und den Beinen ihrer Eltern abgesetzt hat. Sie sitzt auf dem Fußboden, auf den kalten, schmutzigen Fliesen. Ihre Mutter sucht in der Handtasche hektisch nach dem Schnuller oder dem Bonbon, das sie trösten soll. Der Vater liest in einer Illustrierten und wirft von Zeit zu Zeit einen wütenden Blick auf seine Tochter und einen ängstlichen Blick in den Wartesaal.

Ich setze mich auf einen freiwerdenden Platz und beobachte ein algerisches Ehepaar, das mir gegenübersitzt. Sie haben einen Jungen bei sich im selben Alter wie das blonde Mädchen, nur mit dunkelbraunem krausem Haar. Eine verblichene gelbe Decke, die wohl schon viele Reisen mitgemacht hat, wird von den beiden Eltern als Hängematte benutzt, in der sie ihren kleinen Jungen sanft hin und her wiegen. Sie unterhalten sich dabei auf arabisch, halten aber oft inne und betrachten ihr Kind, das sich ausruht.

Mein Zug wird angekündigt, ich gehe zum Bahnsteig und werfe noch einen letzten Blick auf diese beiden Kinder. Manchmal hören die Schluchzer des kleinen Mädchens auf, nur um sich kurz darauf wieder zu verstärken. Bonbonpapier fliegt um sie herum.

Ich sage mir, daß auch ein Bonbon oder ein Schnuller nicht glücklich machen. Es mag für Erwachsene manchmal schwierig sein, seine Zeitung oder seine Sorgen beiseite zu schieben, an die Kinder zu denken und auf ihre Bedürfnisse einzugehen. Ihre wahren Bedürfnisse zu erfüllen, ist schon eine prima Sache. Da ist es doch klar, daß eine alte Wolldecke mehr wert ist als ein liebloser Schnuller...

Wie Corinna und Bruno „nach ihrem eigenen Rhythmus leben und sich ausruhen"

Corinna

Alter: 8 1/2 Jahre
Wohnort: Ein Vorort von Paris

6³⁰ Uhr:	Sie wird von ihrer Mutter geweckt. Die Mutter zieht Corinna an, bevor sie um 7 Uhr zur Arbeit geht (nicht weit von der Wohnung entfernt).
7⁰⁰ Uhr:	Der Vater bringt sie zu einer Kinderfrau im selben Häuserblock (der ausschließlich aus Sozialwohnungen besteht).
7⁰⁰ Uhr–8⁰⁰ Uhr:	Corinna sitzt auf einem Stuhl. Andere Kinder kommen nach und nach an.
8¹⁵ Uhr:	Die Kinderfrau nimmt alle Kinder mit und bringt einige zu einer Privatschule (diese beginnt um 8³⁰Uhr).
8³⁰ Uhr–8⁴⁵ Uhr:	Die Kinderfrau erledigt ihre Einkäufe. Die Kinder, die noch übrig sind, warten vor der Tür der Geschäfte.
8⁴⁵ Uhr–16³⁰ Uhr:	Corinna geht zur Schule. Sie ißt dort in der Kantine. (Ihre Mutter, die eine lange Mittagspause hat, ißt zuhause.)
16³⁰ Uhr:	Corinna wartet auf die Kinderfrau, die von der Privatschule aus zu ihrer Schule kommt.
16⁴⁵ Uhr–17³⁰ Uhr:	Corinna wartet auf ihren Vater bei der Kinderfrau.
17³⁰ Uhr–19⁰⁰ Uhr:	Der Vater kümmert sich um seine Tochter (Schularbeiten, Waschen, Abendessen).
19⁴⁵ Uhr:	Schlafengehen. Die Mutter kommt erst nach 20 Uhr nach Hause.

Ausnahme: Mittwoch (= schulfrei in Frankreich)

Seit einiger Zeit, da Corinna größer ist, ißt sie zu Hause mit ihrer Mutti und geht selbständig zu der Kinderfrau. Bei der Kinderfrau halten sich ungefähr zehn Kinder in der Wohnung auf. Wenn sie spazierengehen, dann nur in Zweierreihen.

Bruno

Alter: 8 Jahre
Wohnort: Ein Vorort von Paris

7^{00} Uhr:	Aufstehen
7^{45} Uhr–8^{00} Uhr:	Seine Mutter gibt ihn in einem Café an der Ecke ab und trinkt dort schnell noch einen schwarzen Kaffee, wenn sie nicht verspätet ist.
8^{20} Uhr:	Bruno macht sich auf den Weg zur Schule.
8^{30} Uhr:	Bruno kommt zu früh vor der Schule an. Er spielt mit seinen Murmeln auf dem Parkplatz.
8^{45} Uhr–18^{00} Uhr:	Schule, Kantine, Hausaufgaben
18^{00} Uhr:	Bruno erledigt zusammen mit seiner Mutti Einkäufe.
20^{30} Uhr:	Schlafengehen.
Mittwoch:	gleiche Zeiteinteilung; die Schule wird ersetzt durch das Freizeitzentrum der Stadt von 8^{30} Uhr–17^{30} Uhr.
Ferien:	Außer dem Monat August, in dem er mit seinen Eltern zusammen ist, verbringt Bruno alle seine freien Tage im Freizeitzentrum (8^{30} Uhr–17^{30} Uhr). Dies gilt für die „kleinen Ferien" zu Allerheiligen, zu Weihnachten, im Februar, Frühjahr, Juli und September.

Bericht einer Kindergärtnerin: Pascaline (3 Jahre)

Warum man vom Kindergarten an den Kindern die besten Entwicklungsbedingungen bieten muß

Am ersten Tag, als der Kindergarten begann, wollte sie auf dem Hof des Kindergartens herumlaufen, ein wenig trunken von dem vielen Platz um sie herum. Der erste kleine Stein ließ sie stolpern; sie purzelte in den Sandkasten, weil sie dessen Rand nicht gesehen hatte. In jeder Pause fiel sie öfters auf die Nase. Man muß dazu sagen, daß sie in einer Sozialwohnung lebte; eine Oma, die selbst ziemlich gebrechlich war und nicht zum Spielplatz mit ihr gehen konnte, paßte auf sie auf. Pascaline war praktisch niemals aus der engen

Wohnung herausgekommen. Zu ihrer Entfaltung mußte sie wenigstens im Kindergarten das finden, was ihr zu Hause fehlte.

Eigentlich müßte sie wie alle Kinder zur Verfügung haben:
- einen geräumigen Hof mit Rasen, um darauf herumzutollen, um Gänseblümchen zu pflücken, um Löwenzahn zu rupfen für die Tiere, die im Kindergarten gehalten werden, um kleine Kriechtiere aufzusammeln;
- einen geräumigen Hof mit Erdhaufen, auf die man klettern kann, mit Turnbalken, mit Baumstümpfen, mit Bäumen, die man erklimmen kann, mit Schaukeln, Klettergerüsten, einem großen Sandkasten, einer Garten-Ecke und richtigen Gartengeräten, um sie zu bestellen, mit Bäumen, die auch Obst tragen...

Sie müßte hier die *natürliche Umgebung* finden, die sie zu Hause nicht hat, die aber unbedingt notwendig ist für ihr inneres und äußeres Gleichgewicht. Diese Umgebung sollte ihr erlauben, aktiv ihre Umwelt zu erforschen. Dies ist jedoch leider nicht der Fall bei einer Beton- und Teerwüste mit ein paar kümmerlichen Hartblattgewächsen...

Um gesund aufwachsen zu können, muß das Kind sich seines Körpers und dessen Grenzen bewußt werden können; es muß sich aber auch der Anderen bewußt werden. Das kann es nur, wenn diese Anderen nicht als Gefahr und Bedrohung wahrgenommen werden.

Bernard (3 Jahre alt)

Bernards Eltern waren dabei, sich scheiden zu lassen, und der arme kleine Kerl wußte nicht mehr, woran er war. Er lief geistesabwesend im Gruppenraum umher, vergaß alles, stieß alles um, zog sich den Zorn derjenigen zu, die er störte.

Grippewelle im Kindergarten. Wir sind nur noch zu 17 in der Gruppe. Sobald weniger Kinder da sind, habe ich auch mehr Zeit, mich jedem einzelnen zu widmen, ohne dauernd gestört zu werden...

Eines Morgens stellt sich Bernard ganz nah neben meinen Stuhl. Plötzlich sieht er mich an und sagt:

„Ich bin doch lieb, nich?"

„Aber sicher bist du lieb."

–Schweigen–

„Meine Mutti ist weggegangen."

–Schweigen–

„Ich bin doch lieb, nich?"

Aber sicher ist er lieb, und ich habe mich nicht abhalten lassen, es ihm immer wieder zu sagen; ich habe ihm bei allem, was er zaghaft versuchte, geholfen, damit er ein Erfolgserlebnis hatte. So lange wie wir nur so wenige waren... danach habe ich mein Bestes getan... Während Bernard so einen großen Kummer hat, müßte er eigentlich das Recht auf eine Kindergärtnerin haben, die ständig dafür da ist, sich um die Dinge zu kümmern, die ihm auf dem Herzen liegen. Besonders wenn sie so wichtig sind wie die Frage, ob er denn nun wirklich lieb (d. h. liebenswert) ist und ob es nicht seine Schuld ist, daß Mama weggegangen ist.

Um solche Fragen auszusprechen, dürfte er nicht hinter einer „Tante" herlaufen müssen, von der auch 40 oder 50 andere Kinder etwas wollen.

Er müßte sich mehr als einen Moment lang bei ihr aufhalten können.

Wenn 40 Kinder zusammen arbeiten, gibt es immer ein umgestoßenes Wasserglas; dann müssen Ärmel umgekrempelt und Schürzen umgebunden werden, dann muß Knetmasse vom Boden aufgehoben und Klebstoff entfernt werden, dann gibt es eine Schere, mit der einer nicht umgehen kann, dann gibt es Sachen zu verteilen und Schuhbänder zuzuschnüren, dann muß man zur Ordnung ermahnen oder den Kindern irgend etwas zeigen, dann muß man Nasen putzen, beim Pipi-Machen helfen, sich um verdrehte Hosenträger kümmern...

Und es bleibt dann keine Zeit mehr, Bernards großen Kummer überhaupt wahrzunehmen, geschweige denn zu trösten. Denn dieser Kummer macht sich nicht lautstark bemerkbar, und Bernard würde selbst von sich aus nicht davon anfangen...

2 Erziehung durch den Erfolg

Das augenblickliche System wird im wesentlichen durch den Mißerfolg regiert. Nicht nur, daß eine große Zahl Schüler scheitert: nein, allen sitzt unaufhörlich auch die Drohung des Mißerfolgs im Nacken. Dieser Mißerfolg kann darin bestehen, daß man nicht in der vorgeschriebenen Zeit das auferlegte Pensum geschafft hat und nun bedroht ist vom Sitzenbleiben, vom Abgeschobenwerden auf einen weniger angesehenen Schul- und Lebensweg oder vom Durchfallen bei einem Examen. Ein Schüler, der in der Schule „gut mitkommt", ist selten ein glückliches und voll entfaltetes Kind, welches freudig seine Schulzeit durchläuft, sondern in der Regel einfach ein Kind, das noch keinen schweren Mißerfolg erlitten hat. Wir kennen alle „gute Schüler", die vor einer mündlichen Prüfung oder vor einem Examen so ängstlich sind, daß sie davon krank werden. Wir glauben, daß eine solche Angst ungesund ist; Psychiater haben längst den neurotischen Charakter von manchen Formen des schulischen

Erfolgs aufgedeckt (vgl. den Schüler, der so folgsam ist, daß es ihm sogar gelingt, seine eigene Existenz zu verleugnen). Dagegen zeigen diejenigen, die mit Gleichgültigkeit auf diese ständige Angst reagieren, gesunde Kräfte, die sie vielleicht eines Tages vor einer psychischen Krankheit bewahren werden.

Unsere tägliche Erfahrung zeigt, daß die Bedrohung durch das Scheitern uns lähmt, anstatt uns zu stimulieren. Wohl sind die Erwachsenen noch in der Lage, sich zusammenzunehmen und zu handeln, als wenn diese Bedrohung nicht bestände. Viele Kinder sind jedoch so gehemmt durch die Angst vor dem Mißerfolg, daß diese Angst allein genügt, um sie scheitern zu lassen. Weil nur der *Erfolg* die persönliche Dynamik verstärkt, wollen wir unser erzieherisches Handeln auf den Erfolg gründen.

Es handelt sich nicht darum, die Schwierigkeiten aus dem Weg zu räumen: kann es übrigens einen Erfolg geben, ohne daß man eine Schwierigkeit überwunden hat? Im Gegenteil, man muß den Kindern durch eine andere Organisation des schulischen Lebens helfen, aus eigener Kraft diese Schwierigkeiten zu überwinden. Das Kind flieht nicht vor den Schwierigkeiten, wie die Schule immer annimmt, sondern es hat nur (wie der Erwachsene) einen Horror vor dem Scheitern und sucht alle Gelegenheiten zu meiden, wo dieses Scheitern droht.

Jedes Kind, wer es auch sei, ist fähig zu erfolgreichem Lernen; das Wesentliche ist, es nicht in den Mißerfolg zu treiben durch übertriebene oder verfrühte Forderungen. Wie soll man es dazu zwingen, in wenigen Monaten Lesen zu lernen, wenn es die Sprache mündlich noch gar nicht beherrscht? Warum soll man es zu Orthographie und Grammatik zwingen, bevor es begriffen hat, wie die Sprache funktioniert? Warum soll man das abstrakte mathematische Denken herbeizwingen, bevor die wesentlichen Begriffe erworben wurden durch langes praktisches Suchen und Üben? Es ist vor allem notwendig, so viele Gelegenheiten wie möglich für den Erfolg auf allen Gebieten zu schaffen: auf körperlichem Gebiet ebenso wie auf dem Gebiet des freien Ausdrucks durch das Zeichnen, die Musik und die Sprache, und ebenfalls im sozialen Leben der Gruppe.

Es darf keine Hierarchie unter verschiedenen Erfolgsarten geben, es darf nicht unterschieden werden zwischen den wertvollen Erfolgen in den sogenannten Hauptfächern (Französisch, Mathematik) und den Erfolgen in den anderen Fächern.

Nein, der Erfolg ist nicht teilbar: jeder muß von frühestem Alter an Zugang haben zum Erfolg auf den verschiedensten Gebieten, unabhängig von seinem Geschlecht, seiner sozialen Herkunft und seinen persönlichen Fähigkeiten. Jeder Mensch hat das Bedürfnis, wie Freinet sagt, in gewissen Momenten „die Spitze des Zuges" zu übernehmen, und zwar bei einer Truppe, wo die

„Führer" und die „Wasserträger" nicht ein für allemal festgelegt sind; in der nicht die ungezügelte Konkurrenz herrscht, sondern der gegenseitige Ansporn, der nur natürlich ist im Zusammenleben einer Gruppe.

Wenn man erst einmal die unterschiedliche Bewertung der „Erfolgs-Arten" abgeschafft hat, dann entdeckt man, daß ein Teilerfolg andere Erfolge nach sich zieht, auch wenn sie auf ganz verschiedenen Gebieten liegen; man bemerkt oft, welch günstige Auswirkungen der musikalische Ausdruck, das Zeichnen oder die körperliche Bewegung haben können. Plötzlich beginnt das Kind, welches wegen seines Erfolges auf diesem Gebiet Anerkennung bekam, auch eine Schwierigkeit beim Lesen oder in Mathematik zu überwinden, die für ihn bisher ein großes Hindernis darstellte. Diese „Ansteckung durch den Erfolg" kann man besonders beobachten bei behinderten Kindern, die in einem günstigen Erziehungsklima Erfolge zeigen, welche ihnen vorher unerreichbar schienen; also kann man auf eine therapeutische Wirkung des Erfolgs schließen.

„Aber", so wird man vielleicht sagen, „das Leben ist mit Mißerfolgen gepflastert; verweichlicht man die Kinder nicht, indem man sie (nur) auf den Erfolg vorbereitet?" Die Erfahrung zeigt jedoch, daß eine überwundene Schwierigkeit (z. B. eine bestandene Prüfung) den Menschen stärkt, daß aber eine Anhäufung von Mißerfolgen ihn zerstört, ihn zu Passivität und Resignation führt, wenn nicht sogar ins Gefängnis oder in die Psychiatrische Klinik. Man kann sich übrigens fragen, ob nicht das Gefühl des Scheiterns, welches das Leben vieler Erwachsener prägt (wie groß auch immer ihr vordergründiger sozialer, affektiver oder sexueller Erfolg sein mag), ihr Mißtrauen gegenüber einer Pädagogik des Erfolgs erklärt: gegenüber einer Schule, wo die Jugendlichen glücklich zusammen leben und lernen könnten. Versuchen sie nicht, sich selbst zu beweisen, daß das Scheitern notwendig zum Leben gehört, weil sie selbst so oft voller Angst das Scheitern erlebt haben? Weckt der Anblick der Kinder, die über ihren Erfolg glücklich sind, in ihnen nicht das persönliche Bedauern darüber, zu schnell resigniert zu haben? Eine Erziehung durch den Erfolg ist keine Erziehung zur Bequemlichkeit, sondern sie bedeutet eine Stärkung der persönlichen Dynamik, um noch größere Schwierigkeiten anzugehen. Die Aufgabe der Erwachsenen muß es sein, den Kindern zu helfen, ihr spontanes, forschendes Suchen weiter voranzutreiben, und zwar nicht allein in der Richtung der vorgefertigten Lehrpläne. Ihre Aufgabe ist es, den Elan der Kinder zu stärken und für jedes einzelne Kind ständig neue Erfolgserlebnisse auf den verschiedensten Gebieten zu erschließen. Die Aufgabe der Erwachsenen darf es *nicht* sein – selbst nicht in guter Absicht –, die Jugendlichen mit Hilfe von Dressur auf der Basis von Belohnung und Bestrafung auf eine einzige Art von Erfolg festzulegen, welche dann oft fälschlich „der" schulische Erfolg oder „der" soziale Erfolg genannt wird, während er – schon allein durch diese Definition – nur der Erfolg einer verschwindend kleinen Minderheit ist.

Bericht einer Kindergärtnerin: Den Kindern helfen, einen „richtigen Gebrauchsgegenstand" herzustellen.

Ich helfe so schnell wie möglich bestimmten Kindern dabei, ein „richtiges Ding" selbst herzustellen, d. h. einen Gegenstand, der tatsächlich nützlich ist, wie ein Topf-Untersetzer, den die Mutter täglich benutzen kann, oder einen Scherenschnitt oder eine Laubsäge-Arbeit, welche das Spielzimmer schmückt.

Dieses „richtige Ding", das von den anderen und besonders von der Familie auch als nützlich anerkannt wird, erlaubt es dem Kind, das dieses Ding geschaffen hat, seine eigene Identität wahrzunehmen und damit auch die seiner Nachbarn. Darüber hinaus ruft dieser „soziale Erfolg" oft das Bedürfnis hervor, es auf anderen Gebieten ebenfalls zu versuchen und von neuem Erfolg zu haben. Die selbst hergestellten Gegenstände berücksichtigen die Interessen, aber auch die Abneigungen eines jeden: Peddigrohr für die, die fürchten, sich schmutzig zu machen; Seidenmalerei für die, die gern mit Farben kleckern; Aluminium, bei dem einige das Stadium des ständigen Sich-Schwarz-Malens überwinden müssen; Telleruntersetzer, kleine Tischchen und ganze Keramiktische, die wir mit Hilfe von vorgefertigten Formen herstellen, in die man den Ton mit festen Schlägen hineinpressen muß; dabei ist es dann erlaubt, sich die Hände und noch manches mehr schmutzig zu machen...

Die Freude an einem solchen selbst hergestellten Ding kann lange anhalten. Eine Mutter erzählte mir neulich, daß ihr Sohn sich am Ende der Grundschulzeit immer noch darüber freut, wenn sie den Schal trägt, den er ihr mit drei Jahren gemacht hat.

3 Erziehung durch die Arbeit

Die treibende Kraft der Erziehung muß die Arbeit sein, die schöpferische, selbstgewählte und in eigener Verantwortung übernommene Arbeit. Die Gesellschaft, in der wir leben, hat den Sinn der Arbeit entstellt; Arbeit wird mit drückender Verpflichtung und mit Zwang gleichgesetzt, und nur der Freizeit wird das Privileg der Freiheit zuerkannt. Ebenso hat man allzuoft die Erziehung betrachtet als einen gewaltsamen Bruch mit den spontanen Interessen der Kinder. Die Schule gibt vor, daß das Kind seine Aufmerksamkeit nur eine gewisse Anzahl von Minuten aufrecht erhalten kann, und reduziert darum die Dauer der Arbeitssequenzen: auf diese Art glaubt sie, sich auf das Kind einzustellen.

Dennoch kann man täglich die Beobachtung machen, daß sogar das Kleinkind schweigend und konzentriert stundenlang bei einer Tätigkeit verharrt, die es sich selbst gewählt hat (unter der Bedingung, daß der Erwachsene das Kind nicht unterbricht, weil er beschlossen hat, daß es z. B. gerade jetzt nicht mit Wasser oder Erde spielen soll). Auch der Jugendliche ist *nicht* fähig, sich für *gar nichts* zu interessieren; er verbringt Stunden damit, sein Moped zu pflegen oder immer wieder die Schallplatte anzuhören, die ihm gefällt. Auch hier handelt es sich um eine freigewählte Aktivität, die die Erwachsenen oft Spiel nennen (weil sie keine Pflicht ist); aber nichts unterscheidet diese Aktivität in Wirklichkeit von einer Arbeit. Ein Mechaniker würde wahrscheinlich die gleichen Handlungen ausführen wie der Jugendliche an seinem Moped.

Wir weigern uns, Vergnügen und Anstrengung, Spiel und Arbeit, Freiheit und Selbstdisziplin als Gegensätze anzusehen. Es erscheint uns wesentlich, den Kindern und Jugendlichen in jedem Moment das Recht zuzuerkennen, ihre Aktivitäten nach ihrem Geschmack, nach ihrem Vergnügen oder ihren momentanen Bedürfnissen auszuwählen, und nicht im Hinblick auf eine Berufswahl in weiter Ferne.

Die Aufgabe des Erwachsenen besteht darin, ihren tieferliegenden Motivationen zum Durchbruch zu verhelfen, Perspektiven vorzuschlagen, Initiative und Verantwortung zu wecken. Die herkömmlichen Kriterien des Zwangs, der Uniformität und der Konkurrenz sollen ersetzt werden durch die Eigenverantwortlichkeit der Kinder und Jugendlichen für ihren eigenen Erziehungsprozeß. Diese Aufgabe der Erwachsenen schließt die Verpflichtung ein, die Betätigungsfelder für das forschende Lernen zu erweitern, die Lernanreize zu vermehren, eine größtmögliche Auswahl an Materialien und Methoden vorzuschlagen, die wesentlichen (technischen und intellektuellen) „Werkzeuge" dafür bereitzustellen, moderne Ausdrucksmittel anzubieten, damit dem Kind wirklich die Freiheit gegeben wird, zu wählen, zu experimentieren, zu suchen und zu finden.

Die Stärkung der Willenskraft des Kindes, das ist wohl bekannt, wird nicht erreicht durch Ermahnungen der Erwachsenen, selbst nicht durch die Androhung von Strafen, sondern durch den Wunsch des Kindes, Schwierigkeiten zu überwinden, die es sich selbst gesetzt hat. Jeden Tag machen die Kinder selbst Pläne für eigenes Suchen und Forschen, was nichts mit Leichtigkeit und Bequemlichkeit zu tun hat. Wir sagen ja nicht, daß die Kinder die einzigen sein sollen, die die Schwierigkeiten auswählen, welche zu überwinden sind. Aber auf dem Weg zur Selbstbestimmung erscheint es uns heilsam, daß jeder lernt, sich seine eigenen Ziele zu setzen, anstatt immer nur zu warten, daß sie ihm von außen auferlegt werden. Indem sie ihre Pläne zu verwirklichen suchen, stoßen die Kinder unvermeidlich auf Schwierigkeiten. Warum sollten die Erwachsenen diesen noch hinterhältig welche hinzufügen unter dem Vorwand, die Kinder zu Härte und Strenge gegen sich selbst zu erziehen? Es kann sicherlich auch nicht darum gehen, alle Hindernisse aus dem Weg zu räumen oder sie anstelle der Kinder zu überwinden. Diese wollen, daß man sie selbst erfolgreich sein läßt, andernfalls stiehlt man ihnen ihren Erfolg.

Lassen sie uns das Kind beobachten, das etwas basteln will. Es begegnet natürlichen Schwierigkeiten, die auf seinen Mangel an Erfahrung oder Geschicklichkeit zurückzuführen sind, und oft auch auf die Beschaffenheit der Dinge selbst. Ein Stück Holz hat eine Maserung, mit deren Richtung man arbeiten muß, und wenn man es gegenläufig bearbeitet, leistet es Widerstand oder es spaltet sich. Der Nagel wird krumm, wenn man nicht richtig mit dem Hammer daraufschlägt. Es ist wichtig, daß sich das Kind schon früh mit diesen Schwierigkeiten auseinandersetzt, die nicht vor seinem Weinen oder seinem Zornesausbruch nachgeben.

Für die Formung des Charakters ist das gut: diese Materialien legen gegenüber demjenigen, der ihre Beschaffenheit nicht respektiert, einen eigensinnigen Widerstand an den Tag, den niemals ein Erwachsener aufbringen würde. Darum sind sie ebenfalls auf ihre Art Erzieher.

Sehr oft erfindet das Kind auch selbst Hindernisse und erlegt sich auf, sie zu überwinden. Was man gemeinhin „Spiel" nennt, ist oft vor allem eine Erprobung seiner Körperbeherrschung, um seine eigenen Grenzen kennenzulernen (auf einem Bordstein balancieren, seinen Atem möglichst lange anhalten, einen Satz rückwärts wiederholen). Der Erwachsene muß seinerseits dem Kind Aktivitäten ermöglichen, die seine Fähigkeit verstärken, die verschiedensten Situationen zu meistern und gleichzeitig Eigeninitiative und Verantwortung zu entwickeln.

Unter dem Zeichen der Arbeitserziehung wird die Schule zu einem *Ort der Produktion,* über den die Kinder gemeinsam bestimmen: Produktivität äußert sich in kleinen Kunstwerken, in Untersuchungen, in erworbenen Fähigkeiten. Und der Beweis dafür, daß das Wort Produktion der Wirklichkeit entspricht, ist der Austausch dieser Arbeitsergebnisse auf dem Weg der schulischen Korrespondenz. Denn wer käme auf die abgeschmackte Idee, Hausaufgaben oder Klassenarbeiten auszutauschen?

Diese Eigenproduktionen der Kinder sind von verschiedener Art:

- interne Produktionen im Rahmen des Unterrichts, die jedoch manchmal ausgetauscht werden mit den Korrespondenten (Untersuchungen, Monta-

gen, handwerkliche und kulinarische Arbeiten, Tonbandaufnahmen, schriftliche Produkte etc.;
- Produkte, die extra dafür hergestellt werden, um die Schule zu verlassen (Klassenzeitung, bestimmte künstlerische oder handwerkliche Arbeiten etc.);
- Arbeiten, die in das gesellschaftliche Leben außerhalb der Schule münden (Teilnahme am Leben des Stadtviertels, Untersuchungen, eine öffentliche Kampagne für den Schutz der Natur, das Organisieren von Festen, das Ankurbeln von Aktivitäten, Mitarbeit an Stadtzeitschriften, an der Erprobung von Lehrmitteln, usw.)

Manche dieser Produktionen können gleichzeitig allen drei Kategorien angehören. Ob sie die Schule verlassen, darf nicht von dem Wert abhängen, den die Erwachsenen ihnen beimessen, sondern vielmehr von der gemeinsam getroffenen Auswahl der Kinder und den Möglichkeiten der Verbreitung, die den Kindern geboten werden. Man sollte auch die kindliche Kreativität nicht unter dem Gesichtspunkt einer finanziellen Verwertbarkeit sehen. Außerdem sollte man es vermeiden, Kinder als Stars herauszustellen gemäß den vorherrschenden Kriterien des augenblicklichen Systems.

Wenn gegen solchen Mißbrauch Vorsorge getroffen wird, dann wird nach und nach die Schule kein Ort mehr sein, wo man nur unnötige Übungen aneinanderreiht, sondern wo man sich Ziele setzt, die man auch zu erreichen lernt. Das wäre die richtige Vorbereitung auf eine Arbeitswelt, wo jeder an den Entscheidungen mitwirken kann, ohne auf eine mühselige, in kleinste Einheiten zersplitterte Arbeit festgelegt zu werden und auf eine Freizeit, die nur der Ablenkung und der Zerstreuung dient.

Bericht eines Sekundarschul-Lehrers: Sich-Treiben-Lassen?

Es ist 14 Uhr. Ich habe in der 6. Klasse[1] Unterricht von zwei bis vier. Und ich komme an mit meinem Tonbandgerät, einigen Textauszügen von fiktiven, phantastischen Texten; daran wollte ich ihnen zeigen, wie man selbst Phantasie entwickelt.
Wir gehen in die Klasse
Erster Punkt: Klassenbibliothek. Sie tauschen Bücher aus, teilen sich kurz dazu mit, was sie von den Büchern halten. Dann ist das abgeschlossen und Christine meldet sich. Sie erinnert mich daran, daß wir vor den Ferien nur die „freien Texte" unserer Klassen-Korrespondenten gelesen haben, nicht aber deren gemeinsamen Brief. Ich hole den Brief also aus dem Schrank und lese ihn vor.

---

1 Das ist die 1. Klasse der französischen staatlichen Sekundarschule (Collège d'Enseignement Secondaire) = Gesamtschule mit Ganztagsbetrieb

Der Brief ist ziemlich ehrlich, an manchen Stellen sogar brutal: Das, was wir ihnen schicken, ist nicht sorgfältig genug ausgearbeitet. Es sind Fehler darin, usw.
Meine Schüler sind pikiert.
– Die übertreiben doch.
– Wenn das Korrespondenten sein wollen, dann ist es die Mühe nicht wert, ihnen weiter zu schreiben...
– Ja, aber sie heucheln uns wenigstens nichts vor. Wenn sie uns so offen ihre Meinung sagen, dann können wir ja auch offen zu ihnen sein.
Philipp hebt ungestüm den Finger:
– Ja, wir müßten alle zusammen einen Text verfassen; und man müßte ihn schön abschreiben, auf großen Blättern, und mit Zeichnungen und Fotos illustrieren.
Thierry sagt:
– Ich kann große Blätter mitbringen, mein Vater ist Drucker.
– Ich kann auch welche mitbringen, sagt Isabelle.
Ich fasse zusammen:
– Also, ihr beiden seid damit beauftragt, das Papier zu beschaffen. Und worüber sollen wir schreiben?
– Oh, über ein Spukschloß! (Vor den Ferien hatten wir über Gespenster, Ruinen, Geheimnisse usw. gesprochen.)
– Gut. Also setzt Euch in Gruppen zusammen. Fangt den Text an und hört nach den ersten zehn Zeilen auf. Jede Gruppe liest dann ihre Einleitung vor: Wir wählen die beste aus und machen dann weiter.
Das war schnell getan. Nach einer Viertelstunde war jede Gruppe soweit, ihre Einleitung vorzulesen. Dann hieß es auswählen, sich der Mehrheit unterwerfen... Für einige war das hart. Sie wollten aufhören.
Um ihnen aus der Sackgasse zu helfen, schlug ich einen Kompromiß vor. Zwei Einleitungen blieben übrig:
– Also laßt uns doch die guten Ideen aus beiden verwerten!
Das wurde gemacht.
Dann setzten sie sich in Gruppen zusammen, um den Text weiterzuschreiben. Es ging darum, einen Dialog zu entwerfen zwischen einem Skelett und einem Schloßbesucher...

Die besten Ideen (d. h. die lustigsten, die phantasievollsten und am wenigsten banalen Ideen) wurden festgehalten, und in der nächsten Woche würde man weitermachen.
Dann schlug ich ihnen noch vor, ein Feuilleton für die Korrespondenten zu verfassen. Der Vorschlag wurde angenommen.
Es schellte. Wir diskutierten immer noch darüber, was man gemeinsam machen könnte, noch hinzufügen könnte usw. usw...
Was blieb unter dem Strich? Zwei Stunden, in denen die Kinder hart gearbeitet haben, ohne sich zu langweilen; sie haben versucht, Entscheidungen zu treffen, Streitigkeiten zu klären, ohne es ganz und gar allein fertigzubringen. Sie haben sich gegenseitig zugehört, in den Gruppen, in der Klasse. Nur in einer Gruppe hat es nicht geklappt; sie ist auseinandergebrochen.
Und ich, wie stand ich da mit meiner fertig ausgearbeiteten Stunde?
Sie haben mir ins Gedächtnis zurückgerufen, daß die Klassenkorrespondenz für sie noch existierte und eine wichtige Sache war. Sie haben mir bewußt gemacht, daß ich langsam dabei war, mehr oder weniger unbewußt ihre Begeisterung zu ersticken. Sie haben mir außerdem wieder von neuem gezeigt, daß das Leben lebendig ist und daß man zwar nicht die Dinge treiben lassen darf, aber dem Leben Raum lassen muß.

4 Die Achtung vor der persönlichen Identität und der persönlichen Eigenart

Man verwechselt zu oft die Abschaffung der sozialen Ungleichheiten und die Gleichschaltung aller menschlichen Wesen. Dabei ist es gerade die Ausrichtung nach einer einheitlichen Norm, welche die Ungleichheiten rechtfertigt. Da man diese Normen nicht auf einer Minimalbasis festlegt, um nicht nach unten zu nivellieren, und da es unmöglich ist, jeden nach derselben Norm zurechtzubiegen, wird eine ganze Hierarchie von Kategorien geschaffen. Diese Hierarchie ist eine der Grundlagen des bestehenden Systems.

An der Spitze stehen die guten Mathematiker. Noch vor nicht allzu langer Zeit waren es die guten Lateiner. Das zeigt, daß die Norm sich ändern kann, der Rangplatz in der Hierarchie aber derselbe bleibt und daß man dort trotz veränderter Kategorien im selben Verhältnis die Kinder der verschiedenen sozialen Klassen wiederfindet. Darunter stehen die literarisch Begabten, dann die Techniker und endlich alle anderen mit feinen Abstufungen bis hin zu den „praktisch Begabten", die ohne eine Ausbildung auf die Hilfsarbeiterposten verwiesen werden.

Es handelt sich nicht darum, die Existenz von Unterschieden zwischen den Individuen zu leugnen. Aber vom sozialen Standpunkt aus unannehmbar sind einerseits die Kriterien, nach denen diese Unterschiede festgelegt werden (Tests zur Feststellung des Intelligenzquotienten, Tests für mathematische Begabungen oder für die Beherrschung einer bestimmten Sprache, etc.); andererseits ist es unannehmbar, sich auf diese Differenzen zu berufen, um ein System sozialer Ungleichheit zu rechtfertigen. Diese zeigt sich nicht nur in der Höhe der Einkommen, sondern auch im Sozialstatus (vgl. das unterschiedliche Prestige verschiedener Berufe!) und in der Möglichkeit, sein eigenes Leben frei zu gestalten. Wir unsererseits verurteilen jede Normierung, denn sie ist kein Faktor der Gleichheit. Sie schließt fatalerweise denjenigen, der diesen Normen nicht genügt, aus; sie kann auch keine Allgemeingültigkeit beanspruchen, denn sie gibt vor, alle den gleichen Kriterien zu unterwerfen, die jedoch nur von *einer* Gruppe definiert wurden: von der herrschenden sozialen Klasse, von der ideologischen Linie einer religiösen oder politischen Gruppe, von der platten zahlenmäßigen Übermacht der Mehrzahl. Denn mit welchem Recht kann selbst eine Mehrheit diejenigen ausschließen, die nicht wie sie sind? Weil die Rechtshänder in der Mehrzahl sind, hat man lange Zeit geglaubt, es sei erlaubt, die Linkshänder damit zu quälen, daß man sie zwang, die „schöne Hand" zu gebrauchen. Ist das gerecht? Man könnte dasselbe fragen in Hinblick auf alle rassischen, kulturellen, philosophischen, politischen, sexuellen Minderheiten.

Vom biologischen Standpunkt aus ist jedes menschliche Wesen einzigartig, und wir müssen es anerkennen in seiner persönlichen Identität. In gleicher Weise müssen wir seine kulturelle Identität anerkennen als Mitglied einer Familiengruppe, einer sozialen Klasse, eines geographischen und kulturellen Milieus. Dies alles steht dem Gedanken nicht entgegen, daß alle Menschen gleich sind, ganz im Gegenteil. Es kann also nicht mehr darum gehen, alle menschlichen Wesen zu definieren nach dem Einheitsschema des Menschen in der industriellen Gesellschaft, welcher in monogamer Gemeinschaft lebt, sich mehr oder weniger nur auf die rationale Philosophie und auf die jüdisch-christliche Moral beruft; es geht im Gegenteil darum, durch alle Verschiedenheiten hindurch die tiefe Einheit aller menschliche Wesen zu finden.

Darum wollen wir die Erziehung so organisieren, daß die Verschiedenheit aller Kinder respektiert wird, ohne sie vorher festgesetzten Vorbildern zu unterwerfen; wir wollen die Kinder so akzeptieren, wie sie sind, und ihnen helfen bei der Entwicklung ihrer eigenen Persönlichkeit. Auch diejenigen, die nicht die „Hoch-" Sprache sprechen, sondern ihren heimischen Dialekt, haben das Recht, das Wort zu ergreifen, und diejenigen, die nicht aus dem französischen Kulturkreis kommen, werden nicht gewaltsam assimiliert, sondern anerkannt samt der Kultur ihres Herkunftslandes.

Die vielfältigen sozialen Identitäten, die die Persönlichkeit jedes einzelnen ausmachen, sollen im Rahmen der Gruppe zur Geltung gebracht werden können. Anstatt nur Schüler der sechsten Klasse zu sein, muß z. B. ein Kind gleichzeitig anerkannt werden als vorletztes Kind einer Familie mit vier Kindern, als Sohn eines Facharbeiters und einer Mutter ohne Beruf, als Bewohner eines bestimmten Wohnviertels, als Mitglied der oder jener Freundesclique, als Erbe der oder jener Regionalkultur oder ausländischen Kultur, als jemand, der von dieser Religion oder jenen politischen Ansichten beeinflußt ist, usw. Er muß anerkannt werden in seinen Charaktertendenzen und in seinen Interessen, die er bestimmten Aktivitäten bevorzugt entgegenbringt. Das alles ist wesentlich wichtig, weil gerade diese verschiedenen Identitäten seine soziale Verwurzelung ausmachen und sie ihn gleichzeitig davor bewahren, total vorherbestimmt zu sein.

Dieser Gesichtspunkt ist auch wesentlich für das Leben in der Gruppe, denn alle diese Verschiedenheiten machen gerade ihren Reichtum aus. Man kann nie genug die stimulierende Funktion dieser Unterschiede betonen, d. h. auch des abweichenden Verhaltens; und im Gegenteil kann man nie genug hinweisen auf den zerstörerischen Effekt jeder Normierung (hier sollte man sich besonders an den arischen Menschentyp des Nationalsozialismus erinnern).

Diese Achtung vor den Unterschieden stellt keinesfalls, wie wir noch einmal betonen, eine Rechtfertigung der sozialen Ungleichheiten dar; sie beinhaltet im Gegenteil die Ablehnung einer Über- oder Unterordnung gemäß irgendeiner Norm. Wir behaupten nicht, damit auf wunderbare Weise alle Probleme der schulischen Unangepaßtheit und des abweichenden Verhaltens zu lösen. Die Gruppe muß sich manchmal schützen vor zerstörerischen Aktivitäten, die sie in Gefahr bringen würden; bestimmte Regeln müssen von allen anerkannt werden. Aber es geht nicht darum, den „Abweichler" mit aller Gewalt dem Gesetz der Mehrheit zu unterwerfen; die Gruppe muß selbst überlegen, was bestimmte Reaktionen auf solche Verhaltensweisen bewirken können, indem sie sich nicht nur fragt: „Worin liegt der Grund für dieses Individuum, so oder so zu handeln?", sondern auch: „Was gibt es in der sozialen Bezugsgruppe und in jedem von uns für Gründe, daß dieses Individuum so oder so reagiert?"

Hier befinden wir uns – und das ist kein Zufall – Seite an Seite mit all denen, die einen gangbaren und menschlichen Ausweg für die Probleme suchen, die mit Straffälligkeit, Geisteskrankheit oder Drogen zusammenhängen. Das Problem besteht nicht darin, diese Individuen wieder einzufügen in die genormten Kategorien unseres Systems, sondern ihnen das Recht auf ihre Identität zuzuerkennen, ohne sie in ihr So-Sein einzuschließen wie in ein Ghetto und sie dort sich selbst zu überlassen.

Bericht einer Lehrerin aus einem 1. Schuljahr:
Abdullahs Vorname

Abdullah kommt im September in meine Klasse. Sein kleines, bleiches, ernstes Gesicht wird von schönen schwarzen Locken umrahmt. Er ist klein, und er spricht fast gar nichts. Er sieht traurig aus.

Ich frage nach ihren Vornamen. Ein anderer Junge, ein Algerier, stellt sich vor: Patrick. Dann zeigt er auf Abdullah und nennt ihn Dominique. Auf meine erstaunte Miene hin erklärt er: – Das ist Dominique auf französisch und Abdullah auf arabisch!

– Also, wie willst Du genannt werden?
– Abdullah!

Die Antwort ist klar. Es ist die erste Gelegenheit für ihn, auf seiner Herkunft zu bestehen.

Im Lauf des Oktobers bringt er eine Schallplatte mit arabischen Gesängen von zuhause mit, die er kommentiert. Sein Vortrag wird von der Klasse sehr gut aufgenommen, einige tun es ihm sogar nach. Nun lächelt er ab und zu, wird sicherer. Er macht sogar kleine Scherze! Und ich entdecke in ihm einen sehr geistreichen, einfallsreichen kleinen Schlingel.

Eine Woche vor Weihnachten fährt er nach Algerien.

Bei seiner Rückkehr ist er strahlender Laune. Er erzählt freiwillig, was er alles gesehen und erlebt hat. Für seine Briefpartnerin zeichnet er seine Reise, sein Land. Auf der Zeichnung sprechen die Leute sogar (auf arabisch!): er benutzt dazu Sprechblasen.

Der Teil seiner Zeichnung, der sein Land darstellt, ist farbiger, reicher im Detail ausgearbeitet; die Sonne lacht und die Menschen werden abgebildet bei ihren traditionellen Tätigkeiten. Die Zeichnung ist ein Papierfries von vier Metern Länge, sie interessiert alle Kinder. Sie zeugt von einer neuen Etappe in dem Bemühen Abdullahs, sich eine eigene Persönlichkeit zu erarbeiten.

Er wird auch aufmerksamer für andere. Er schreibt an seine Briefpartnerin: „Erzähl mir von deinem Land", und er übernimmt selbst die Verantwortung für sein eigenes Lernen.

Plädoyer für einen gefühlsmäßigen Zugang zur Lebenswelt der Kinder

Wir waren schon bei Jean-Charles gewesen, der neu in unsere Klasse gekommen war, um uns über den Endivien-Anbau zu informieren.

Auf dem Rückweg hatte Françoise zu mir gesagt: Meine Eltern würden uns genauso gut aufnehmen wie die von Jean-Charles.

Ich sagte zu mir: „Aber was können wir schon sehen bei Françoise? Da gibt es nichts Spezielles, nichts zu lernen!"

(Heute wage ich rückblickend diesen Gedanken kaum niederzuschreiben.)

Und dann, einige Tage später, haben wir doch gemeinsam entschieden, einen Nachmittag bei Françoise zu verbringen. Wir sind an einem Montagnachmittag im Oktober mit dem Autobus 'rausgefahren; diesmal waren nur 2 km Weg zurückzulegen.

Françoises Mutter und Vater erwarteten uns.

– Was möchtet ihr sehen?
– Alles, was es zu sehen gibt!
– Françoise, zieh' dich um, wir gehen zu den Schafen!

Tatsächlich, man muß schon Arbeitskleidung anhaben, wenn man zu den Schafen gehen und sie füttern will.

Wir sind zusammen auf die Wiese gegangen. Alle Kinder wollten den Schafen Körnerfutter geben. Zeitweise lagen alle auf den Knien und hielten den Tieren ihre Hände voll Futter hin.

Wir erkannten im Gedränge der Herde „Fanette" wieder, das Jungschaf Nr. 35, das Françoise mit der Flasche aufgezogen hatte, und wir suchten „Gâté", den Verwöhnten, das Schaf Nr. 9, aus einer anderen Herde heraus. Aber es wollte einfach nicht zu uns herankommen!

Und dann gab es da noch die alte Mühle mit ihrem Schleusentor, das Françoises Vater für uns öffnete, und mit den riesigen Mühlrädern, welche die Mahlsteine antrieben ... Es gab einen Teich mit Forellen ganz am Ende des großen Gartens – Françoise und ihre Mutter waren schon zusammen vorweggelaufen, um uns Brot zu holen, mit dem wir die Forellen füttern konnten –, es gab Rebhühner, Fasanen, düstere Keller, wo alle Angst hatten...

Die interessanten Dinge wollten gar kein Ende nehmen!

Sogar schöne Fossilien fanden wir.

Es war einfach herrlich!

Wir aßen gemeinsam den Imbiß, den unsere Gastgeber für uns vorbereitet hatten. Kuchen, Orangensaft und und und...

Unser Lachen war fröhlich, wie bei einem Fest.
- Françoise ist glücklich! sagte ihre Mutter, als sie sie eine Weile beobachtete.

Oh ja, denn sie konnte uns ihr ganzes Leben vorführen, das Leben, von dem sie uns dort unten im Dorf, in der Schule, immer in ihren freien Texten erzählte!

Es war Chantal, die auf einmal sagte: „Und wenn wir nun alle hier schlafen würden? Wenn wir einfach nicht nach Hause fahren würden?"

Weiter am Leben von Françoise teilhaben...

Diese Freude aufrechterhalten, die uns alle ergriffen hatte...

In Harmonie leben...

Jeder bringt ein Stückchen von sich selbst in die Klasse mit. Den Rest teilt er den anderen mit, indem er davon erzählt: was es bei ihm zu Hause gibt, in seinem Elternhaus, in seinem Dorf...

Aber wenn man nicht da war, wenn man es nicht gesehen hat, wenn man nicht wenigstens für einen kleinen Augenblick an diesem Leben teilgenommen hat... kann es da eine echte Kommunikation zwischen dem Kind und den anderen geben?

Mein Traum wäre nun, die ganze Klasse zu Jean-Luc... oder zu Sylvie mitzunehmen...

5 Das Bedürfnis, sich frei auszudrücken und mit anderen zu kommunizieren

Wenn man es ihnen noch nicht ausgetrieben hat, haben alle Kinder und auch alle Erwachsenen das Bedürfnis und die Freunde daran, sich frei auszudrücken und untereinander zu kommunizieren durch das Zeichnen, die Musik, den Gesang, die Pantomime. Aber allzuoft werden die Kinder von den Erwachsenen entmutigt, die in diesen ersten Versuchen nur Geschwätz, Kritzeleien, Lärm oder Grimassenschneiden sehen. Es erscheint uns jedoch unerläßlich, diesem Bedürfnis nach freiem Ausdruck so weitgehend wie möglich Rechnung zu tragen.

5.1 Mit anderen zu kommunizieren, ist eine der wichtigsten Motivationen des freien Ausdrucks

Für uns bedeutet schöpferisch sein nicht gleichzeitig, Mitglied einer Elite von Künstlern zu sein, deren soziale Funktion darin besteht, sich anstelle der Massen schöpferisch auszudrücken, weil diese als unfähig betrachtet werden, dies selbst zu tun.

Im Gegenteil, der schöpferische Ausdruck ist ein fundamentales Recht, das allen zuerkannt werden muß, ebenso wie das Recht, mit anderen zu kommunizieren.

– *Jeder muß das Recht haben, sich selbst zum Ausdruck zu bringen.* Er muß das Vergnügen empfinden können, von sich zu reden, seine Empfindungen auszudrücken und seine Gefühle, und er muß sich manchmal von seinen Ängsten in offener oder symbolischer Form befreien können.
– *Jeder muß die Mittel dazu haben, schöpferisch tätig zu werden,* denn alle Menschen sind bis zu einem unterschiedlichen Grad dazu fähig. Es genügt, kleine Kinder zu beobachten, denen man Gelegenheit gibt, sich auszudrücken in Zeichnungen, durch ihren Körper oder ihre Sprache. Alle haben schöpferischen Elan. Einige Jahre später jedoch hat die Mehrzahl aufgehört, sich frei auszudrücken (wenigstens in Gegenwart von Erwachsenen). Aber das zunehmende Alter ist nicht der Grund dafür, daß diese schöpferische Kraft augenscheinlich versiegt; das ist das Werk der Erziehung. Es gibt ganze Völker, bei denen die Begeisterung für die Musik, den Tanz, die Malerei, die dichterische Improvisation nicht nach sechs oder sieben Lebensjahren versiegen (d. h. in dem Alter, wo die Schulpflicht beginnt). Auch wir Freinet-Pädagogen können als Beispiel tausende französischer Schulklassen anführen, in denen die Schüler – von der frühen Kindheit bis zur späten Adoleszenz – nicht aufhören, sich frei auszudrücken und schöpferisch tätig zu sein.
– *Jeder muß das Recht haben, frei mit allen zu kommunizieren* (durch Unterhaltungen, Debatten, durch die Vorstellung von Texten, Zeichnungen und selbst hergestellten Arbeiten), sowohl innerhalb der Gruppe als auch mit anderen Gruppen (durch die Klassenkorrespondenz, den Austausch von Klassenzeitungen). Dieser Austausch beschränkt sich nicht nur auf andere Jugendliche, sondern kann sich auch auf die Erwachsenen innerhalb der Klasse (Besuch von Eltern, von Arbeitern) und außerhalb der Schule beziehen (Kontakte mit Künstlern, mit Forschern, mit allen, die nützliche Antworten geben können).

5.2 Die Techniken des freien Ausdrucks dürfen nicht von vornherein auferlegt werden

Zu viele Erwachsene denken oft, daß man zunächst die Regeln des Ausdrucks beherrschen muß, um sich gut ausdrücken zu können: die Grammatik und die Orthographie, die Technik des Malens und des Gesangs, die Grundübungen des Tanzes und des körperlichen Ausdrucks. Unglücklicherweise ist der Weg, der zur Erlernung dieser Ausdrucksregeln führt, im allgemeinen so langweilig und besonders so weit entfernt von den Bedürfnissen der Kinder, daß die Mehrzahl der Kinder das Interesse daran verliert und daß die anderen nur eine passive Unterwerfung unter die „klassischen" Kunstübungen verinnerlichen; der spontane, wahrhaftige Ausdruck ist dann praktisch verschwunden zugunsten einer – manchmal ganz geschickten – technischen Routine, aus der jedes Leben verschwunden ist. Nur einer ganz kleinen Minderheit gelingt es, dieser sterilen Passivität zu widerstehen und technische Meisterschaft *und* persönlichen Elan, ohne den keine schöpferische Leistung entsteht, miteinander zu verbinden. Aber schließlich bestärkt dieses Ergebnis viele Menschen in ihrer elitären Überzeugung: nur eine kleine Minderheit, so schlußfolgern sie, ist eben fähig, Kunstschaffende zu sein. Diese Überzeugung ist sogar in progressiven Milieus verbreitet („Angeborene Begabungen gibt es nicht"... ausgenommen die Sport-Champions, die Künstler oder die „großen Führergestalten"!).

Die Technik, sei es die der Sprache, der Malerei, der Musik, des körperlichen Ausdrucks oder eines Sports, ist zwar notwendig, um später zur Meisterschaft zu gelangen, aber sie darf niemals der Ausgangspunkt des freien Ausdrucks sein. Die Sorge um den Perfektionismus treibt bestimmte Erwachsene dazu, das Kind mitten in einem Satz oder einer Geste zu unterbrechen, indem sie ihm sagen: „Halt, so darf man es nicht machen", als wenn der schlecht gebaute Satz, die mißglückte Geste irreparabel wären. So unterbrechen sie den spontanen Schwung des Kindes. Es verliert den Faden und weiß nicht mehr, was es ausdrücken wollte, und dies allein war doch das Wesentliche. Oft versteifen sich die Erwachsenen darauf, den „richtigen Satz" wiederholen zu lassen oder die „schöne Geste", und das Kind wiederholt alles (oft schlecht und recht), ohne einzusehen, warum dies nun besser sein soll als vorher. Diese Haltung vernichtet den guten Willen. Sie gibt vor, etwas korrigieren zu müssen, was noch gar nicht existiert, als wenn man schwimmen lernen könnte auf einem Schemel oder Autofahren im Saal einer Fahrschule. Das letztere ist nicht üblich, obwohl man dabei das größere Risiko eingeht, auf ein anderes Auto aufzufahren, als wenn man eine Syntax-Regel verletzt oder einen verkehrten Strich auf dem Papier macht.

Prinzipiell darf kein Gegenstand oder Thema „von außen" auferlegt werden. Das Kind selbst weiß besser, was es am liebsten ausdrücken möchte. Wenn es „keine Einfälle" hat, dann liegt das im allgemeinen daran, daß es unbewußt schon verdrängt hat, was es spontan ausdrücken wollte. Wahrscheinlich haben es die Erwachsenen – ebenso unbewußt – schon zu oft daran gehindert. Ihm von außen Ideen zu liefern, ist nicht die beste Art, ihm zu helfen. Der schöpferische Elan nährt sich von der gesamten Umgebung, aber er muß sich selbst Bahn brechen.

Es kommt vor, daß ein Kind zu Anfang – besonders, wenn das Recht auf freien Ausdruck ihm lange Zeit verwehrt wurde – zunächst die Zeichnung eines Mitschülers imitiert oder einen Text als seinen eigenen ausgibt, den es irgendwo abgeschrieben hat; viele Leute regen sich darüber auf. Es sind im allgemeinen dieselben Leute, die sich gar nicht schockiert zeigen, wenn man die Schüler darauf abrichtet, die vom Lehrer auferlegten Schablonen und Vorbilder einfach nachzuäffen. Daß das Kind zunächst provisorisch seine Zuflucht zur Nachahmung nimmt, scheint ihnen zu beweisen, daß der freie Ausdruck nur ein Mythos ist. Unsere Erfahrung zeigt uns jedoch, daß jedes menschliche Wesen seine Persönlichkeit nährt und bereichert durch alles, was es umgibt und was es bewegt. Der freie Ausdruck ist nicht außerhalb der menschlichen Kommunikation angesiedelt. Es ist ein Ausdruck persönlicher Freiheit, sich zunächst seine Vorbilder selbst wählen zu können, sich dann aber auch davon befreien zu können, wenn man es will – wenn man sich daraus angeeignet hat, was einem für die eigene Erfahrung nützlich war.

Wir leugnen nicht, daß die Beherrschung gewisser Techniken für den freien Ausdruck nützlich sein kann. Aber wir sind der Ansicht, daß es Sache der Kinder ist, danach zu verlangen und selbst für die Übung in diesen Techniken die Verantwortung zu übernehmen, wenn sie meinen, das sei notwendig für sie, um eine höhere Schwelle zum freien Ausdruck zu überschreiten. Es ist nicht Sache der Erwachsenen, diesem Bedürfnis zuvorzukommen und damit den freien Ausdruck in feste Bahnen zu lenken.

5.3 Man muß vielfältige Möglichkeiten des freien Ausdrucks schaffen

Eine Erziehung zum freien Ausdruck muß bestimmten Anforderungen genügen. Die erste ist, keine künstlichen Trennwände aufzurichten zwischen den verschiedenen Möglichkeiten des freien Ausdrucks. In der Tat ist jedes Kind ein ganzheitliches Wesen, welches sich ganz hineingibt in das, was es ausdrückt. Auch wenn das Kind noch kein Mittel des freien Ausdrucks voll und ganz beherrscht, muß es sie doch alle ausprobieren können, muß sie miteinander verbinden können, muß die Entdeckung machen können, daß jede Ausdruckstechnik ihre besonderen Register hat und auf verschiedene Art erlaubt, mit anderen zu kommunizieren.

Deshalb beschränken wir den freien Ausdruck nicht allein auf den freien Text (welcher viel zu oft reduziert wird auf einen Aufsatz ohne festgelegtes Thema). Wir achten darauf, möglichst vielfältige Formen des Ausdrucks anzubieten (Musik, Pantomime und Ausdruckstanz, Dichtung, audio-visuelle Montage, Film, etc.). Selbst mathematische Untersuchungen können angesehen werden als ein Mittel des freien Ausdrucks; man weiß ja um die Beziehungen zwischen Mathematik und zeitgenössischer Kunst. Auf jedem

Gebiet bemühen wir uns, vielfältige Materialien bereitzuhalten, um die Ausdrucksmittel nicht zu beschränken (z. B. in Kunst: Zeichnen, aber auch Malen mit Pastellfarben, Tusche, Scherenschnitte, Monotypien, etc.).

Alles das schließt die praktische Forderung ein, viele kleine Atelier-Ecken zu schaffen und die verschiedensten Materialien bereitzuhalten für das Malen, das Ausschneiden, das Basteln von Masken und Marionetten, für das Sich-Verkleiden, das Musizieren (fertige Instrumente oder Material, um sie herzustellen); man braucht eine große Auswahl an Geräten für den Sport (Bälle, Matten, Kissen, Seile, etc.), man braucht Geräte für Tonbandaufnahmen und Plattenspieler, und besonders braucht man Platz für ruhige Ecken, in denen man vor Lärm geschützt ist.

5.4 Der freie Ausdruck verlangt das gegenseitige Zuhören und die Achtung vor den anderen

Da wir die elitäre Vorstellung vom künstlerischen Schaffen ablehnen, erkennen wir jedem das Recht zu, mit Respekt angehört zu werden – aus welchem sozio-kulturellen Milieu er auch kommt und wie es auch immer um seine Ausdrucksfähigkeit bestellt sei. Wir glauben nicht, daß jede Kunstschöpfung schon vollendet dem Kopf ihres Schöpfers entspringt, um so weniger, wenn der Schöpfer ein Kind ist. Aber wir sind auch der Meinung, daß dem Erwachsenen kein abschließendes Urteil darüber zukommt. Der Erzieher muß zunächst verständnisvoll aufnehmen, was das Kind ausdrückt, und sei es auch noch so ungeschickt. Er muß die Rolle eines Vermittlers übernehmen zwischen dem Kind und der Gruppe, damit diese mit Achtung aufnimmt, was ihr vorgestellt wird. Er schafft günstige Bedingungen für den Dialog, welcher zu einer Vertiefung führt. Das Kind selbst zieht Nutzen aus den Reaktionen der Gruppe; es lernt, sich selbst zu kritisieren; aber dafür darf auch zu keinem Zeitpunkt ein abwertendes Urteil gefällt werden.

Ebenso bemühen wir uns, den Reflex eines Zensors zu unterdrücken, wenn ein Kind oder ein Jugendlicher etwas ausdrückt, was wir lieber nicht hören möchten. Wir betrachten auch den aggressiven Text oder die abweichende Haltung als den Reflex einer Situation oder eines Augenblicks. Anstatt ihn zu unterdrücken, wissen wir, daß die Vertiefung im Rahmen der Gruppe, unter der Teilnahme des Erziehers, dieses Stadium überwinden hilft; dies wäre aber nicht der Fall bei einer „Vogel-Strauß-Politik", welche es vorzieht, gar nicht erst zu wissen, was Kinder und Jugendliche sich ohnehin mitteilen in Abwesenheit der Erwachsenen. Wir lehnen sowohl die völlige Abdankung von unserer Erzieherrolle als auch den erzieherischen Despotismus ab, welche viel weniger voneinander entfernt sind, als man es oft glaubt. Wir versuchen, hellsichtige und verantwortlich handelnde Erwachsene zu sein; wir ziehen das Vertrauen der Jugendlichen zu uns dem formellen Respekt vor und suchen lieber den Dialog als die scheinbare Autorität: diese Position ist weniger schwierig durchzuhalten gegenüber den Kindern und Jugendlichen als gegenüber vielen Erwachsenen, welchen eine gleichberechtigte Beziehung zwischen den Generationen Angst einjagt.

5.5 Der Wert des freien Ausdrucks liegt sowohl im Prozeß des schöpferischen Hervorbringens als auch in den „Produkten" selbst

Wir leben in einer Gesellschaft der Produktivität und des Konsums. Die schulischen Lehrpläne legen mehr Wert auf die Quantität des Gelernten als auf die Qualität des Lernens (d.h. darauf, was von dem Gelernten später übrigbleibt). Was den künstlerischen Ausdruck angeht, so ist heute jede Kunstschöpfung zum Produkt geworden, zum Spektakel, zum Spekulationsobjekt. Für uns liegt der Erfolg nicht im Literaturpreis, nicht in der Hit-Parade oder im Spitzen-Fußball der Stars, sondern in der Freude am freien Ausdruck selbst und der immer besser werdenden Ausdrucksfähigkeit.

Darum erscheint uns der Prozeß der Hervorbringung wichtiger als das am Ende erzielte Resultat, obwohl auch dieses wichtig ist, weil es erlaubt, in Austausch mit anderen zu treten. Deswegen setzen wir nicht von vornherein Verpflichtungen zum freien Ausdruck fest, aber der Umfang der kindlichen Produktion selbst liefert uns Informationen über die Ausdrucksfähigkeit und die Ausdruckswilligkeit der Kinder. Denjenigen, die die Erziehung schon gehemmt und blockiert hat, muß man manchmal Techniken vorschlagen, die stärker zum Ausdruck anregen und die schnell zu anfänglichen Erfolgen führen.

Auf diese Weise erfährt man oft den therapeutischen Wert des freien Ausdrucks. Dank dieser therapeutischen Wirkung werden die Kinder offener den anderen gegenüber und offener für die sie umgebende Welt. In diesem Sinne gehört das Vergnügen, sich auszudrücken, zum schulischen Erfolg, ohne daß es gemessen wird in Kategorien der Effektivität im traditionellen Sinne des Wortes.

Eine wichtige Aufgabe des praktischen Umgehens mit den Ausdrucksmitteln (Klassenzeitungen, Tonbandaufnahmen, Fotografie und Kino) besteht in der notwendigen Entmystifizierung der Massenkommunikationsmittel. Tatsächlich kritisieren die Erzieher gern die Faszination, welche das Fernsehen, das Kino, die Comics, die Popmusik auf die Kinder und Jugendlichen ausüben und sie glauben, sie könnten die Faszination zerstören durch abfällige Urteile. Aber die Kinder und Jugendlichen sind daran gewöhnt, daß man ihnen ihre Vergnügungen madig macht, und sie scheren sich nicht um diese Kritik. Wenn sie statt dessen selbst schöpferisch mit diesen technischen Mitteln umgehen, wird ihnen der Spaß daran nicht verdorben, sondern sogar ausgedehnt und vertieft; aber indem sie selbst schöpferisch tätig werden, verlieren sie auch die passive Faszination, die den einfachen Zuschauer auszeichnet. Ihr Vergnügen daran wird anspruchsvoller. Und diese Entmystifizierung der modernen Medien ist nicht das geringste Verdienst der Techniken des freien Ausdrucks.

Bericht: Spiele zur Förderung einer umfassenden Ausdrucksfähigkeit

Eine Schule in einem halb verstädterten Gebiet. Ein Schulzentrum mit sechs Klassen. Am Rande eines ehemals hübschen kleinen Dörfchens, das nun von der näherrückenden Stadt geschluckt wird. Kinder, die auf engem Raum zusammengedrängt und auf den vertrockneten Rasen zwischen den Sozialwohnungs-Türmen als Spielfläche angewiesen sind.
– Ich, ich habe nichts zu schreiben, sagt Christian. Bei mir ist das nicht wie bei den anderen, die rausgehen und sich Hütten bauen können. Sie machen sich auch Flöße, und sie gehen und fischen im Fluß, alle sowas. Und ich, meine Mutter schließt mich in meinem Zimmer ein, damit sie keinen Ärger mit den Nachbarn bekommt.
Schreiben. Das heißt, sein Leben in diesen kleinen, gewundenen Tintenstrich hineinfließen zu lassen. Aber welches Leben? Das Leben in ausgetrocknetem Beton? Mit dem Geruch von kurzgeschorenem Rasen in der Nase? Mit den Geräuschen einer Schule im Ohr, die mehr an eine Kaserne erinnert mit ihrem „Gerade sitzen! Hände auf die Bank!", „Macht keinen Dreck!", mit ihren glänzenden Fliesen und ihrer Raumaufteilung, die durch die Tische in rechtwinkelige Vierecke zerhackt wird... Die Schule gemeinsam zu verlassen, ist schwierig. Zu viele Kinder in der Klasse. Zu viele Autos. Unmöglich, unter diesen Bedingungen Erfahrungen zu machen. Die Kinder sind noch zu klein, und das bringt angeblich zu viel Schmutz mit sich.
Wie kann man den Mechanismus aufbrechen? Wie kann man diese armen kleinen Ölsardinen aus ihrem engen, ovalen, künstlichen Ölbad herausholen und sie in das freie, verrückte Spiel der Wellen zurückwerfen, die sich gegenseitig jagen und vor Lachen auseinanderbrechen?
Zwei- oder dreimal pro Woche treffen wir uns in der überdachten Vorhalle der Schule: einen großen Teppich gibt es dort (10 × 4 m), eine Kiste voll mit großen Tüchern in allen Farben, Kordeln und Schnüre, Stöcke, Pappkartons. Und wir spielen dort frei zusammen, 25 oder 30 Schüler aus dem 5./6. Schuljahr. Manchmal haben wir dazu Begleitmusik von einer Schallplatte oder von mitgebrachten Musik-Instrumenten. Manchmal wieder haben wir nur unsere Finger, unsere Füße, unsere Haare, unsere Augen zum Spielen. In fünf Minuten sind wir am Meer, an einem Fluß; ein Wind kommt auf; ein Indianertanz; eine Scheidungs-Szene; Vögel; Lastwagen; Flugzeuge... Wir spielen das alles nicht nur, wir sind es. Weil wir das brauchen, andere zu werden. Und wir begegnen uns vor allem, wir suchen uns, wir ziehen und schieben uns gegenseitig, wir

jagen uns gegenseitig Angst ein und wir ziehen uns an, denn wir sind Wellen, verlorene Schreie, ausgehungerte Babies, ihre Kinder verschlingende Mütter, tröstende Mütter, versteckte Ängste, eingekerkerte Freude...

Manchmal schlägt einer von uns, der sensibel ist für die anderen, ein gemeinsames Spiel vor: – „Wir sind jetzt die Wellen. Und ihr seid die Felsen."

„Das Wasser wirft sich auf die Felsen, es prallt an ihnen ab. Und es bricht sich einen Weg durch die Felsen. Das Wasser ist bösartig. Es nutzt sie ab, wäscht sie aus.

Dann kommt ein Sturm, der sich mit dem Meer zusammentut, um die Felsen anzugreifen.

Dann fängt ein Felsen an, sich zur Seite zu neigen, sich zu winden; er gibt ein leises Krachen unter Wasser von sich und bricht in lauter Kieselsteine auseinander.

Und es bleiben nur noch vier Felsen übrig.

Und nun werfen sich das Meer und der Sturm gemeinsam auf die restlichen vier Felsen und machen mit ihnen dasselbe wie mit dem ersten. Aber der vierte Felsen hält stand und versucht, sich zu verteidigen.

Dann werfen sich das Meer und der Sturm noch einmal in einem großen Schlag gegen den Felsen und tun sich weh dabei.

Der Sturm gibt auf und zieht ab, weil er wohl weiß, daß das schlecht ausgehen wird. Und der Felsen bleibt *ganz allein* zurück. Plötzlich sieht er in der Ferne einen kleinen schwarzen Fleck. Das ist ein kleiner Felsen, der aus dem Wasser hervorbricht. Und sie plaudern beide miteinander. Und schließlich werden sie Freunde. Sie verbringen eine schöne Zeit miteinander."

(Dieser Spielvorschlag stammt von Gisela und Isabelle, den beiden großen „Schweigsamen" in meiner Klasse.)

Pantomime? Körperlicher Ausdruck? Nein: umfassender Ausdruck.

Alles fügt sich zu einem Ganzen.

6 Die kooperative Verantwortung

6.1 Eine Pädagogik, die auf der Kooperation aufbaut

Solange es in den Beziehungen zwischen den Erwachsenen und den Kindern jemanden gibt, der souverän befiehlt und jemanden, der gehorchen muß, ohne zu diskutieren, kann man zwar ein Reglement aufstellen, kann es vordergründig Ruhe und Ordnung geben, aber man hat die wahre Disziplin nicht erreicht.

Das bestehende Erziehungssystem behauptet von sich, daß es die Selbstbestimmung von Kindern und Jugendlichen fördern will. In Wirklichkeit jedoch ist es organisiert auf der Basis der Unterwerfung unter unumstößliche Regeln und unangreifbare Lehrpläne, sowie auf der Basis des formellen Gehorsams gegenüber den Lehrenden, die man nicht umsonst die „Schulmeister" nennt.

Diese Autoritätsbeziehungen wollen wir nicht abschaffen, indem man die Erwachsenen aus der Schule verschwinden läßt, sondern indem man sie eingliedert in eine Kollektivität, die auf der Basis der Zusammenarbeit organisiert ist und in der sie nicht mehr die führende Rolle spielen.

Wir lehnen die Haltung eines aufgeklärten Monarchen ab, welcher zwar aus Sorge um die Kinder handelt, aber dabei überzeugt ist, am besten ihre Bedürfnisse und ihre Bestrebungen zu kennen.

Wir dagegen haben uns entschlossen, die Kinder zu beobachten, ihnen das Wort zu geben. Dabei fürchten wir uns trotzdem nicht davor, unseren eigenen Standpunkt darzulegen, besonders, wenn ihnen dies dazu dient, ihren Standpunkt besser zu präzisieren.

Wir wollen eine kooperative Schule schaffen, wo die Erwachsenen, die selbst kooperativ zusammenarbeiten, ihre Rolle als Erwachsene nicht aufgeben, aber wo die Kinder einen ständig wachsenden Anteil an der Verantwortung übernehmen, um sich so auf ihr soziales und persönliches Leben vorzubereiten.

Was uns am wichtigsten erscheint, ist die Veränderung des Gesamt-Klimas. Statt der Gehorsamsbeziehungen gegenüber dem Lehrer und der Konkurrenz mit den Klassenkameraden sollen Vertrauen, Eigeninitiative und Kooperation das Klassenklima bestimmen.

6.2 Eine kooperative Organisation der Schule

Wie schafft man es, eine einfache Ansammlung von Schülern in eine kooperative Klassengruppe zu verwandeln? Durch die Einführung neuer Arbeitstechniken. Diese neuen Techniken geben Gelegenheit zur gemeinsamen Arbeit, legen die Konflikte und die Übereinstimmungen in der Gruppe offen, erleichtern den freien Ausdruck und die Entstehung von Projekten, welche auch oftmals Widersprüche hervorrufen. Dann muß eine Regulierung gefunden werden. Wenn der Lehrer sich weigert, diese durchzuführen und sich an die Gruppe wendet, dann wird die Gruppe in bestimmten Augenblicken zu einer Instanz der Organisation, der Kontrolle, der Bilanz und der Analyse. Damit ist die Kooperative geboren. Sie steht im Zentrum unserer Pädagogik. Der Klassenrat wird zur Instanz, welche das Funktionieren der Gruppe sicherstellt und sie gleichzeitig immer mehr zu einer Gruppe formt. Die Kooperative ist nicht selbst die Lösung aller Probleme, aber sie ist in der Lage, Probleme zu lösen, und zwar auf eine erzieherische Art und Weise.

6.2.1 Die Schule als Ort des Lebens

Weil im allgemeinen die Kinder und Jugendlichen keine Lust dazu haben, zur Schule zu gehen, vergißt man leicht, daß die Schule einer der Orte ist, an dem sich hauptsächlich ihr Leben abspielt; ein Ort, an dem sie oft mehr Zeit in der Woche verbringen als die Arbeiter in der Fabrik (wenn man die Zeiten in der Kantine, die Wartezeiten zwischen dem Unterricht, die Hausaufgaben oder die Wartezeiten auf den Schulbus mit hinzurechnet). Der Einfluß des Milieus auf die Individuen braucht nicht erst nachgewiesen zu werden. Aber erst wenn diese selbständig denken lernen und sich ihr eigenes Lebensmilieu schaffen, wenn sie dem Milieu eben nicht mehr nur unterworfen sind, wenn sie sich der menschlichen, materiellen, ökonomischen Zwänge bewußt werden mit Hilfe der Kooperative, dann fangen sie wahrhaft an zu existieren, sich selbst zu erkennen. Sie übernehmen selbst die Verantwortung für die Gestaltung ihrer Zeit, ihres Raums, ihres Lebensrhythmus'; dies tun sie nicht im Hinblick auf eine äußere Norm, sondern im Hinblick auf sich selbst, auf ihre Pläne und die Gegebenheiten des Augenblicks. Jeder findet seinen ihm angemessenen Platz in einem Ganzen, wo alles für alle Bedeutung hat und wo jeder sich aufgehoben fühlen kann. Jeder hat hier sein Wort zu sagen, sein Projekt vorzustellen, seine Arbeit darzulegen. Jeder muß Rücksicht auf die anderen und die Gruppe nehmen. Kurz, jeder hat das Wort, sein Wort, und wird dazu geführt, seinen Platz in der Gruppe zu finden.

6.2.2 Die Schule als Ort der Produktion

Das kooperative Leben mit den Techniken und Aktivitäten der Freinet-Pädagogik ändert die Arbeitsbedingungen in der Klasse. Dadurch entsteht zwar eine Priorität im Hinblick auf die Verteilung von Verantwortung und Zuständigkeiten, aber keine neue Hierarchie unter Personen. Das Gegeneinander wird durch ein Arbeiten Seite an Seite ersetzt; neue Strukturen der Zusammenarbeit werden geschaffen.[2]

---

[2] Jean und Fernand Oury, Aïda Vasquez und die Gruppe der „therapeutischen Erziehung" haben herausgearbeitet, wie unsere Arbeitstechniken das Klassenklima und die Beziehungsstrukturen positiv beeinflussen. Vgl. dazu Aïda Vasquez, Fernand Qury, De la classe coopérative á la pédagogie instutionelle, Paris (Maspéro) 1974, Bd. I und II. Auszüge aus diesem Werk wurden auf deutsch veröffentlicht in : Aïda Vasquez, Fernand Oury u.a., Vorschläge für die Arbeit im Klassenzimmer – die Freinet-Pädagogik, Reinbek bei Hamburg 1976

Das kooperative Zusammenleben gibt der Arbeit ihren wahren Stellenwert wieder, indem sie gemeinsam von der Gruppe geplant und ausgewertet wird. Die Arbeit ist durch ein wirkliches Bedürfnis motiviert, weil sie auf eine Produktion hinausläuft, die auch außerhalb der Schule anerkannt wird durch ihre Nützlichkeit oder ihren Wert. Das kooperative Klassenleben respektiert die physiologischen und psychologischen Bedürfnisse der Kinder und Erwachsenen, weil es nach folgenden Regeln funktioniert: Individualisierung, Sozialisierung, Recht auf Irrtum, auf das Fallenlassen einer zu schweren Aufgabe, auf das kreative Schaffen.

6.2.3 Die Gruppe im Dienst des Erfolgs jedes einzelnen

Die Kooperative funktioniert nicht auf starre oder autoritäre Art; sie erlaubt die Wertschätzung jedes einzelnen Erfolges sowie die Herbeiführung immer neuer Erfolge; denn indem sich die Schüler in einer hilfreichen Atmosphäre einer Vielzahl von Erfahrungen zuwenden, entdeckt jeder für sich selbst eine breite Skala von Erfolgsmöglichkeiten – nicht nur a priori im schulischen Bereich-, die auf jeden Fall zur Formung seiner Persönlichkeit beitragen. Das Kind stellt der Gruppe seinen Plan vor oder erzählt von seiner Idee, bittet um Hilfe, um Dokumentationsmaterial, um Auskünfte. Später stellt es sein fertiggestelltes Projekt vor und erfährt die Reaktionen der Gruppe. Dieser Augenblick der konstruktiven und wertschätzenden Kritik ist bereichernd für alle. Er fördert die Entwicklung des kritischen Denkvermögens und die Relativierung des Urteils der Erwachsenen.

Die persönlichen Aktivitäten werden in der Kooperative nicht an den Rand gedrängt. Sicherlich erfordern manche schöpferischen Arbeiten oder manche Untersuchungen eine rein persönliche Verantwortung, und man kann ihnen keine Normen auferlegen. Aber jede individuelle Arbeit wird natürlich den anderen vorgestellt, wird gemeinsam diskutiert; die Aufgabe der Erwachsenen dabei ist es, den Respekt gegenüber jeder Persönlichkeit sicherzustellen und die positive Formulierung der Reaktionen anzuregen, damit die Vorstellung vor der Gruppe nicht zu einem vernichtenden Urteil wird, sondern zu weiteren Erfolgen stimuliert.

Eine Gruppe, die Verantwortungsgefühl entwickelt, wird langsam auch ihre eigene Identität erlangen, indem sie ihre Gruppenaktivitäten und die Aktivitäten ihrer Mitglieder selbst regelt. Diese gelangen in einer Atmosphäre der Gleichberechtigung selbst zur Eigenverantwortlichkeit und nehmen die Lösung der Probleme, die sie betreffen, in die eigenen Hände. Sie werden eigenverantwortlich im Hinblick auf sich selbst und andere, im Hinblick auf ihr Wissen, auf ihren Bezug zu der menschlichen und materiellen Umwelt. Indem sie Regeln akzeptieren, erwerben sie sich gleichzeitig die Kraft, diese schaffen zu können.

Das kooperative Gruppenleben eröffnet denjenigen, die daran beteiligt sind, ein Maximum an Möglichkeiten zur Identifikation und Opposition, denn jeder kann sich voll einbringen, und sei es auch nur bei der Übernahme von Verantwortung für die verschiedenen „Arbeitsateliers".

Der Erwachsene ist nicht mehr die letzte Zuflucht und das „Mädchen für alles", der „Herr Lehrer", der über alles regiert mit seiner erdrückenden Autorität, der große Zauberer, der auf alles eine Antwort weiß. Er beugt sich den Regeln des Zusammenlebens, die gemeinsam ausgearbeitet wurden, und wird zum Garanten für ihre Befolgung. Wie alle anderen ist er der Kritik des Klassenrats unterworfen. Gleichzeitig wird er entmystifiziert, vom Mythos der Allwissenheit und Allmacht befreit... und offener für alle. Vom Rollenträger wird er zur Person. Seine Macht ist weder erhöht noch geschwächt, sie wird eine andere: die eines erwachsenen Menschen, der als solcher für alle zugänglich, anerkannt, identifizierbar wird, und der sich selbst weiterentwikkeln kann (diese neue Art von „Macht" des Lehrers erlaubt es dann der Gruppe, selbst ihre Macht zu entfalten). Der Erwachsene wird selbst auch duldsamer, „permissiver": die Gruppenregeln, die funktionieren, die interessanten und vielfältigen Arbeiten, die Schüler, die mit Anteilnahme bei ihrer selbstgewählten Tätigkeit sind, die regulierende Wirkung des Klassenrats beruhigen und entlasten auch ihn – ihn wie die anderen Mitglieder der Gruppe! Er kann besser beobachten und mit Klugheit und Vorsicht handeln, weil er sich weniger bedroht fühlt. Er kann dadurch um so mehr jedem in der Gruppe helfen.

6.2.4 Die Anforderungen des kollektiven Lebens und die Achtung vor dem Individuum

Das kooperative Zusammenleben läßt die Notwendigkeit von Regeln für dieses Zusammenleben bewußt werden. Diese „Lebensregeln" werden gemeinsam ausgearbeitet und angewandt. Durch diese Regeln und durch die Arbeit, die gemeinsam gewählt, organisiert und entweder „Teams" oder einzelnen Mitgliedern oder der ganzen Gruppe zugewiesen wird, die vorgestellt und gemeinsam bewertet wird, entfaltet sich die Dialektik Individuum – Gruppe; darin besteht die Einübung in und das Erlernen von Selbstverwaltung: ein Erlernen der Freiheit.

Aber es würde uns unehrlich erscheinen, wenn wir von Selbstverwaltung sprechen, ohne auch von ihren Grenzen zu sprechen, von Verboten, von

Gesetzen, von Frustrationen. Nicht nur weil wir in der bestehenden Institution Schule sozusagen „gegen den Strich" arbeiten, was uns zu Kompromissen zwingt, sondern auch, weil das Verbot, das Gesetz, die Frustration notwendige Bestandteile jeden sozialen Lebens sind, mit der gleichen Berechtigung wie die Freiheit, die Initiative, die Verantwortung und die Macht.

Die Schule als eine Widerspiegelung der gesellschaftlichen Zustände befindet sich auch in diesem Punkt in einer Sackgasse: ihre vertikale und hierarchische Struktur erlaubt ihr nichts anderes, als Gebote oder Verbote zu erlassen. Die Schule wendet sich an Untertanen, Objekte, für die „das Gesetz" (in diesem Fall die Schulordnung) immer schon vor ihnen da ist, die sich ihm immer nur unterwerfen können (das gilt übrigens für Erwachsene *und* Schüler). In dieser Schule nun, wo es Verbote regnet, ohne daß man weiß warum und woher, gerät jede persönliche Initiative sehr schnell in die Nähe eines Delikts; jede Eigenmächtigkeit, jede Freiheit, jede Selbstverantwortung sind im wahrsten Sinne des Wortes undenkbar. Wenn aber alles verboten ist, dann „weiß man nicht mehr, was man tun soll": man tut dann einfach irgend etwas. Es erscheint uns daher dringend und unerläßlich, daß die Individuen (sowohl die Jungen als auch die Erwachsenen) wieder Orientierungspunkte für ihr Handeln bekommen.

Damit man hoffen kann, wieder etwas zu schaffen, muß man sich vor allem im Rahmen des Möglichen von jeder moralisierenden Haltung lossagen, von jeder blinden Unterwerfung unter eine „unausweichliche Notwendigkeit", welche zu jedem Verbot – und von daher zu jedem schulischen Akt – gehören; denn dies sind konditionierende, hemmende, infantilisierende Elemente, die das Verhalten von uns allen prägen.

Eine gesunde Vorbereitung auf die Freiheit (und damit auch auf Frustrationen), die notwendig zu jeder Erziehung gehört, welche diesen Namen verdient, kann nur geleistet werden, wenn die Betroffenen einen Einfluß darauf haben, was erlaubt und was verboten ist.

In der kooperativ arbeitenden Klasse ist es das Gesetz, das gemeinsam ausgearbeitet und respektiert wird, welches aus den Gruppenmitgliedern „freie Subjekte" macht: Herren ihrer Handlungen und ihrer Fähigkeiten. Aber die Erlaubnis und das Verbot haben hier ebenfalls ihren Platz; sie werden immer wieder neu überdacht, neu formuliert, neu den Erfordernissen angepaßt, nach Maßgabe des Augenblicks, der Situation und der beteiligten Individuen. Freiheit und Frustration sind zwei dialektisch aufeinander bezogene Elemente.

Dafür zwei Beispiele:

Wenn Didier herumspielt, anstatt das Deckblatt des gemeinsamen Albums zu illustrieren, wozu er sich verpflichtet hat, kann eben unser Päckchen für die Korrespondenzklasse nicht rechtzeitig abgeschickt werden, und die Briefpartner werden sich über unser Schweigen Gedanken machen... Didier wird sein Verhalten vor dem Klassenrat verantworten und lernen müssen, seine Launen zu kontrollieren, seine Vergnügungen aufzuschieben oder auf verantwortungsvolle Aufgaben zu verzichten. Alain dagegen wird beglückwünscht werden dazu, daß es ihm gelungen ist, ein Fußballspiel ohne Beisein von Erwachsenen (und ohne Raufereien) als Schiedsrichter zu leiten, während es eigentlich durch die Schulordnung strikt verboten ist, sich allein auf dem Sportplatz aufzuhalten...

Erwachsen und selbstverantwortlich zu werden, heißt das Ziel für alle.

Aus der Verpflichtung, die Entscheidungen der Gruppe zu respektieren, erwachsen die Orientierungspunkte für eine optimale Vorbereitung auf das soziale Leben, für einen gefühlsmäßigen und intellektuellen Reifungsprozeß.

Dieser Gruppe und ihren Entscheidungen kann man widersprechen, man kann auf sie Einfluß nehmen, aber nicht irgendwann, irgendwo oder irgendwie. Diese Tatsache ist der Grund dafür, daß man sie respektiert: „Wenn du damit nicht zufrieden bist, bring' es im Klassenrat zur Sprache." So kann das Individuum sich immer dagegen wehren, von der Gruppe „erdrückt" zu werden: Beschwerdemöglichkeiten sind vorgesehen sowie Ort und Zeit, um darüber zu reden, aufeinander einzugehen, sich zu verstehen. Der Erwachsene, aufgrund seines besonderen Status, wacht über diese Beschwerdemöglichkeiten. Dies ist ein Grund unter anderen, warum die Begriffe „Direktivität" oder „Non-Direktivität" unangemessen sind, wenn man ernsthaft Rechenschaft darüber ablegen will, was Freinet-Pädagogik ist.

Unter anderem kann man sich sehr leicht vorstellen, daß ein solches selbstverwaltetes Zusammenleben, welches immer neue Reflexionen und Auswertungen erfordert, entscheidenden Einfluß ausübt auf das, was man gemeinhin „vernünftige Urteilskraft" nennt.

Diese Kinder und Jugendlichen, die den freien Ausdruck und die freie Planung ihrer schulischen Unternehmungen in die Tat umsetzen, die aber dabei auch die Zwänge erfahren, welche im Innern einer Gruppe herrrschen, machen auf diese Weise die lebendige Erfahrung der Demokratie. Die Beziehungen zur Autorität werden nach und nach durchschaubar, und die vorherrschende Stellung der Erwachsenen wird in Frage gestellt, ebenso wie jedes willkürliche Vorgehen. Die Notwendigkeit für die Gruppe, sich – jederzeit revidierbare – Gesetze zu geben und diese zu respektieren, wird empfunden und selbst erfahren. Indem sie so ihre sozialen Beziehungen im Rahmen der Gruppe gestalten, erwerben sich die Kinder und Jugendlichen staatsbürgerliche und intellektuelle Bildung (Verantwortungsbewußtsein;

Reflexions- und Organisationsvermögen; Entscheidungs-, Evaluations- und Analysefähigkeit; eine emanzipatorische Haltung gegenüber dem Wissen, den Werten und Normen, den Lebewesen, der Hierarchie und der Macht).

Diese wird es ihnen erlauben, durch einen intellektuellen und affektiven Reifungsprozeß zu selbständig denkenden, scharfsichtigen Individuen zu werden, welche ihre Lage niemals widerspruchslos hinnehmen werden, ohne zu versuchen, darauf Einfluß zu nehmen.

Bericht: Ein ganz gewöhnlicher Klassenrat

Die Versammlung beginnt. Sie wird geleitet von Nadine, einer kleinen Blonden aus der 2. Klasse, die immer lächelt.

Ich bin ein wenig unruhig: Wird es ihr gelingen, die Diskussion mit genügend Autorität zu führen? Ich habe andererseits oft beobachtet, daß eine erfolgreich verlaufene Versammlung demjenigen großen Zuwachs an persönlicher Sicherheit brachte, der sie geleitet hat.

Jede Woche findet diese Versammlung der Klassen-Kooperative statt, in der die Arbeit für die fünf Tage in der Klasse geplant wird (Ateliers, Vorträge, Untersuchungen, Korrespondenz, usw.). Außerdem werden hier die Streitigkeiten geregelt, die sich in der Klassengruppe ergeben.

Vor jeder Sitzung wird ein „Präsident" oder eine „Präsidentin" bestimmt, der/die seine/ihre Funktion bis zum Mittwoch danach behält. Nadine steht da, noch ein bißchen ängstlich; sie zeigt eine Mischung aus Schüchternheit und Streben nach Selbstsicherheit!

Die Diskussion beginnt damit, daß die Rubrik der Wandzeitung vorgelesen wird: „Ich bin nicht einverstanden mit ..."

Nadine liest: „Ich verlange, daß Eric mich nicht mehr auf dem Schulweg ärgert!"

Uff! (der Lehrer in mir denkt sofort:) Wieder eine Versammlung mit unendlich viel Palaver, wo man die Fehler der einzelnen bis zu ihren Ur-Ur-Urahnen hin zurückverfolgt!

Aber Odile schaltet sich ein: „Ich schlage vor, daß Eric sich entschuldigt, wenn er sein Unrecht anerkennt, denn heute haben wir noch viele Entschlüsse zu fassen!"...

Erklärungen von Pascale, dann von Zeugen, dann von Eric, der einwilligt, sich zu entschuldigen!

Uff... gerettet!

Nadine hat die Debatte umsichtig geleitet... Sie gewinnt entschieden an Bestimmtheit, die Kleine!

Ich sehe so gern ihr hübsches Lächeln mit ihren Zahnlücken in den Milchzähnen, die sie einen nach dem anderen verliert!

Nadine liest: „Ich schlage vor, daß die Jungen beim Jägerball besser mit den Mädchen zusammenspielen... Unterschrift: Patricia."

Also: es geht wieder los!

Das Problem erscheint mir auf den ersten Blick ziemlich nichtig...

Aber Patricia, eine kleine, lebendige Brünette mit Katzenaugen, ergreift das Wort: „Wenn wir Jägerball spielen, dann beachten die Jungen uns nur, solange wir ‚lebendig' sind, d. h. von dem Moment an, wo wir selber Jäger werden, weigern sie sich, uns Bälle zuzuspielen... Und sie spielen weiter nur unter sich... anders gesagt, sie lassen uns nur mitspielen, solange wird das ‚Wild' für sie sind ... und wir, wir wollen nicht nur ‚Wild' sein, wir wollen, daß wir alle gleich sind..."

Sofort lasse ich die Nase hängen, mea culpa.

Ich spiele ziemlich oft mit meinen Schülern. Habe ich dabei den kleinen Mädchen den Ball zugespielt? Habe ich sie nicht selbst wie „Wild" betrachtet?

Die Jungen in der Klasse, ganz wie ich selbst, fühlen sich ertappt.

Die Mädchen überbieten sich jetzt: „Deswegen spiele ich nicht mehr mit", sagt Corinna.

„Ja, aber wir haben das Recht, mitzuspielen", sagt Claire.

Patrick schaltet sich vorsichtig ein: „Wenn ihr nicht zufrieden seid, dann macht doch zwei Spiele: eins für Mädchen, eins für die Jungen!"

Die Mädchen, Patricia an der Spitze: „Nein, wir wollen nicht allein spielen, wir wollen mit der ganzen Klasse spielen, Mädchen und Jungen zusammen, aber wir wollen, daß die Jungen nicht immer persönlich werden!"

Jacky verlangt das Wort: „Wir könnten doch zwei Spiele machen, nicht unbedingt nach Mädchen und Jungen getrennt... die, die bei dem einen nicht zufrieden sind, würden bei dem anderen mitspielen!"

Soll ich es bekennen? Ich halte diese Lösung für vernünftig...(aber ich sage nichts).

Die Mädchen mischen sich diesmal massiv ein, ohne die Worte lange im Munde herumzudrehen!

„Wir wollen ja nicht weggehen, wir wollen auch nicht abgeschoben und isoliert werden; wir wollen mit der ganzen Klasse zusammenspielen und dieselben Rechte haben wie die Jungen!"

Also, jetzt ist es heraus, mit einfachen Worten. In diesen kleinen, achtjährigen Mädchen erhebt sich der ewige Schrei aller Unterdrückten, den sie in sich selbst gespürt haben.

Das ist das „Nein!" zum rassistischen Ghetto. Das „Nein!" gegenüber dem Protektorat der Imperialisten. Das „Nein!" gegenüber dem „Reservat" der Heuchler. Das „Nein!" gegenüber einer Partizipation, die keine echte Teilhabe an der Macht einschließt! Das „Nein!" gegenüber dem Paternalismus.

Was sie ausdrücken, ist ganz einfach der Wunsch nach Würde; das Recht darauf, in ihrer ganzen Persönlichkeit, auch in ihrer ganzen Originalität anerkannt zu werden!

Nadine schreibt drei Vorschläge an die Tafel:

1. den von Patrick
2. den von Jacky
3. den von Patricia

(Ich habe immer noch nichts gesagt... und ich bin froh darüber.)

Für den Vorschlag von Patrick... 0 Stimmen.

Jacky: 3 Stimmen, davon 2 Mädchen.

Patricia: 17 zu 20 Stimmen; es gibt 11 Jungen in der Klasse.

Die Sache ist klar, die Jungen haben verstanden, sie grinsen, die Mädchen strahlen...

Und ich, ich habe Lust, Nadine und Patricia viele Küßchen zu geben... Sie nicht, lieber Leser?

Jedoch ich war noch nicht am Ende meiner Überraschungen...

Tatsächlich, Nadine liest vor: „Ich bin nicht einverstanden mit Pascale. Sie hält sich für die Eigentümerin der Filzstifte..."

Unterschrift: Ludovic... (aus Klasse 2).

Ludovic erklärt: „Pascale nimmt die drei Kisten mit Filzstiften von unserem Kurs an sich und behält sie. Also muß man sie jedesmal fragen, wenn man das Rot oder das Gelb haben will ... und wenn man manches davon zweimal haben will, dann regt sie sich auf.!"

Ich hebe den Finger: „Wer ist verantwortlich für die Filzstifte in der 2. Klasse?"

Nadine: „Das ist Pascale."

Pascale: „Ja, deswegen behalte ich sie ja bei mir, weil sie alles durcheinanderbringen ... so kann ich sie wenigstens in Ordnung halten ..."

Ludovic: „Einverstanden; aber der Verantwortliche ist nicht der Eigentümer ... Auf jeden Fall macht das nichts, wenn unsere Stifte in Unordnung sind, wichtig ist nur, daß sie alle da sind! Und du kannst uns ja ermahnen, am Abend, wenn über die Erledigung der 'Aufgaben für die Klasse' gesprochen wird!"

Gilles und Jocelyne fügen hinzu: „Die Filzstifte gehören allen, der Verantwortliche hat nicht mehr Recht darauf als die anderen ... er paßt nur einfach auf, daß alle Stifte da sind und daß sie funktionieren, und er gibt allen Rechenschaft darüber."

Pierre: „Und außerdem muß man noch der Freund von Pascale sein, um die Stifte zu bekommen!"

Also sieh' mal an! Diese Versammlung ist wirklich sehr ergiebig. Hier wird über die Würde des Menschen verhandelt, man verweist auch denjenigen, der Verantwortung trägt, auf seinen Platz ... Er soll weder Eigentümer noch Privilegierter sein. Er ist jemand, der sich des Vertrauens der andern würdig erweisen muß, im Dienst an der Gemeinschaft.

Ich erinnere mich an eine Begegnung in Jugoslawien, wo ein Angestellter, ein Hotel-Dolmetscher, zu uns sagte: „Tito hat gegen seinen Willen eine neue Adelsschicht geschaffen, die Schicht der Direktoren. Obwohl diese nur dafür da sind, die Unternehmen zu leiten, kommen sie sich wie die Eigentümer vor und genießen oft Privilegien, die sie sich selbst an Land ziehen!"

Nadine: „Wir gehen zu den Vorschlägen über."

Pascale: „Die Verantwortlichen sollen wie bisher selbst die Stifte ausgeben." (Sie hält daran fest.)

Ludovic: „Jeder soll sich bedienen können ..." (Ich sage kein Wort.)

Der Vorschlag von Ludovic bekommt 17 Stimmen, gegenüber 3 Stimmen für den Vorschlag von Pascale ...

Siehe da ... und ich wollte schon die Rubrik: „Ich bin nicht einverstanden mit ..." abschaffen!

Auf jeden Fall wären diese Probleme bei anderer Gelegenheit hochgekommen ... Vielleicht hätte man dann darüber nicht mit solchem Ernst diskutiert ... und mit soviel Aufmerksamkeit ...

Ich bin immer wieder überrascht über die Resultate, die die Klasse erreicht ... denn sie kommen zu Gelegenheiten, wo ich sie nicht erwarte ... und ich sehe immer nur die schwarze Seite der Dinge ... Eines schönen Tages, aus einem nichtigen Anlaß, wegen eines Spiels, entdecken und lösen hier kleine Mädchen und Jungen Probleme, die von den „klugen Erwachsenen" immer noch kaum gemeistert werden. Probleme, die schon so viel Tinte haben fließen lassen, die schon Gegenstand so vieler großartiger öffentlicher Erklärungen waren ... und die immer noch unser Zusammenleben so schwierig machen!

Wenn wir versuchen, aus unseren Klassen ein kooperatives Forum zu machen, in einem Klima des freien Ausdrucks, und zwar vom Kindergarten bis zur Universität ... Wäre das nicht für uns „bescheidene Arbeiter" eine positive und wirksame Art und Weise, zum Aufbau einer neuen Gesellschaft beizutragen, in der die Würde jedes Menschen ein tragender Grundwert sein wird?

7 Eine andere Art der Wissensaneignung

Es ist offensichtlich, daß mit unseren oben dargelegten Prinzipien eine Art der Wissensaneignung definiert wird, die vollkommen verschieden ist von der herkömmlichen Unterweisung.

Es handelt sich nicht mehr darum, systematisch irgendwelche obligatorischen Lernprogramme einzupauken, die von Spezialisten aufgestellt wurden; diese maßen sich an, allein darüber zu entscheiden, was für die Kinder nützlich oder sogar unbedingt nötig ist. Solche Lehrpläne – auch wenn sie streng wissenschaftlich ausgearbeitet wurden (was übrigens selten der Fall ist!) – haben unvermeidlich einen Nebeneffekt: sie filtern diejenigen heraus, die den damit gesetzten Normen genügen, und trennen sie von der Zahl derjenigen, denen dies nicht gelingt und die darum eine „Spezialbehandlung" benötigen (spezielle Lift- oder Förderkurse, verschiedene Schulzweige, ganz allgemein: etwas anderes als die „normale" Schullaufbahn). Diese Lehrpläne entscheiden die Frage, was gelernt werden soll, aus der Optik der Erfordernisse der Gesellschaft. Nun gibt es aber für das Individuum nützliche, ja sogar unumgänglich notwendige Lerninhalte, welche sich aus seinen Bedürfnissen oder aus seiner Freude daran herleiten, und die, weil sie sehr persönlicher Art sind, nicht für alle im voraus programmiert werden können.

Darum erkennen wir den Kindern und den Heranwachsenden das Recht zu, ihre Aktivitäten zu wählen nach Maßgabe ihrer Interessen und ihres Vergnügens.

Diese Wahlfreiheit kann aber nicht wirklich wahrgenommen werden, wenn die vielen verschiedenen Wahlmöglichkeiten nicht bekannt sind. Darum kann es keinesfalls darum gehen, die Kinder und Jugendlichen unter dem Vorwand der Non-Direktivität oder der Achtung vor ihrer Natur sich selbst oder nur den Anregungen ihrer Umgebung zu überlassen. Es ist nicht nur legitim, sondern notwendig, das erzieherische Milieu so zu organisieren, daß es die reichhaltigsten und die verschiedensten Anregungen und Vorschläge enthält. Jedoch müssen wir jede Konditionierung ablehnen, die darauf hinauslaufen würde, alle Anregungen in eine bestimmte, vorher festgelegte Richtung zu lenken. Durch solche einseitigen Wertungen hat man bisher immer die Mädchen mehr in Richtung Literatur als auf die Naturwissenschaften hingelenkt; die Kinder der Arbeiter wurden eher auf die kürzeren technischen Ausbildungsgänge als auf die langen allgemeinbildenden Schullaufbahnen verwiesen.

Angesichts der Einflüsse ihres Milieus müssen sich die Jugendlichen die Selbständigkeit der Entscheidung bewahren können, damit ihnen die Verantwortung für ihre Ausbildung nicht abgenommen wird. Wir halten es für notwendig, ihrem gefühlsmäßigen und kulturellen Lebenshintergrund Rechnung zu tragen, um ihnen dabei zu helfen, sich selbst ihre Bildung zu erarbeiten. In dem Maße, in dem sie für ihr eigenes Lernen Partei ergreifen, werden sie mehr und im allgemeinen auch schneller lernen.

Das Recht auf Vergnügen

Wir erkennen ihr Recht auf Vergnügen an, welches immer schon von der Schule verdrängt und als etwas Ungeheuerliches angesehen wurde durch diejenigen, welche von Kindheit an die Menschen vorbereiten auf die Entfremdung einer „von oben" auferlegten Arbeit. Dafür sollen sie sich dann in einer Freizeit ausleben können, in der nur konsumiert wird. Wir verknüpfen die dynamische Willensanstrengung nicht mit willkürlichem Zwang, sondern mit dem Wunsch, ein frei gewähltes Ziel zu erreichen, was bestimmte momentane Frustationen mit sich bringt im Hinblick auf den angestrebten Erfolg, aber damit auf ein späteres Vergnügen. Für uns gibt es keine andere Formung des Willens als die Erziehung zu freien Menschen durch die Übernahme von Verantwortung.

Das Recht auf freies Experimentieren

Das Feld für das Suchen und Experimentieren der Kinder und Jugendlichen darf von den Erwachsenen nicht künstlich eingeschränkt werden im Namen sogenannter „höherer" Notwendigkeiten, welche oft nur Vorurteile sind. Tatsächlich wissen auch die Erwachsenen nicht alles über die heutige Welt, von der sie oft überfordert sind; sie können sich nur auf ihre früheren Erfahrungen stützen, um mehr oder weniger sachkundig darüber zu entscheiden, was nützlich und segensbringend ist. Gewiß, die Sicherheit jedes Einzelnen und die Erfordernisse des Lebens in der Gemeinschaft bringen einige Verbote mit sich, aber diese Verbote dürfen nicht blindlings übergestülpt werden; sie werden in der Gruppe geklärt und diskutiert.

In den verschiedenen Lernfeldern muß sich die Freiheit des Experimentierens auf alle Vorgehensweisen erstrecken – auch auf diejenigen, die am abwegigsten erscheinen. Entgegen einer allgemein verbreiteten Überzeugung gibt es nämlich nicht nur einen einzigen Zugangsweg zu jeder Entdeckung. Es ist falsch, daß ein Umweg beim Lernen schlechten Gewohnheiten Vorschub leistet, die nicht wieder getilgt werden können. Alle Kinder haben auf verschiedene Arten zu laufen begonnen, aber man sieht keines – vorausgesetzt, sie sind körperlich gesund – weiter auf den Knien herumrutschen, auf allen vieren laufen oder auf dem Hosenboden sitzenbleiben. Wenn ein

Erkenntnisweg „ökonomischer" ist als andere, so macht das eben einen Teil der Bildung aus, ihn nach verschiedenen Umwegen selbst entdeckt zu haben.

Was uns angeht, so lehnen wir jeden totalitären Anspruch bestimmter Lernwege und Methoden ab. Wir hoffen, daß das „experimentierende Sich-Vorantasten"[3] jedes Kindes in seiner Vielfalt und seinem Phantasiereichtum respektiert wird. Das Kind ist kein Seriencomputer, den man mit einem stereotypen und vorgekauten Programm füttert, es ist ein ganzheitliches Wesen, das wechselnden persönlichen Antrieben und Interessen folgt. Das erklärt die Verschiedenartigkeit, mit der einzelne Fertigkeiten gelernt werden. Das läßt gleichzeitig verstehen, wie positiv der lebendige Austausch unter diesen verschiedenartigen Wesen in der Gruppe ist.

Wir legen großen Wert darauf, daß die Lernrhythmen jedes Einzelnen respektiert werden, und es ist kein Zufall, daß wir das Wort „Rhythmen" im Plural gebrauchen. Tatsächlich ist es in unseren Augen ein grundlegender Irrtum, einen gleichmäßigen Rhythmus der Progression für jedes Kind anzunehmen, der auch noch bei allen verschiedenen Aktivitäten konstant und homogen bleibt. Auf diesen Irrtum sind solch folgenschwere Konstrukte aufgebaut wie der des „Verstandesalters" und des „Intelligenzquotienten". Auf der Basis dieses Irrtums schafft man getrennte Schullaufbahnen und Niveau-Gruppen!

In Wirklichkeit gibt es keine homogenen und endgültigen Kategorien für die Bestimmung von „langsamen" und „schnellen" Lernern, von „Lernschwachen" und „Hochbegabten". Jeder kann sich einige Lern-Erfahrungen schnell aneignen, während ihn andere in Schwierigkeiten bringen (man kann Fälle anführen von sogenannten „Schwachsinnigen", die hervorragende Fähigkeiten in bestimmten Bereichen entwickeln: Gedächtnisleistung, Schnellrechnen usw.)

Wir klagen den Mythos der homogenen Lerngruppen an, weil er nur eine Rechtfertigung liefert für die Selektion. Wir sehen das Lernen in gemischten Gruppen für *alle* Kinder als günstig an wegen der gegenseitig stimulierenden Wirkung, die davon ausgeht.

Diese lebendige Art der Wissensaneignung – im Gegensatz zum „Hinunterschlucken" vorfabrizierten Wissens – erscheint uns als der einzige Weg, um Menschen zu erziehen, die Neues erfinden und hervorbringen, anstatt sich darauf zu beschränken, nur Altbekanntes zu reproduzieren.

---

3 Ein Schlüsselbegriff der Freinet-Pädagogik, welcher schon vor Freinet selbst wissenschaftlich begründet wurde; z. T. noch im deutschen Internierungslager verfaßte er die Schrift: „Essai de psychologie sensible" (1940) sowie in den Nachkriegsjahren „L'Expérience tâtonnée" (1948), in denen er dieses Grundprinzip ausführlich darlegte.

Wir behaupten nicht, schon alle Probleme gelöst oder auch nur untersucht zu haben, die durch diese Art des Zugangs zum Wissen aufgeworfen werden – nämlich eines Lernens im lebendigen Gegensatz zum Dogmatismus, zur Elitebildung, zum weltfremden Intellektualismus und schließlich zur Volksverdummung. Wir können jedoch jetzt schon sagen, daß hierin der einzige wirklich demokratische Weg zum Wissen besteht, der die Beteiligung aller an der Schöpfung einer neuen Volkskultur ermöglicht.

Bericht: Das Kind als Zauberer und die Mathematik

„Krone, Zahl, Zahl... los: Krone, Zahl, Krone, Zahl..."

Thierry wirft ein Geldstück hoch und fängt wieder von vorn an, macht es vierhundertmal, fünfhundertmal, und er spricht zu seinem Geldstück: „Krone, Zahl, Zahl...", weil er hofft, es beherrschen und zähmen zu können.

Er weiß noch nicht, wie man „Krone" oder „Zahl" schreibt. Paul, sein Lehrer, zeichnet darum auf die Münze auf die eine Seite ein Kreuz und auf die andere Seite einen Punkt. Nun geht es nicht mehr um „Krone" oder „Zahl", sondern um Kreuz oder Punkt. Und anfangs ist es Thierry ganz allein, der immer wieder seine Münze wirft. Er kümmert sich nicht darum, ob das den anderen auch gefallen könnte; nein, ihn interessiert es gerade, in diesem Moment.

Sogar als er abends nach Hause kommt, macht er noch weiter. Er wirft die Münze nun schon zum 41. Mal, und er spricht mit ihr; beschwört sie „Los, Kreuz, Kreuz..."

Die böse Münze will ihm nicht gehorchen. Also wird er wütend, und seine Gesten sind auf einmal zornig; er versucht, den Zauber herauszufinden; er betet, er macht alles mögliche. Er möchte die Münze lenken können, so daß sie auf „Kreuz" fällt.

Und sie tut es. Ah!

Und einen Moment lang glaubt er, daß das Geldstück ihm gehorcht, und er achtet gar nicht auf die 15mal, die es doch wieder auf „Punkt" fällt. Er fängt um so eifriger wieder an. Er wirft sich lang ausgestreckt auf den Teppich und fährt fort, seine Münze zu werfen. Er ist ganz gepackt von dem, was er tut, und es kann gar keine Rede davon sein, daß er sich dabei die „Arbeit" einteilt. Es ist eine blinde Verausgabung von Energie, auf Deubel komm 'raus, es ist schrecklich zu sehen, wie er sich verbohrt.

Man ruft ihn zum Essen; er will nicht kommen. Er will noch immer seiner Münze den Gehorsam aufzwingen. Aber schließlich fängt er an zu verstehen. Sie macht gerade das Gegenteil von dem, was er will! Jetzt hat er sie durchschaut, ja, sie macht genau das Gegenteil! Dafür hat er Beweise! Wenn man Thierry so reden hört, meint man, das Geldstück sei verhext.

Am nächsten Morgen erzählt er es seinen Freunden. Diese können noch gar nicht richtig zählen und träumen von den großen Zahlen.

„Was ist das, eine große Zahl? Gibt es das, große Zahlen? Ist eine Zahl immer noch so wie vorher, auch wenn sie groß wird?"

Die anderen fangen auch an, Geldstücke zu werfen, und damit beginnen nun unendliche Debatten. Aber oft wird dabei gelogen. „Ich habe sovielmal Krone und so und sovielmal Zahl", aber wir können sehen, daß sie lügen. Sie wollen, daß die Welt ihnen gehorcht, aber die Welt leistet ihnen Widerstand, sie erzählt ihnen ganz etwas anderes!

Nach einer ganzen Weile sagt einer der Jungen: „Das muß uns egal sein, was herauskommt. Wenn wir weiter irgendwas von den Geldstücken wollen, dann werden wir nichts 'rauskriegen. Wir müssen uns davon freimachen."

Aber nur er selber hat verstanden, was er da gesagt hat. Und jetzt fängt er an mit seiner Untersuchung, aber diesmal ist es eine richtige. D. h. es wird nicht mehr gemogelt: sovielmal wie es Krone gibt, gibt es Krone, sovielmal wie es Zahl gibt, gibt es eben Zahl. Ein bißchen Objektivität schleicht sich ins Spiel ein.

Als die Kinder bei ungefähr 10000 Münzwürfen angekommen sind – alle zusammen natürlich, denn daraus ist nun ein kollektives „Fieber" geworden –, diskutieren sie darüber, und nach und nach stellt sich eine objektive Haltung ein.

Wir fangen an, die Zahlen festzuhalten, wie oft die Münzen auf „Krone" und auf „Zahl" fallen. Sie sind erst zufrieden nach dem 10006. Wurf.

Beim 10006. Wurf fangen sie an, nachzudenken. Sie fangen an, von Wahrscheinlichkeiten zu reden und einige Gesetze der großen Zahlen kennenzulernen; d. h., wenn man ein Geldstück nur einmal wirft, weiß man nicht, was man als Resultat bekommt; aber wenn man 10006 Münzen wirft, dann landen ungefähr 5003 auf der einen und 5003 auf der anderen Seite.

Alle zusammen, gemeinsam, haben sie eine neue Sicht der Dinge gewonnen, welche gut verankert ist in ihrer eigenen Erfahrung. Sogar in unserer Freinet-Pädagogik, sogar mit unserem auf selbständige Entdeckung angelegten Material sind wir oft immer noch Lehrer, die alles erklären wollen. Aber es gibt keine „erklärende Pädagogik". Es gibt nur ein Aufsteigen zum Wissen über die Erfahrung. Wenn man als Lernender nicht etwas für sich selbst neu entdeckt, dann gelangt man nicht zu einem höheren Niveau der Kultur.

Aber diese ganze Bewegung auf die Entdeckung hin verläuft im Kollektiv. Das ist ein beherrschender Charakterzug unserer Arbeit. Jeder wärmt sich an dem Erfolg des anderen, wird durch die anderen mitgerissen, ist in die Verantwortlichkeit der Gruppe eingebettet und wird niemals ausgestoßen. Das Arbeitskollektiv ist für uns von größter Bedeutung. Paul, der Lehrer von Thierry, drückt dies so aus: „Ich bringe den Kindern das Lesenlernen individuell *und* kollektiv bei. Ich suche nach Ereignissen, die uns alle enger zusammenschweißen. Wir gehen alle zusammen hin und wiegen uns auf der großen Waage im Dorf, und alle diese Erfahrungen machen uns froh, sie bringen uns bei, gemeinsam zu leben und unterdrücken alle Abspaltungen."

8 Die kritische Analyse der Wirklichkeit

Wissen erwerben, heißt Macht erwerben – zunächst die Macht, alles Etablierte in Frage zu stellen, und dann, es zu ändern. Das Begreifen der Wirklichkeit kann also gefährlich sein. Mit Hilfe der Institution Schule wacht das System darüber, daß das Kind dabei die von den „Spezialisten" gezogenen Grenzen einhält, welche die tabuisierten Gebiete festlegen. Dies wird besonders deutlich in Hinblick auf die sozio-ökonomische Organisation der Gesellschaft, mit deren Erforschung sich nur Eingeweihte befassen dürfen.

Jedoch, auch wenn dies den Erwachsenen manchmal nicht paßt: das Kind lebt in derselben Welt wie sie und ist – bewußt oder nicht – denselben drängenden Problemen unserer Zeit ausgesetzt, und zwar mit einer um so größeren Intensität, weil es noch nicht so sehr von der täglichen Routine davon abgelenkt wird. Darüber hinaus unterliegt das Kind, noch mehr als die Erwachsenen, der „Bombardierung" durch die Massenmedien und die Reklame, denn es ist nicht imstande, diese Einflüsse zu analysieren und die Informationen, die es dort erhält, zu klären und zu vertiefen.

Da braucht man sich nicht zu wundern, daß diese vielfältigen Aufforderungen und Anreize, für die man keine befriedigende Lösung mitgeliefert bekommt, in einem Klima allgemeiner Unruhe und Besorgnis bei vielen jungen Menschen Reaktionen hervorrufen, die sie nach außen blasiert, ungefestigt und ängstlich erscheinen lassen. Sie haben selbst den Eindruck, alles erforscht und nirgendwo eine befriedigende Antwort gefunden zu haben.

Wenn die Erwachsenen den Jugendlichen diese Haltung vorwerfen, vergessen sie oft deren Ursache: die Schule. Diese gibt vor, auf das Leben vorzubereiten, siedelt aber deren Wissensstoff außerhalb von Zeit und Raum an und verachtet das tägliche Auf und Ab des aktuellen Zeitgeschehens. Da ist es kein Wunder, wenn die jungen Menschen immer mehr das Interesse an der Schule verlieren, weil sie dort keine Verbindung mehr sehen zwischen den Fragen und Ängsten, in denen sie leben und dem, was man ihnen beibringt.

Um den fundamentalen Bedürfnissen der Kinder gerecht zu werden (einerseits anerkannt und angehört, geachtet und geliebt zu werden; andererseits ihren Platz in der Gemeinschaft zu finden, die Wirklichkeit zu verstehen, ihrer Herr zu werden und sie zu verändern), fordern wir folgende Rechte für die Individuen: nicht nur das Recht auf freien Ausdruck und umfassende Kommunikation, auf schöpferisches Tun und auf Genuß, sondern auch auf einen möglichst weitgehenden und vielseitigen Kontakt mit der Wirklichkeit.

Das schließt folgende Rechte ein:

– zu experimentieren,
– Hypothesen aufzustellen,
– Irrtümer zu begehen ,
– sich schmutzig zu machen,
– die Vergangenheit zu befragen,
– die Umgebung und die sozio-ökonomischen Mechanismen zu hinterfragen,

kurz: das Recht auf das „experimentierende Sich-Vorantasten" auf allen Gebieten. Dies ist keine neue „pädagogische Taktik" zur Wissensvermittlung, sondern ein Prozeß, der zur umfassenden Entwicklung eines jeden Kindes gehört als integrierender Teil der Formung seiner Persönlichkeit.

Eine solche Pädagogik, in der der freie Ausdruck einen großen Raum einnimmt, läßt die Neugier der Kinder sich entfalten. Diese Neugier steht in enger Verbindung mit der Befriedigung ihrer Bedürfnisse. Das Kind findet in seiner Umgebung Informationen im Überfluß, Tatsachen, interessante Objekte... das alles kann seiner Neugier Nahrung geben.

Man muß sich allerdings fragen, welche Möglichkeiten in dieser Richtung unser Erziehungssystem und unsere Gesellschaft den Kindern noch bieten:

– Mehr als jemals zuvor hindern die Arbeitsbedingungen die Erwachsenen daran, ein offenes Ohr für die Fragen der Kinder zu haben.
– Die hohe Mobilität in der Bevölkerung schafft individuelle Lebensläufe, die immer verschiedener und unvergleichbarer werden. Das bringt einen Mangel an Verwurzelung und festen Bezugspunkten mit sich sowie emotionale Entbehrungen. Von daher ist es schwierig, sich für seine Umwelt zu interessieren, wenn man noch keine gefestigte, lebendige Beziehung zu seinem eigenen Ich gefunden hat.
– Ebenso sind die biologischen Rhythmen zutiefst durcheinandergeraten, und das ökologische Gleichgewicht ist in vielen Bereichen gestört oder so komplex geworden, daß es nicht mehr wahrnehmbar ist.
– Wir werden von Oberflächlichkeiten bzw. überflüssigen Dingen überschwemmt, durch Produkte, deren Herkunft auf den ersten Blick unerklärlich ist (z.B. synthetische Produkte) oder die mit Hilfe einer elektronisch gesteuerten Technik hergestellt werden, welche sich unseren Blicken entzieht. Diese Invasion von Kinkerlitzchen und von ausgeklügelten technischen Produkten ist das Resultat einer gesellschaftlichen Einstellung, welche den Dingen nur einen Marktwert beimißt. Der Konsum soll um des Konsums willen angeheizt werden. Die Arbeitsteilung wird verstärkt durch immer neue Spezialisierungen, um immer höheren Profit zu erzielen.
– Die Eltern sind im allgemeinen davon überzeugt, daß es erzieherisch besser ist, ein vorgefertigtes Spielzeug zu benutzen, die Kinder z.B. die Elemente eines „Modellbaukasten" zusammensetzen zu lassen, als sie ursprüngliche Materialien frei zum Spielen benutzen zu lassen. Das kommt ihnen weniger schmutzig und weniger gefährlich vor, und es ist vor allem unseren Konsumgewohnheiten besser angepaßt. Dennoch kommt es nicht auf das fertige Produkt an, sondern auf die Auseinandersetzung mit den Materialien, auf das aktive Vorgehen; dieses führt das Kind von einem noch verschwommenen Plan hin zu einem Produkt, welches dann technisch sicher nicht so perfekt ist, aber andererseits viel wertvoller in erzieherischer Hinsicht.

- Das lebendige Beispiel menschlicher Arbeit und Produktion ist nicht mehr in der Lebenssphäre des Kindes anzutreffen. Die Dinge haben nur noch einen Marktwert, auch in dem Sinn, daß man nicht mehr sieht, wie, durch wen und wo sie hergestellt werden.
- Bücher, Reisen, Freizeit, Kultur in allen ihren Formen – alles ist pervertiert. Man reist heute viel, man fördert auch das Reisen; aber das Meer, die Berge, der Wald usw. werden vor allem betrachtet als Orte, wo man campen oder wo man konsumieren kann; ihren ursprünglichen Charakter erlebt man nicht mehr.
- Die Massenmedien, besonders das Fernsehen, sind allmächtig. Sie vermitteln den Eindruck wirklichen Lebens. Aber sie können nur schwerlich dazu einladen, die eigene nähere Umgebung aktiv zu beobachten; sie stellen ein zweites „Zuhause" dar, das viel wirklicher ist als die ursprüngliche Wirklichkeit. Paradoxerweise verhindern sie sogar die kritische Analyse der Wirklichkeit, denn sie vermitteln unzusammenhängende, künstlich zusammengefügte oder gar disparate Informationen. Aber besonders fordern sie eine passive Haltung von demjenigen, der sich informieren lassen will. Es ist ihm dabei unmöglich, auf etwas noch einmal zurückzukommen, das ihn interessiert hat, etwas zu wiederholen, noch weniger, sich aktiv einzuschalten: die Welt wird als Schauspiel dargeboten!
- Die Werbung, sei sie direkt oder indirekt, fördert noch diese intellektuelle Passivität durch die leichten, beinahe magischen Lösungen, die sie für alles anbietet. Diese Passivität wird dann noch durch die schulischen Strukturen verstärkt. Dort ist man mehr darum besorgt, ein einheitliches Lernpensum autoritär durchzupauken mit Hilfe des Lehrers und der Lehrpläne, als den Kindern eine Erziehung zu geben, in welcher sie als aktive Mitglieder einer Gemeinschaft angesehen werden, welche in ein lebendiges Umfeld eingebettet ist.

Es ist zwar nötig, einige grundlegende Begriffe und Konzepte zu vermitteln, um manche Probleme zu vertiefen, aber es ist falsch, daß man diese Grundkenntnisse nur in der Reihenfolge erwerben kann, wie sie von den Lehrplänen festgelegt wird. Das Wichtigste ist, daß man den Kindern vom frühesten Alter an erlaubt, sich selbst Methoden zur kritischen Analyse der Wirklichkeit zurechtzulegen, und das lernt man nur im engen Kontakt mit der Wirklichkeit.

Die Wirklichkeit kann zunächst entdeckt werden durch den Kontakt mit den Phänomenen der Natur und durch das Experimentieren mit den verschiedensten Materialien: mit Wasser, Erde, Holz, Metallen, Textilien und auch mit Elementen wie Wind und Feuer. Leider wird dieser direkte Kontakt immer schwieriger aufgrund der Lebensbedingungen, der Wohnverhältnisse, der

Arbeit der Eltern; Sauberkeit um jeden Preis rangiert vor dem Recht auf freies Experimentieren. Also ist es notwendig, in der Schule und in allen Freizeit-Einrichtungen den Umgang mit all diesen Materialien organisatorisch möglich zu machen.

Ein Verständnis für biologische Zyklen und Ökosysteme kann nicht über Filme oder schnelle Spaziergänge gewonnen werden; daher ist es notwendig, den Kindern den direkten Kontakt zur Natur zu verschaffen, und zwar zu einer Natur, die noch nicht zu stark zugunsten der Bedürfnisse des Menschen verändert wurde. Kleine Waldstücke und Seen müssen erhalten bleiben; kleine Tierzüchtungen müssen möglich sein und eigene Anpflanzungen, die den Kindern einen wirklichen Zugang zur lebendigen Wirklichkeit eröffnen.

Die Wirklichkeit, das ist selbstverständlich auch die Gesamtheit der wirtschaftlichen, technischen, sozialen und kulturellen Probleme. Die modernen Industriegesellschaften sind so kompliziert geworden und haben die Arbeitsteilung bis zu einem solchen Grad vorangetrieben, daß sie für die meisten Menschen undurchschaubar geworden sind. Die Menschen werden so dazu verführt, sich blind auf die Experten zu verlassen.

Daher ist es nötig, die alltägliche Wirklichkeit kritisch zu durchleuchten und zu versuchen, die eigentlichen Probleme „auszugraben" und auf die allgemeinen Prinzipien zurückzuführen. So entdeckt man oft, daß bestimmte „unausweichliche" Konsequenzen die Folge vorausliegender Entscheidungen sind, welche ihrerseits sehr wohl in Frage gestellt werden können. Darum muß man zuvor die Wirklichkeit kritisch befragen, ehe man sich an die Spezialisten wendet. Diese nämlich vergessen bei ihrer lückenlosen Argumentation, die grundsätzlichen Entscheidungen zu diskutieren, von denen alles andere abhängt.

Bericht: Kinder arbeiten in ihrem Wald

Die Gemeinde von Barre-de-Monts wird fast auf die gesamte Länge ihres Küstenstreifens am Atlantik von einem Wald von Seekiefern bedeckt. Die Schule befindet sich nur 400 m von diesem Wald entfernt. Die Mehrzahl der Kinder wohnt in unmittelbarer Nähe dieses großen „grünen Gebirges".

Die Kinder lieben ihren Wald. Sie kennen ihn gut. Sie spielen dort, gehen oft darin spazieren und bringen manchmal sogar Pflanzen und Tiere aus dem Wald mit. Die Klassen machen „Entdeckungsreisen" zu den natürlichen Reichtümern, die der Wald umschließt. Im Wald werden Trimm-Dich-Pfade improvisiert, man bezieht dabei „natürliche Hindernisse" wie den Sand der Dünen, Wurzeln und trockene Äste mit ein...

Vom Kindergarten an ziehen die Kinder selber Tiere auf und pflegen sie, bevor sie sie wieder in die Freiheit setzen. Sie weigern sich, Tiere zu töten für Sammlungen u.ä. und sie heben nur die Exemplare auf, die sie schon tot gefunden haben.

Die Kinder lieben die Stille in ihrem Wald. Sie sind ganz erschreckt, wenn wir einmal in die Stadt gehen und wenn sie erleben, wie die Leute im Lärm der Stadt leben.

Die Arbeit, die während eines Schuljahres geleistet wurde

Als wir uns eines Morgens über die Umweltverschmutzung unterhielten (ein Öltanker war auseinandergebrochen), haben sich die Kinder gefragt, was sie selbst unternehmen könnten, um für die Erhaltung der Natur zu kämpfen.

Ein Entschluß wurde gefaßt: Wir reinigen einen Teil des Waldes von Abfall und bringen Nistkästen für die Vögel an.

Organisation: Die Kinder nehmen selbst Kontakt auf mit dem Förster und mit der Stadtverwaltung, um einen Teil des Waldes zugewiesen zu bekommen, den sie reinigen können.

Man gibt ihnen den Hinweis auf eine begrenzte Fläche, die sehr stark von Feriengästen zu Picknicks usw. „heimgesucht" wird. Diese schmutzige Waldfläche wird ihnen anvertraut.

Das Bürgermeisteramt legt einen Ort für das Stapeln von Abfällen fest; dort wird der Wagen der Müllabfuhr vorbeikommen und die Abfälle aufladen. Außerdem wird den Kindern der Ankauf von Holzbrettern bewilligt, aus denen die Vogelbrutkästen angefertigt werden sollen.

Während ihres Klassenrates am Montag legen die Kinder jeweils die Einteilung der Arbeit fest: Werkzeuge, Zeit und Ort des Treffens...

Sie treffen sich jeweils donnerstags und samstags gegen vierzehn Uhr.

Bei dem Abfall-Aufsammeln benutzen sie „Picken" für das schmutzige Papier (oft nur eiserne Spitzen, die auf einer Holzlatte angebracht sind). Die meisten „Picken" haben sie sich selbst angefertigt. Papier- und Plastiksäcke sowie eine Schubkarre werden für den Transport der Abfälle zum angegebenen Ort benutzt.

In der Klasse beginnt parallel dazu die Arbeit an den Brutkästen, als die bestellten Bretter ankommen. Wir beginnen mit der Konstruktion dieser Kästen nach einem Plan, den sie gemeinsam beschlossen haben.[4]

Sie begehen dabei einen Irrtum: Sie überziehen die Vogelkästen mit Holzlack.

Ein Tag wird festgesetzt, an dem die Nistkästen angebracht werden sollen. Die Kinder haben vorher die dafür geeigneten Bäume ausgewählt; sie haben auch sorgfältig auf die beste Richtung geachtet, in der die Vogelkästen hängen sollen.

Einige Tage später sind die Nistkästen zertrümmert. Die Mehrzahl von ihnen läßt sich nicht mehr reparieren. Wer war der Urheber dieser Untat?

Ein Artikel erscheint in der Zeitung, der über die Zerstörung berichtet.

Der Vize-Präsident der Gesellschaft zum Schutz der Vögel in der Vendée schlägt daraufhin den Kindern vor, ihnen neue Nistkästen gratis zu verschaffen und ihnen beim Anbringen behilflich zu sein.

Die Kinder und der Vize-Präsident legen gemeinsam einen Donnerstag fest, an dem sie sich treffen wollen. Die Nistkästen werden an zwei eingezäunten Orten aufgehängt, die den Kindern von der Gemeindeverwaltung zu Verfügung gestellt werden.

---

4 Wer denkt da nicht an das berühmte Starenkasten-Beispiel Kerschensteiners? Aber dort handelte es sich nur um eine einsame, individuelle, weniger in der sozialen Wirklichkeit verankerte Arbeit...

Zu diesem zweiten Aufhängen der Nistkästen kamen übrigens damals viele Jugendliche als Zuschauer. Die Aktivität der Klasse hatte den schulischen Rahmen gesprengt.

9 Eine andere Konzeption der Lehrpläne und Leistungskontrollen

Während sich die vorhergehenden Kapitel auf eine gut fundierte Praxis stützen konnten, weil wir die Prinzipien auch umsetzen, die wir propagieren, betreten wir hiermit ein neues Gebiet, auf dem eine innovatorische Praxis am schwierigsten durchzusetzen ist. Dies liegt an unserer Grundsatz-Entscheidung, im öffentlichen Schulwesen zu arbeiten – die einzig mögliche Perspektive einer Volkserziehung im Hinblick auf die Zeit, wo die nötigen sozialen und politischen Veränderungen sich erst einmal durchgesetzt haben werden!

In der Tat, wenn es ein Gebiet gibt, auf dem wir überall auf Zwänge stoßen, so ist es das Gebiet der Lehrpläne und Leistungskontrollen. Hier können wir nur vorsichtig alle Lücken des Systems nutzen, welches wir kritisieren, und im übrigen denjenigen, die uns angreifen, sagen: „Lest die großmütigen Erklärungen im Vorspann der meisten ministeriellen Erlasse – wir tun nichts anderes, als sie mit konkretem Inhalt zu füllen!" So wagt man uns auch selten frontal anzugreifen im Hinblick auf die konkreten Probleme, die wir aufdecken; man bedenkt uns eher mit vielfältigen Schikanen, die zum Ziel haben, uns zu entmutigen.

Dennoch gibt es auf dem Gebiet der Lehrpläne und besonders der Leistungskontrollen kaum ein Ausweichen vor den Vorschriften. Wir versuchen zwar, den schädlichsten Auswirkungen dadurch entgegenzusteuern, daß wir Lehrpläne nicht in „linearer" Form durchnehmen – nämlich so, daß alle Schüler gleichzeitig vorn anfangen und im allgemeinen bis zum Schuljahresende *nicht* damit durchkommen. Wir sehen den Lehrplan als einen Spielraum an, den jeder für sich erforschen kann, ohne sich dabei an eine vorgegebene Richtung und einen festen Rhythmus zu halten. Und dieses Vorgehen gibt uns trotz allem eine größere Flexibilität. Wir meinen auch, daß die jahrgangsmäßig gestaffelten Lehrpläne keine Bedeutung haben. Wir suchen statt dessen eher herauszufinden, was es mit den Entwicklungsstadien der Kindheit und der Adoleszenz im ganzen auf sich hat, und wir untersuchen, welchen Einfluß die enge Zusammenarbeit von Kindern verschiedener physischer, intellektueller und emotionaler Reifegrade in ein und derselben Gruppe auf ihre Entwicklung hat. Wir fordern außerdem, daß die Lehrpläne und Richtlinien den lernenden

Individuen keine „von außen aufgesetzte" Produktivität abfordern, welche ihren Bedürfnissen nicht entspricht.

Noch hilfloser sind wir auf dem Gebiet der Leistungskontrollen. Dort haben wir keine Wahl: wir müssen die Schüler auf die Examina und andere Leistungsüberprüfungen vorbereiten, die es ihnen erlauben, in die anderen Klassen überzuwechseln und den gewählten Beruf zu ergreifen. Weil wir uns aber bewußt sind, daß Erziehungsziele sich nicht auf das Bestehen eines Examens reduzieren lassen, versuchen wir, andere Arten der Bildung als das sture Pauken durchzusetzen. Aber wir können das Problem nicht umgehen: im Interesse der Schüler können wir von Prüfungen nicht absehen. Wir können deren Auswirkungen nur abmildern, indem wir die Zahl der ineffektiven und ungerechten Leistungskontrollen nicht noch unnötig erhöhen. Wenn die Schulverwaltung von uns lange Zensuren-Kolonnen fordert, dann liefern *wir* ihr wenigstens Zensuren, die wir vorher gemeinsam mit den Schülern diskutiert und festgelegt haben, denn wir hegen keine Illusionen im Hinblick auf eine mögliche Objektivität der Notengebung. Wir sind der Meinung, daß eine Bewertung „von außen" vollkommen ohne Bedeutung ist, wenn derjenige sich nicht damit identifizieren kann, für den sie bestimmt ist. Bei der Selbstbewertung, über die in der Gruppe diskutiert wird, nimmt der junge Lerner selbst eine Evaluation dessen vor, was er geleistet hat; der Erwachsene spielt sich dabei nicht mehr als der oberste Richter auf, dem man nicht widersprechen darf.

In der Tat läßt sich der Begriff der Leistungskontrolle nur zum Positiven wenden, wenn die damit verbundene willkürliche Selektion abgeschafft wird. Denn da sich unsere Gesellschaft schon zur Arbeitsteilung und zur ungleichen Aufteilung von Verantwortung entschlossen hat, will man auch glauben machen, daß diese Selektion gemäß den Fähigkeiten auf objektiven Kriterien beruht. Jeder weiß, daß das falsch ist, daß es besonders im Mittelfeld der Notenskala nur wenig Unterschiede zwischen den Anwärtern auf verschiedene Aufgaben gibt. Man könnte genausogut das Losverfahren anwenden; dieses wäre ehrlicher, wenn auch nicht weniger willkürlich. Nur würde es Protest hervorrufen: warum sollte eine soziale Gruppe gerade diesen Vorteil ein für allemal gewinnen? Warum sollte man nicht regelmäßig auch bestimmte verantwortliche Positionen per Losverfahren verteilen? Warum sollte man keine Job-Rotation zwischen all denen vornehmen, die fähig sind, die in Frage stehende Aufgabe zu erfüllen? Da sieht man, wohin man kommt, wenn man die Examina in Frage stellt! Schon lehnen einige Frauen es ab, aufgrund ihres Geschlechtes für immer zum Abwaschen, Putzen und Kinder-Hüten bestimmt zu sein, und fordern eine andere Aufgabenteilung. Wo kämen wir hin, wenn die Müllmänner, die Bahnwärter, die Fließbandarbeiter sich ebenfalls für fähig hielten, andere verantwortungsvolle Aufgaben zu übernehmen, und auf einer Job-Rotation bestünden? Nein, ganz entschieden nein; das System der Examina und Lehrpläne verhindert glücklicherweise eine solche Infragestellung.

Würde man sich jedoch tatsächlich auf die „apokalyptisch" erscheinende Perspektive einer Veränderung dieses Systems einlassen wollen, so machen wir dazu folgende Vorschläge:

Die Lehrpläne würden in Zyklen aufgebaut, in denen man sich je nach Alter und Verständnisstufe frei bewegen kann.

Sie würden nicht mehr bestehen aus einer bloßen Aufzählung von Wissensinhalten, sondern aus Arbeitsvorschlägen und konkreten Lernzielen. Diesen wären dann jeweils die Möglichkeiten zur Überprüfung beigegeben, so daß jeder selbst feststellen kann, ob er die Lernziele wirklich erreicht hat.

Die Lernziele selbst wären konkret, vielfältig, von verschiedenster Art: die einen wären direkt nützlich, hier und jetzt praktisch verwertbar, während die anderen erst für spätere Untersuchungen ihren Wert erweisen würden. Sie könnten zur Erlangung von „Diplomen" oder „Gesellenbriefen" zusammengefaßt werden, welche bestimmte logische, ästhetische, soziale, manuelle u. a. Fähigkeiten auch nach außen hin bescheinigen würden.

Wir wollen unterstreichen, daß wir ein solches System der Leistungskontrolle mit Hilfe von vielfältigen „Diplomen" für strenger halten als das herkömmliche System der Prüfungen. Es dürfte aber nicht die einzige Form der Leistungskontrolle sein. Das Wesentliche wäre, bei den Jugendlichen das Verantwortungsbewußtsein für die Ausführung und Bewertung ihrer eigenen Arbeit zu entwickeln; darum sind für uns auf dem Gebiet der Leistungskontrolle die *Selbstkorrektur,* die *Selbstbewertung* und die *konstruktive Kritik der Gruppe* grundlegende Ziele.

Ein solches System von „Diplomen", die während der Schulzeit „angehäuft" werden, hätte auch den Vorteil, die Wahl der Schullaufbahn und des Berufs auf den *Erfolgen* jedes einzelnen aufzubauen und nicht, wie es bisher der Fall ist, auf dem Scheitern oder Durchfallen bei den Zugangsprüfungen. Es würde verhindern, daß jemand auf der ganzen Linie „blockiert" ist. Wenn ein Schüler wegen einer ganz bestimmten Wissenslücke auf einem Gebiet nicht weiterkommt, hätte er die Möglichkeit, seine ganze Anstrengung auf das Überwinden dieser einen Schwierigkeit zu richten oder aber seine Erfolge auf anderen Gebieten weiter auszubauen, um später darauf zurückzukommen, wenn er ein höheres Entwicklungsstadium erreicht hat.

Bericht: Wie ich die „Diplome" einsetze

Als ich damit begonnen habe, die Freinet-Techniken in meiner Klasse einzuführen, vor allem die Individualisierung der Arbeit, die Selbstkorrektur und die Eigenverantwortung der Schüler für die Organisation ihrer Arbeit, sind sofort die Probleme der Arbeits- und Leistungskontrolle aufgetaucht. Ich habe also versucht, diese Probleme in Übereinstimmung mit den großen Linien zu lösen, die durch unsere Arbeitstechniken vorgezeichnet sind.

Jeder Schüler bekommt zu Beginn des Schuljahres von mir ein Blatt ausgehändigt, auf dem die einzelnen „Diplome" aufgeführt sind (für einzelne Bereiche des Sachunterrichts, für künstlerische Arbeiten, Druckerei, Rechnen...) Vorn auf jedem „Diplom" stehen die verschiedenen Aufgaben, die das Kind lösen muß, um es zu erwerben.

Beispiel: „Diplom für Betragen"

	A	B	C	D	E
Ich respektiere die gemeinsamen Beschlüsse					
Ich kann selbst meinen Arbeitsplan aufstellen					
Ich organisiere meine individuelle Arbeit selbst					
Ich arbeite ruhig und spreche leise dabei					
Das Material, das ich gebraucht habe, reinige ich und räume es weg					
Ich reinige und räume den Platz auf, an dem ich gearbeitet habe					
Ich halte mein Material in gutem Zustand					
Ich nehme am Leben der Klasse teil					
Ich erfülle meine Aufgabe sorgfältig, für die ich verantwortlich bin					
Ich brauche den Lehrer nicht, um mich selbst zu kontrollieren					

Andere Beispiele für „Diplome":

- Ich kann ein Lexikon benutzen (in 13 Einzelaufgaben unterteilt und „operationalisiert")
- Ich kann eine Waage benutzen
- Ich kann messen (mit einem Meter- und Zentimetermaß umgehen)
- Ich kann drucken
- Ich kann lesen

Das ganze Jahr über kann das Kind frei entscheiden, wann es die oder die Aufgabe nach eigener Wahl erfüllen will, in kürzeren oder längeren Abständen. Wenn es meint, auf eine Aufgabe genügend vorbereitet zu sein, kann es sich dafür melden.

Wenn alle Aufgaben eines „Diploms" erfüllt sind, bekommt das Kind es ausgehändigt und kann es mit nach Hause nehmen, als äußeres Zeichen seines Erfolges.

Diese Aufgabensammlungen sind zunächst dafür konzipiert, den Leistungsstand eines Schülers zu einem bestimmten Zeitpunkt schnell zu ermitteln, oder sie dienen dem Schüler dazu, seine eigene Arbeit zu planen. Sie dienen aber auch dazu, die Entscheidung zu treffen, ob das Kind versetzt werden soll oder nicht.

Theoretisch wird es nur versetzt, wenn es alle „Diplome" erworben hat. In Wirklichkeit wissen meine Schüler aber, daß sie – wenn sie sich regelmäßig angestrengt und gearbeitet haben – keine komplette Liste mit *allen* erfolgreich gelösten Aufgaben vorweisen müssen. Diese Regelung soll vermeiden, daß sie vielleicht schon von vornherein den Mut verlieren.

10 Andere Techniken und Arbeitsmittel

Viele Erzieher werden sicher gern unseren oben dargelegten Prinzipien zustimmen, aber das allein genügt nicht für eine Umwandlung der erzieherischen Praxis.

In der Tat reicht es nicht, den Kindern und Jugendlichen zu sagen: „Entwickelt Phantasie und Initiative, übernehmt Verantwortung!", damit sie sich plötzlich phantasievoll, aktiv und verantwortungsvoll zeigen – besonders, wenn sie schon Jahre „passiver" Erziehung über sich ergehen lassen mußten. Denn man muß die *Bedingungen* schaffen, unter denen sie es erst werden können.

Es reicht nicht aus, den Erziehern zu sagen: „Ändert eure Beziehungen zu den Schülern!", sondern man muß ihnen die Mittel an die Hand geben, das erzieherische Milieu so zu verändern, daß sich auch diese Beziehungen ändern können. Das Wichtigste ist (anstelle aller Ermahnungen), die Lebens- und Arbeitsbedingungen in der heutigen Schule zu analysieren, um zu sehen, wo sie sich neuen, positiven Entwicklungen gegenüber hemmend oder förderlich auswirken. Freinet hat selbst als erster auf die „Materialisierungen" von starrer Autorität und Dogmatismus hingewiesen, die im Pult des Lehrers und im Schulbuch repräsentiert waren: Im Lehrerpult deswegen, weil es denjenigen noch mehr heraushebt, der schon größer ist als die anderen, um zu zeigen, daß alles, was wichtig ist, nur von ihm kommt, von der Höhe seines „Aussichtsturms" herab. Im Lehrbuch deswegen, weil es vorgibt, die einzige Informationsquelle für ein vorgegebenes Wissensgebiet zu sein, das einzige Arbeitsmittel für *alle* Schüler, die alle „im Gleichschritt marsch" voranschreiten müssen. Wenn man die „pädagogischen Techniken" des traditionellen Unterrichts untersucht, so stellt man fest, daß sie alle nach einem bestimmten Schema funktionieren: Lehrervortrag, gefolgt von einer Übung, welche die Speicherung im Gedächtnis kontrollieren soll. Zu diesem Grundschema gibt es

Variationen... In Wirklichkeit aber verbirgt sich hinter aller vordergründigen Vielfältigkeit und manchmal unter einem „modernistischen Lack" ein Beziehungsschema von trostloser Dürftigkeit: eine einzige Person wendet sich an alle anderen, und zwar an jeden von ihnen einzeln; alle Antworten müssen einzeln erfolgen. Jede andere Beziehung innerhalb der Gruppe wird als Schwätzen oder Täuschungsversuch unterbunden und bestraft. Wie kann man seine Beziehungen zu den Schülern verändern, wenn man diese Arbeitsformen nicht von Grund auf in Frage stellt?

Als Gegensatz dazu sei auf die vielfältigen „Techniken" der Freinet-Pädagogik verwiesen: der freie Ausdruck, der zur Mitteilung für die anderen wird; die Klassenzeitung; die über die Schule hinausgehende Korrespondenz mit anderen Schulen; die persönliche Untersuchung, gefolgt von einem Vortrag vor der Gruppe; die Arbeit in „Ateliers", in kleinen Gruppen; die individuelle Arbeit, die man auch selbst korrigiert (mit entsprechenden Arbeitsblättern und -karteien); die Erhebung; die Aufstellung und Durchführung von Plänen für verschiedene Aktivitäten. Dies alles schafft vielfältige Beziehungsgeflechte im Innern der Klasse, aber auch mit der Außenwelt (mit den Korrespondenten, dem Wohnviertel, dem ganzen Dorf usw.) – und diese Beziehungen laufen nicht nur alle über den Lehrer. Diese Vielfalt der Arbeitstechniken schafft erst den Anregungsreichtum des erzieherischen Milieus und hat Einfluß auf die Qualität der Beziehungen, die dort geknüpft werden.

Die Mehrzahl dieser „Techniken" erfordert speziell dafür geeignete Arbeitsmittel. Das ist ein Feld, das wir ausführlich und lange erforscht haben. Nicht zufällig hat sich unsere Bewegung so breit entwickelt durch die Erfindung, Erprobung und Verfeinerung, die Herstellung und die Verbreitung neuer Arbeitsmittel.[5]

Es ist jedoch ein Irrtum zu glauben, daß eine neues Arbeitsmittel automatisch den pädagogischen Fortschritt in die Klasse bringt. Die besten Arbeitsmittel sind diejenigen, die höchst flexibel eingesetzt werden können und die

---

5 Zu diesem Ziel wurde die „Coopérative de l'enseignement laïque" gegründet, das genossenschaftlich geführte Verlagshaus der Freinet-Bewegung in Cannes, welches die zahlreichen Schriften Freinets, die Zeitschriften der Freinet-Bewegung und die vielfältigen Arbeitsmaterialien für diese Unterrichtskonzeption (Druckerpressen, Schallplatten, Instrumente) herausbringt. Auch viele Lehrer, die sich nur lose der Freinet-Bewegung verbunden fühlen, bedienen sich dieser ausgezeichneten Unterrichtsmaterialien (es gibt allein über 1200 Hefte der „Arbeitsbibliothek" zu bestimmten Sachthemen und für verschiedene Altersstufen, welche aus Untersuchungen von Freinet-Klassen selbst hervorgegangen und vor der Veröffentlichung von anderen Klassen erprobt und verbessert worden sind).

die tastenden Versuche jedes einzelnen Kindes nicht behindern. Das wichtigste ist, Arbeitsmittel anzubieten, welche die verschiedenen Aktivitäten und Beziehungen zwischen den Kindern oder Jugendlichen in Gang setzen, zwischen ihnen und den Erwachsenen, zwischen ihnen und dem Wissen, das sie erwerben wollen.

Man kann die pädagogischen Arbeitsmittel einteilen nach verschiedenen Funktionen:

10.1 Arbeitsmittel für die individuelle Arbeit

Arbeitsmittel wie Arbeitsblätter-Kartei oder auch Bücher erlauben eine ganz und gar individualisierte Arbeit in dem Maße, wie sie Möglichkeiten zur Selbstkorrektur beinhalten. D. h. sie müssen Aufgaben bieten, deren Lösung das Kind anschließend nachsehen kann, um seine Arbeit selbst zu kontrollieren und seine Fehler zu korrigieren. So hat es die totale Verfügungsgewalt über sein Lernen selbst in der Hand. Es braucht nur auf den Erwachsenen zurückzukommen, wenn es Schwierigkeiten hat oder wenn es sich am Ende einer Lerneinheit „testen" lassen will, um zu beweisen, daß es das Gelernte auch gut beherrscht.

Dank solcher Arbeitsmittel können die Kinder und Jugendlichen tatsächlich selbst Verantwortung übernehmen für ihr eigenes Lernen. Aber diese Individualisierung der Arbeit muß rückverbunden werden mit dem kollektiven Leben in der Gruppe, um die allseitige Entfaltung eines jeden zu gewährleisten.

10.2 Arbeitsmittel zur Anregung der kollektiven Arbeit

Das typischste dieser Arbeitsmittel ist die Druckerei. Sie erlaubt zunächst einmal jede Art *individueller* Versuche, was das Setzen eines Textes angeht. Das macht sie zum unentbehrlichen Werkzeug für die kleinen Kinder: sie können immer wieder neue Versuche damit anstellen, ohne etwas anderes dabei zu verschwenden als etwas Papier und Druckerschwärze. Von einem Versuch zum anderen merzen sie ihre typographischen Irrtümer aus und verbessern den Drucksatz.

Aber im wesentlichen ist die Druckerei ein Mittel zur Kommunikation: man kann den Text, den man geschrieben hat, in unbegrenzter Zahl vervielfältigen und damit „veröffentlichen". Das Drucken selbst setzt die koordinierte Zusammenarbeit einer ganzen „Mannschaft" voraus für das Abziehen (der eine färbt den Satz ein mit Druckerschwärze, der andere legt die Blätter ein und hebt sie ab, der dritte betätigt die Presse).

In allen Phasen ihrer Realisierung ist z. B. die *Klassenzeitung* das Produkt einer Gruppen-Aktivität: dies gilt sowohl für die Redaktion als auch für die Herstellung und den „Vertrieb".

10.2.1 Die Dokumenten-Sammlung

Für den gleichen Preis, den ein Satz völlig gleicher Schulbücher für die ganze Klasse kostet, kann man den Grundstock einer kleinen Bibliothek anschaffen, die noch den Vorteil bietet, nicht sofort zu veralten mit jeder der ziemlich häufigen Änderungen in den Richtlinien und Lehrplänen. Selbst Werke, die ein bißchen altmodisch geworden sind, behalten in diesem Zusammenhang ihren Wert als historisches Überbleibsel einer bestimmten Etappe der Wissensentwicklung. Freinet hat den Ausdruck „Arbeitsbibliothek" dafür vorgeschlagen. Daraus ist der Titel einer Sammlung von Broschüren geworden, die beim schulischen und außerschulischen Publikum sehr bekannt sind. (Vgl. dazu die Fußnote auf Seite 104). In der Tat handelt es sich bei diesen Heften aus allen Wissensgebieten um eine wahre Volks-Enzyklopädie.

Aber auch die verschiedensten anderen Werke finden Eingang in die Klassenbibliothek. Gleichzeitig mit ihrem Bestand wächst eine Bestands- und Schlagwortkartei heran sowie eine Sammlung von Schallplatten. Damit sie auch wirklich den Wissensdurst der Kinder anregen kann, muß diese Bibliothek den Kindern direkt zugänglich sein. Zu diesem Zweck müssen auch die einzelnen Dokumente in klar durchschaubarer Reihenfolge angeordnet sein. Wir haben dafür ein Dezimal-Ordnungssystem entwickelt und alphabetische Inhaltsverzeichnisse für die Dokumentensammlung.

10.2.2 „Werkzeuge" zur Anregung eigener Untersuchungen

Unter diese Kategorie fallen die „Arbeitskästen", die in möglichst offener und flexibler Art und Weise gestaltet werden, um möglichst eine Vielzahl eigener Untersuchungen anzuregen. Außerdem gibt es eine Arbeitskartei mit Vorschlägen für selbständige Untersuchungen in allen möglichen Bereichen.

Bericht: Die Arbeitskästen

Was kann man tun, damit die Schule den Kindern von heute noch die Möglichkeit bietet, grundlegende Erfahrungen zu machen?
Eine Lösung (unter anderen): die Arbeitskästen.

Wir sprechen von „Kästen", aber in Wirklichkeit handelt es sich um eine geistige Einstellung zur Arbeit: der „Kasten" ist nur ein einfaches und bequemes Vehikel, um die Kinder zu eigenen, echten kleinen Untersuchungen anzuregen.

Im Oktober hatte ich zum ersten Mal einen Experimentier-Kasten in die Klasse mitgebracht: Er bestand aus einem Schuhkarton, in dem sich 4 Reagenzgläser befanden, zwei Holzklemmen, um sie zu halten, 2 Ballongläsern, einem Alkohol-Brenner und einer Schachtel Streichhölzer. In der ersten Zeit erwartete ich gar nichts, wirklich gar nichts; ich wollte den Kindern nur die Möglichkeit geben, mit diesem Material herumzuprobieren und Erfahrungen mit solchen Dingen zu machen, die sie nicht in ihrer Umgebung finden.

Die zwei ersten Benutzer haben den Kasten genommen und das Wasser in den Reagenzgläsern zum Kochen gebracht. Als das Wasser kochte, waren sie lange von dem Schauspiel der Wasserblasen fasziniert; dann machten sie den Kocher aus, gossen das heiße Wasser in die Ballongläser, um zu sehen, wie lange es brauchte, um kalt zu werden, und zündeten den Kocher wieder an. Es gab viele Interessenten für diesen Kasten in den ersten Tagen und in den darauffolgenden Wochen...
Das Wasser, das Feuer, immer wieder faszinierend...!

Dann habe ich selbst einige präzisere Experimente vorgeschlagen zum Druck des Wasserdampfs, zur Ausdehnung des Thermometers, aber immer wieder sind die Kinder auf das Spiel mit den Wasserblasen und das Hantieren mit den Streichhölzern zurückgekommen; manchmal tun sie es heute noch, obwohl von Oktober bis Mai eine lange Zeit vergangen ist und wir jetzt schon verschiedene „Kästen" in der Klasse haben. Ihr Inhalt:

– Batterien, Lampen und Steckdosen;
– Batterien, Schalter, Umspanner, Schaltelemente;
– Trichter, Schläuche, Behälter (für Experimente mit Wasser);
– Spiegel;
– Drähte;
– Wecker;
– „Gleichgewichts-Kasten";
– etc.

Wenn ich manchmal fragen höre, wozu die Schule heute noch nütze sein kann, dann möchte ich oft ganz einfach antworten: um das möglich zu machen und zu fördern, was draußen in den Wohnblocks, in den Familien nicht mehr gemacht werden kann...

Wir sind überzeugt davon, daß es wichtig ist, das Wort, die Schrift, die Bewegungen der Kinder zu befreien. Wir müssen ihnen aber auch das handgreifliche Erlernen des Umgangs mit der äußeren Welt ermöglichen: den Umgang mit dem Feuer, mit Holz, mit Schrauben und Gewinden, mit Gewichten, mit Motoren, mit elektrischen Lampen, die man nach Belieben ein- und ausschalten kann etc. Kann man ohne weiteres zusehen, wie die Schule eine Fähigkeit verstümmelt, die doch geradewegs mitten ins Herz der Naturwissenschaften führt? Wie können die Kinder einen Zugang zu experimentellen Wissenschaften finden ohne Neugier und Entdeckerdrang, ohne Erfindungsgeist, ohne

Handfertigkeit beim Umgang mit Geräten, ohne Phantasie, ohne ein ganzes „Gepäck" von Vorerfahrungen, die sie ansammeln können in hunderten von kleinen freien Experimenten?

10.2.3 Die „Werkzeuge" zur schöpferischen und produktiven Arbeit

Sie umfassen die Ausstattung der Mal- und Bastel-Ateliers bis hin zu audiovisuellem Material (Fotoapparat, Tonbandgerät und sogar Filmkamera); sie umfassen ebenfalls das Material zum Drucken und Vervielfältigen.

Man muß sich darüber im klaren sein, daß die benutzten „Werkzeuge" weitgehend über das Resultat der Arbeit entscheiden. Wenn man z. B. den Kindern Wasserfarben und Blätter im Heft-Format gibt, wird man natürlich nicht die gleichen Malereien erhalten, als wenn man ihnen Ölfarben und grobe Pinsel und eine große Rolle Leinwand anbietet, mit der sie selbst ihr Format wählen können.

Bericht: Die Klasse für die Kinder einrichten

Das heißt: den Kindern alles zur Verfügung stellen, was sie brauchen – und zwar gut erreichbar, auf ihre Körpergröße abgestimmt und sogar vor ihren Augen, damit sie nicht lange danach suchen müssen: Papier, Walzen, Druckerfarbe; Staffeleien, Filzstifte, Pinsel und Farben; Reinigungsmaterial, Scheren, Messer... Elektro-Gravierstift und Verbandsmaterial, wenn mal etwas daneben geht, weil man die Technik noch nicht richtig beherrscht und sich ein bißchen geschnitten oder verbrannt hat.

Das heißt aber auch, eine offene Diskussion zulassen, sie sogar anregen, wenn es nötig ist, und sich vor allem so wenig wie möglich als „Zensor" aufspielen.

Dann sieht man auf einmal Zeichnungen entstehen, und nach und nach geht es wie mit dem Sauerteig, der zur Hefe wird und der den Brotteig aufgehen läßt: das kommt, das strebt nach oben! Und es entsteht ein freier künstlerischer Ausdruck bei den Kindern. Sicherlich, man muß Zeit haben. Und in dieser Hinsicht schließt der Begriff „Zeit" die gesamte äußere Organisation des Schulalltags und der Klasse ein und nicht nur die Organisation der Zeichenstunde.

Die räumlichen und organisatorischen Bedingungen und die Einrichtung des Klassenraums und der „Ateliers" sind grundlegende Faktoren des Erfolgs für unsere Pädagogik; hinzu kommt jedoch als genauso wichtiges Element die Haltung des Erziehers und die kooperative Zusammenarbeit der Gruppe.

10.2.4 Die Arbeitsmittel zur Übung und Festigung des Gelernten

Da, wo die herkömmliche Erziehung nur die Übungen in den Schulbüchern kennt, haben wir die verschiedensten Arbeitsmittel geschaffen: programmierte Arbeitshefte, welche mehrere Stunden zum Durcharbeiten erfordern, und einzelne Arbeitsblätter mit kürzeren Aufgaben. Diese „Werkzeuge" sind mit Möglichkeiten zur Selbstkorrektur versehen und erlauben es so den Kindern, nach ihrem eigenen Rhythmus zu arbeiten.

Beispiel aus dem Rechenunterricht (Primarstufe):

Das erste gelbe Blatt enthält folgende Aufgabe:

Wir haben uns gewogen:
Antonio   → 28 kg
Dominique   → 28 kg
Annie   → 21 kg
Cathy   → 31 kg
Maryse   → 34 kg
Véronique   → 25 kg

Wir tragen den Unterschied zwischen dem Gewicht der einzelnen Kinder in folgender Tabelle ein:

Beispiel: Véronique wiegt 4 kg mehr als Annie.
Annie wiegt 10 kg weniger als Cathy.

Fülle diese Tabelle weiter aus.

	Annie	Véronique	Dominique	Antonio	Cathy	Maryse
Annie					− 10	
Véronique	+ 4					
Dominique						
Antonio						
Cathy						
Maryse						

Wenn das Kind mit der Arbeit fertig ist, geht es zum Karteikasten und holt sich das grüne Blatt mit derselben Nummer, auf dem es die Lösungen findet:

	Annie	Véronique	Dominique	Antonio	Cathy	Maryse
Annie	—	− 4	− 7	− 7	− 10	− 13
Véronique	+ 4	—	− 3	− 3	− 6	− 9
Dominique	+ 7	+ 3	—	—	− 3	− 6
Antonio	+ 7	+ 3	—	—	− 3	− 6
Cathy	+ 10	+ 6	+ 3	+ 3	—	− 3
Maryse	+ 13	+ 9	+ 6	+ 6	+ 3	—

10.2.5 Die „Werkzeuge" zur Leistungsüberprüfung

Auf diesem Gebiet müssen noch viele Erprobungen unternommen werden, um eine ernstzunehmende Alternative zu den traditionellen Leistungskontrollen zu entwickeln. Wir stellen z. B. Versuche an mit dem Einsatz von „Diplomen" und anderen Auswertungsbögen, um nicht nur den Erwachsenen, sondern auch den Kindern und Jugendlichen selbst eine objektive Einschätzung ihrer Lernfortschritte zu ermöglichen. (Vgl. dazu auch das vorhergehende Kap. 9)

Wichtig ist, daß diese „Rückmeldung" über den Lernerfolg des einzelnen Schülers nicht zur Aufstellung eines Vergleichsmaßstabs, einer Rangfolge unter den Schülern mißbraucht wird:

Beispiel für eine Gesamtbewertung am Ende des Trimesters[8]

Name:	Klasse:	Wertung der Lehrer
	Kunstsinn Begriffsvermögen	*Französisch*
	Neugier Wahrnehmung	
	Empfindsamkeit Urteilskraft	*Mathematik*
	Kreativität (Erfindungsgeist) Gedächtnis	
	Sprachlicher Ausdruck Körperliche Fähigkeiten	*1. Sprache*
	Schriftlicher Ausdruck Rythmus (Koordination)	*Naturwissenschaften*
	Anstrengung Schnelligkeit	
	Gemeinschaftssinn Sorgfalt	*Geschichte, Geographie*
Klassenlehrer		*Technik*
Schulleiter		*2. Sprache*
Eltern		*Turnunterricht*

[8] in: Dossier pédagogique de l'Educateur, Nr. 102/103/104, 1975 (Michel Bertrand)

3. Teil:
Unsere Strategie und unsere Forderungen

1 Elemente einer Strategie

1.1 Unsere Bewegung im Kampf für eine andere Erziehung und für eine andere Gesellschaft

Das I.C.E.M. (Institut Coopératif de l'Ecole Moderne) hat schon immer unter der Perspektive einer sozialistischen Gesellschaft gekämpft. Im Hinblick auf diese gesellschaftliche Konzeption definieren wir unsere Praxis; und unsere Praxis erlaubt es uns, unseren Kampf für den Sozialismus auch in der Schule fortzusetzen.

Wenn wir uns auch dessen bewußt sind, daß wir in der Gesamtheit der Kämpfe nur einen bescheidenen Platz einnehmen, so fordern wir doch auch, als notwendiger Bestandteil dieser Kämpfe für den Sozialismus anerkannt zu werden.

Unser Anteil ist deswegen nur von relativer Wichtigkeit, weil wir uns eingliedern wollen in den Kampf, zusammen mit allen anderen Kräften der Arbeiterbewegung: mit politischen Kräften, Gewerkschaften und Volksbewegungen, ohne Abgrenzung und ohne Sektierertum, auf der Basis gemeinsamer Praxiserfahrungen.

Wir fordern aber auch die Anerkennung, die unserer Bedeutung angemessen ist: das I.C.E.M. ist zum jetzigen Zeitpunkt *die einzige pädagogische Massenbewegung, die wirklich in der Lehrerschaft fest verankert ist, besonders im Primarschulwesen;* dies schließt nicht aus, daß andere Bewegungen, mit denen wir zusammenarbeiten, nicht ebenfalls eine bedeutende Entwicklung durchgemacht haben. Wegen dieser seiner Bedeutung wird das I.C.E.M. jedoch heute von den politischen und gewerkschaftlichen Organisationen der Arbeiter voll anerkannt.

An diesen Überlegungen muß sich unsere gesamte Strategie ausrichten:

– einerseits im Innern unserer Bewegung: Wir müssen eine wirklich kooperative Bewegung sein, die sich besonders den Problemen und positiven Beiträgen des Feminismus öffnet;

– andererseits nach außen hin: Wir müssen unsere pädagogische Arbeit – unsere Errungenschaften ebenso wie unsere Fragen – auf breiter Basis bekanntmachen.

Diese Arbeit muß besonders an der Basis geleistet werden, indem wir die Kooperation suchen mit:
– den örtlichen Verbandsstrukturen (Jugendheimen, Gewerkschaften, Bürgerinitiativen im Wohnungs- und Gesundheitswesen, Parteien usw. ...)
– mit allen Vereinigungen, in denen sich jetzt schon (oder in Zukunft) *die Arbeiter* mit den Problemen der Zukunft beschäftigen.

Die besondere Sorgfalt und Aufmerksamkeit, die wir *den Kindern der Arbeiter* entgegenbringen, nützt auch den Kindern im allgemeinen. Unsere Praxis zeigt uns, daß alle Hilfsmittel, die wir für die Kinder der Arbeiter entwickelt haben, damit diese sich ihrer Lage bewußt werden, sich frei ausdrücken und eine starke Identität sowie den Sinn für Solidarität entwickeln – daß diese Hilfsmittel *allen* Kindern dienen.

Wir glauben zwar nicht, daß unsere Erziehungskonzeption ausreicht, um die Gesellschaft zu verändern, aber wir glauben trotzdem, daß sie ihrer Evolution mit zum Durchbruch verhelfen kann.

Da unsere Pädagogik jede Autorität und starre Dogmatik in Frage stellt, führt sie auch zur Infragestellung der sozio-ökonomischen Bedingungen.

In der sozialen Organisation der Schulklasse oder der gesamten Schule führen wir unsere Schüler zu Arbeitsgruppen zusammen und gewöhnen sie daran, ihren eigenen Arbeitsplan aufzustellen. Wir gewöhnen sie an die kritische Reflexion über ihre Arbeit und ihr Zusammenleben in den Versammlungen der Klassen-Kooperative.

So erlaubt die Schule jedem zu lernen, wie man lebt, sich organisiert, mit anderen zusammenarbeitet.

Wir regen das kreative Potential jedes Kindes an, indem wir ihm Techniken und Werkzeuge zu seiner Befreiung anbieten, die den schöpferischen Ausdruck, die freie Kommunikation und Sozialisation und die lebendige Integration des Wissens ermöglichen.

Im allgemeinen unterdrückt die heutige Schule dieses Potential; sie ist jedenfalls weit davon entfernt, es anzuregen, denn der Konformismus ist der am höchsten geschätzte Wert in unserer Gesellschaft.

Wenn aber etwas fähig ist, den neuen Menschen zu entwickeln, dann ist es die Kritikfähigkeit, die Infragestellung der überlieferten Ideen, die Neugier, welche alles kennenlernen und verstehen will; die Gewohnheit, kooperativ mit anderen zusammenzuarbeiten.

Diese Freiheit, sich zu organisieren – indem man die Zwänge der Gesellschaft mit berücksichtigt –, bereitet freieren, selbständigeren, verantwortlicher handelnden Geistern den Weg. Es sind solche Köpfe, die später fähiger sind, die Gesellschaft umzuwandeln oder zu revolutionieren.

Wir treten nicht – wenigstens zum jetzigen Zeitpunkt – für die Abschaffung der Schule ein, aber für einen Bruch mit ihrer bisherigen Funktionsweise.

Zusammenfassend ist zu sagen: Wir sind nicht so naiv, daß wir glauben, die Freinet-Pädagogik könne in der jetzigen Gesellschaft einen bedeutenden revolutionären Einfluß ausüben. Aber in der „Gesellschaft im kleinen", die eine Schulklasse oder besser eine „pädagogische Einheit" für uns darstellt, kann die Freinet-Pädagogik zwei Zielen dienen:
– dem *materialistischen* Anspruch, mit Strenge und Konsequenz die *Bedingungen* für eine intelligente, befreiende schulische Arbeit zu schaffen, und
– dem *idealistischen* Elan, eine menschliche Gemeinschaft ins Leben zur rufen, in der jeder sein inneres Gleichgewicht und die Freude über die brüderlichen Beziehungen zu anderen in der gemeinsamen Arbeit wiederfindet.

Wir erleben es als Wahrheit in den besten Augenblicken schöpferischer Zusammenarbeit in unseren Schulklassen: die *Praxis der Selbstbestimmung* kann sich auf der gesamtgesellschaftlichen Ebene nur durchsetzen, *wenn die Arbeiter selbst ihre Befreiung in die Hand nehmen.*

1.2 Die „verklemmte" Schule

Wenn es ein charakteristisches Merkmal der heutigen Schule gibt (und nicht nur der kapitalistischen Schule), so ist es ihre tief eingewurzelte Furcht vor dem Konflikt, vor allem, was Probleme aufwirft... seien es nun Konflikte mit Erwachsenen (mit den Eltern, der Verwaltungshierarchie) oder „konfliktträchtige" Worte, Wünsche oder Fragen der Kinder. Die Schule bleibt ein Ghetto, ein Territorium, das für die „Profis" der Erziehung reserviert ist und das diese eifersüchtig verteidigen, in respektvollem Gehorsam gegenüber der Institution und in dem Bestreben, ihre eigene Autorität als „Spezialisten" aufrechtzuerhalten.

Auch die *Eltern* nehmen im allgemeinen (bewußt oder unbewußt) eine konservative Haltung gegenüber der Schule und der Pädagogik ein.

Die Mehrzahl von ihnen (besonders Handwerker, Arbeiter, Angestellte) erwünscht sich für ihre Kinder eine höhere soziale Stellung und setzt dafür alle ihre Hoffnungen auf die Schule. Von daher sind sie Anhänger und Verfechter jener Mythen, auf die sich unsere Gesellschaft stützt, um ihr Fortbestehen zu sichern: einer traditionellen Richtung der Pädagogik und einer Überbetonung der Ordnung (Diktate, Disziplin und Drill in den vier Grundrechenarten).

Darum kommt jede Modernisierung bei ihnen schlecht an, und sie üben ständig Druck auf den Lehrer und auf ihre Kinder aus, damit diese Mythen unangetastet bleiben – durch die sie zwar genarrt werden, die sie aber auch weiter hoffen lassen.

Wenn wir Freinet-Pädagogen davon reden, daß die Schule eine Rolle zu spielen hat bei der Umwandlung der menschlichen Beziehungen, der Machtverhältnisse und der Strukturen des Zusammenlebens, dann denken wir nicht an diese erstarrte, „zimperliche" Schule.

Denn in Wirklichkeit trifft dieses Bild von der Schule als eines geschlossenen, monolithischen Blocks auch nicht zu. Die Schule ist durchzogen von den Widersprüchen und Klassenauseinandersetzungen, denen auch die Kinder und die Eltern „draußen" – bewußt oder unbewußt – ausgesetzt sind.

Die Bewegungen, die für eine neue Erziehung kämpfen[1], stellen einen Faktor dieser Widersprüche und Protestaktionen dar. Die immer wieder aufbrechenden Jugendrevolten sind ebenfalls Bestandteil dieser Kämpfe.

Wenn auch die Schule heute noch durch archaische Erlasse und durch das Mehrheits-Verhalten ihrer „Insassen" selbst von der Wirklichkeit isoliert ist, so mehren sich doch die Initiativen, die schließlich dazu führen, daß diese „jungfräuliche Unschuld" und Neutralität der Schule als falsch entlarvt wird.

Das Schulsystem kann nur verändert werden durch die Gesamtheit dieser Widersprüche, durch das Zusammenspiel der Kräfte, durch Druck und Konflikte von innen und außen.

Aber handelt es sich denn darum, nur die Schule zu verändern?

1.3 Die Bedeutung der Schule für eine erzieherische Gesamtstrategie

Die Schule ist nur *ein* Bestandteil der gesamten Erziehungs-Einflüsse, und wenn man *nur* die Schule veränderte, würde dies nur von geringer Tragweite sein, wenn nicht auch die erzieherische Gesamtstrategie in *allen* Bereichen geändert würde: Familien-Erziehung; Kleinkinderziehung; Leben im Stadt-

---

1 Nach Walter Berger (1978, S. 82) sind diese „nichtoffiziellen" Reformbewegungen für die französische Schulszene typisch: „Getragen von reformfreudigen, avantgardistischen Lehrergruppen und inspiriert am progressiven Ideengut richten sie sich gegen die zentralisierte Unterrichtsverwaltung, die sie nur ungern toleriert, und versuchen innerhalb des offiziellen Systems dieses von innen her aufzulockern..." Als älteste, wichtigste und einflußreichste dieser Bewegungen bezeichnet Berger die Freinet-Pädagogik (vgl. Berger S. 82/83).

teil, in den städtischen Ballungsgebieten, in ländlichen Gemeinden; außerschulische erzieherische Aktivitäten: Sportanlagen, Ferienzentren, Sportclubs oder kulturelle Vereinigungen; Massenmedien (Presse, Radio, Fernsehen, Kino).

Wir müssen feststellen, daß die Probleme, die damit aufgeworfen werden, zu politischen und erzieherischen Entscheidungen aufrufen, die die Zuständigkeit von Individuen überschreiten. Eine koordinierte erzieherische Gesamtstrategie wäre nötig, auf die sich alle einigen müßten, die in den betreffenden Bereichen arbeiten. Dies wäre schon hier und jetzt möglich...

Die Position des „Erziehers" ist für uns übrigens nicht nur ein Monopol von Erwachsenen[2]; genausowenig beschränkt sich der Status eines „zu Erziehenden" nur auf die ersten zwanzig Lebensjahre.

Wir gehen von der Perspektive einer lebenslangen Weiterbildung aus, welche sich nicht auf eine berufliche Fortbildung beschränkt. Aus dieser Perspektive fordern wir, daß es jedem erlaubt sein soll – wie alt er sei, welchen Titel und gesellschaftlichen Status er auch innehabe – entweder abwechselnd oder gleichzeitig sich selbst weiterzubilden oder anderen dabei zu helfen, sich zu bilden. Nur diese ständige Austauschbarkeit von Lehrer- und Lernerrolle macht es möglich, daß die Grundausbildung verlängert und die Weiterbildung als allgemeines Recht durchgesetzt wird, ohne daß dies als Entfremdung empfunden wird.

Aus dieser Perspektive ist es auch nicht ausgeschlossen, daß sich die Institution Schule grundlegend umgestaltet, bis sie eines Tages vielleicht völlig in dieser Form verschwindet.[3] Aber nach unserer Ansicht ist die gesamte gesellschaftliche Umwelt zur Zeit nicht darauf vorbereitet, diese umfassende Erziehungsaufgabe zu übernehmen; daher ist es eher vorzuziehen, für eine Umwandlung der Schule in einen „offenen Lernort" zu kämpfen, der in enger Verbindung mit anderen erzieherischen Einrichtungen funktioniert, als die Abschaffung der Schule zu fordern. Außerdem ist die Schule ein Ort, wo Erwachsene und junge Menschen gemeinsam die Widersprüche und Zwänge, aber auch die Möglichkeiten für schon hier und jetzt erreichbare Errungenschaften ausloten und sich auf notwendige Umwälzungen vorbereiten können. Die Schule ist der Ort, wo sich neue Kräfte herausbilden können, und zwar besser als anderswo in unserem konfliktträchtigen Wirtschaftsleben und der insgesamt „aseptischen" politischen Gesamt-Atmosphäre.

---

2 Vgl. die wichtige gesellschaftliche Aufgabe, die jugendliche Alphabet-Lehrer in den großen Alphabetisierungskampagnen Kubas und Nicaraguas übernahmen.
3 Vgl. dazu die Ideen des „Entschulungstheoretikers" Ivan Illich (1973 und 1975)

1.4 Der Kampf für eine Schule der Kooperation

Wir haben gerade betont, wie notwendig die Zusammenarbeit verschiedener Gruppen von Betroffenen für die erzieherische Aktion ist. Dennoch wissen wir wohl um die enorme Schwierigkeit, die eingefahrenen Reflexe und Mentalitäten zu verändern – und zwar angefangen bei denen der Lehrer!

Denn jeder von uns verteidigt seine Position und klammert sich daran fest. Man sagt viel zu schnell, daß die Eltern nicht in die Schule zu kommen wagen, weil dieses Milieu ihnen fremd ist und andererseits in ihnen Erinnerungen weckt an die dort erlittene Entmündigung und Infantilisierung. Wenn dies auch vielfach zutrifft für viele Eltern aus dem Arbeitermilieu, so kann man aber doch nicht leugnen, daß die Situation sich langsam ändert; die Zahl der Eltern, die nicht mehr diese Furcht vor dem Kontakt mit den Lehrern haben, nimmt immer mehr zu.

Dagegen zeigt sich, daß die große Mehrheit des Lehrkörpers eifersüchtig über ihre Macht als „Spezialisten" wacht: „Es kommt nicht in Frage, daß ich mein pädagogisches Vorgehen rechtfertige. Die Pädagogik ist meine Sache, nicht die der Eltern."

Diese Sprüche hört man nur allzuoft. Diese Haltung spiegelt sowohl das Bestreben wider, seine Machtstellung zu erhalten als auch die Angst davor, die eigene Praxis vor den Eltern zu erklären und zu rechtfertigen. Man kann ermessen, daß unter solchen Bedingungen eine Zusammenarbeit schwierig wird.

Trotz allem sind es die Lehrer, die bei diesem Spiel die meisten Trümpfe in der Hand haben, und zwar aus mehreren Gründen:
– Weil die Schule ein öffentlicher Dienstleistungsbetrieb ist, der den vorherrschenden Werten der Gesellschaft zur Geltung verhilft, können die Initiativen der Lehrer, die in eine *andere* Richtung zielen, ebenfalls große psychologische Auswirkungen im sozialen Umfeld haben. Es genügt, mit Ausdauer und über längere Zeit eine Strategie der Öffnung der Schule auf die verschiedenen Berufe hin, auf das Leben des Stadtteils oder des Dorfes hin betrieben zu haben, um zu wissen, bis zu welchem Punkt Mentalitäten weiterentwickelt werden können, und das sogar in einem politischen Kontext, der aufs Ganze gesehen ungünstig ist.
– Die Lehrer, die sich für ein pädagogisches Projekt entschieden haben (ob kollektiv oder individuell), haben im wesentlichen den Schlüssel zur Veränderung in der Hand: Wollen sie aus ihrem Projekt zur Umwandlung der Schule, aus ihrer Praxis ein Feld des gegenseitigen Austauschs und der Zusammenarbeit machen oder nicht? Wenn sie sich dagegen wehren und sich verhärten, kann man dann überhaupt Hoffnung haben auf eine Umgestaltung der erzieherischen Praxis?

Aus diesen Gründen legen wir besonderen Wert auf die Gründung von Lehrer-Teams, die eine wichtige Funktion in der erzieherischen Gesamt-Strategie haben.

1.5 Das Recht, im Lehrer-Team zu arbeiten

Zuerst müssen wir feststellen, daß Lehrer, die in ein- und derselben Schule arbeiten, deshalb noch lange kein Team sind. Sicher, sie tauschen sich untereinander aus – oft jedoch nur recht oberflächlich –, sie können sich sogar ausgezeichnet verstehen. Deswegen sind sie aber immer noch kein Team.

Ein Lehrer-Team definiert sich durch eine gemeinsame pädagogische Gesamtperspektive. Das setzt voraus, daß sich die Mitglieder des Teams geeinigt haben über die gemeinsamen Erziehungsziele und deren Umsetzung in Lernziele, über pädagogische „Techniken", Organisationsformen und Regeln der Zusammenarbeit.

Das setzt voraus, daß die Mitglieder des Teams ständig die Möglichkeit haben, sich untereinander auszutauschen, sich gegenseitig zu kritisieren, sich zu helfen und die Schule gemeinsam zu führen.

Das setzt den Willen zu einem kooperativen Zusammenleben sowohl mit Erwachsenen als auch mit den Kindern voraus.

Unter diesen Bedingungen kommen Lehrer auch schnell dahin, regelmäßige Beziehungen mit den Familien der Kinder aufzunehmen, aber auch mit den Arbeitern aus den verschiedensten Berufsbereichen. Nur so kann man hoffen, daß sich die erzieherische Praxis innerhalb einer Gemeinschaft weiterentwickelt.

Wenn die Umstände günstig sind, ist es möglich, auch Eltern in die schulische Arbeit einzubeziehen, was einen weiteren Schritt auf einen offenen Gedankenaustausch hin bedeutet. Aber wir werden noch sehen, daß die Umsetzung dieses Anspruchs in die Praxis nicht immer einfach ist.

Die Gesamtperspektive einer Öffnung der Schule für das gesellschaftliche Leben und die Arbeitswelt sollte schließlich dazu führen, daß die Schule eine *produktive Funktion* im öffentlichen Leben übernimmt, vergleichbar mit anderen Betrieben oder Behörden. Den Kindern wird damit gleichzeitig der Status von „Produzenten" oder „Kulturschaffenden" zuerkannt.[4]

---

[4] Auf Kuba wird diese Einbeziehung der Schulen in die Produktion wörtlich genommen. Namentlich die Modellschulen auf dem Lande (Escuela Basica en el Campo, ESBEC) leisten mit der Bewirtschaftung von großen Tabak- oder Obstplantagen einen fest eingeplanten Beitrag zur Ernährung der Gesamtbevölkerung. Die Schüler beteiligen sich jeden Nachmittag zwei Stunden an produktiver Arbeit. Auf dem Campus einer Provinz-Universität (in Santa Clara) sah ich eine Zuckerfabrik, in der Studenten ihren produktiven Arbeitsbeitrag leisteten.

Von den Erziehern wird erwartet, daß sie sich sozial und politisch engagieren – angefangen mit einem Dialog, den sie mit den Familien der ihnen anvertrauten Kinder in Gang bringen.

1.6 Die Eltern in der Schule?

Wir haben weiter oben schon das Problem aufgeworfen, ob Eltern in die schulische Arbeit mit einbezogen werden sollen.

Dabei handelt es sich nicht nur darum, gelegentlich mit ihnen vor dem Schultor zu plaudern, sie zu einer Versammlung zusammenzurufen, um ihnen Informationen mitzuteilen oder sie in den Schul- und Elternbeiräten mit minimalen Rechten und Aufgaben zu betrauen, sondern sie sollen direkt an dem erzieherischen Auftrag der Schule beteiligt werden.

Wir müssen hier von vornherein klarstellen, daß es hinsichtlich dieser Frage zur Zeit keine Einstimmigkeit in unserer Bewegung gibt. Manche erleben diese Teilnahme von Erwachsenen, die nicht Lehrer (und auch nicht unbedingt Eltern) sind, am Schulleben als positiv. Andere zeigen sich in diesem Punkt eher zurückhaltend, aus Gründen ihrer pädagogischen Erfahrungen oder der Haltung der Eltern an ihrer Schule.

Und man muß schon zugeben, daß dieses Problem nicht einfach ist und daß der augenblickliche soziopolitische Kontext dazu beiträgt, bei vielen Eltern eine ganz enge, autoritäre und „mechanische" Vorstellung vom Arbeiten in der Schule aufrechtzuerhalten. Die Eltern wurden lange von der Schule ferngehalten: kann man akzeptieren, daß sie nun als Gegenreaktion über die Schule bestimmen? Ganz sicher nicht.

Zu diesem Thema können wir im Augenblick nur einige widersprüchliche Positionen und Erfahrungsberichte beisteuern. Wir propagieren zwar: Keine Volkserziehung ohne die Unterstützung der Arbeiter und ihrer Familien! Einige von uns geben jedoch zu bedenken:

Wenn man aber die Schwierigkeit sieht, einen „linken" Vater von einem „rechten" Elternteil zu unterscheiden in dem konkreten Reden und Verhalten in bezug auf sein Kind, dann können wir nur fürchten, daß der Weg dahin lang sein wird.

Man kann z. B. folgende Erfahrungen mit Eltern machen:

Sie sagen euch: Mein Sohn ist schwieriger in diesem Jahr. Damit möchten sie sagen: Er fragt mich nach dem Warum, er fordert mich heraus, er ist nicht mehr der brave Ja-Sager. Ihr könnt aber auch zu hören bekommen: Und was ist später? Glauben Sie, ich kann mich bei meiner Arbeit nur amüsieren? Er muß lernen, daß die Arbeit kein Spaß ist, daß es Zwänge gibt..., daß man selten das macht im Leben, was man gern tut... Und wenn ihr diesen Eltern etwas über den Klassenrat erzählt, dann sagen sie euch wie aus einem Munde: Wenn Sie glauben, daß *ich* irgend etwas entscheiden kann, da wo ich arbeite! Wir sind doch hier nicht bei den Chinesen!

Wenn wir so ausführlich auf diese Perspektive der Mitarbeit von Eltern (und auch von Arbeitern, die keine Kinder in der Klasse haben) eingegangen sind, so darum, weil wir trotz aller Schwierigkeiten von dem Grundsatz überzeugt sind: *Nur durch diese Aktionseinheit wird es eine Volkserziehung geben!*

Jedoch können wir diese Zusammenarbeit heute noch nicht ohne Vorbehalte praktizieren. Wir sehen folgende Probleme:
– Die Selbstverwaltung der Kinder muß erst auf einer soliden Grundlage stehen; die kooperative Pädagogik muß anerkannt und durchgesetzt sein, ehe die Eltern hinzukommen können.
– Es muß klar sein, welche Zielvorstellungen die Eltern und Nicht-Eltern mit ihrem Eingreifen in die Schule verbinden: Handelt es sich darum, die Unzulänglichkeiten der Schulverwaltung und -ausstattung auszugleichen (und damit nur zu verdecken, daß es dort zu wenig Stellen für Lehrer oder Sozialpädagogen gibt, I.D.)? Soll damit eine neue Kategorie von „Unter-Spezialisten" (für die praktische Arbeit...) geschaffen werden? Wird dadurch wieder eine Überbewertung des „Erwachsenenwissens" durchgesetzt mit dem Risiko, dem alten, starren Dogmatismus erneut Tür und Tor zu öffnen?
– Die Eltern, die sich an dieser Arbeit beteiligen, kommen allzuoft aus dem bürgerlichen Milieu (das ist eine Frage der Zeit und der Verfügbarkeit...), wodurch die herrschenden Werte reproduziert werden; gleichzeitig setzt dies die Eltern aus dem Arbeitermilieu und die Aktivitäten, die diese vorschlagen, noch mehr herab.

Wir ziehen daraus den Schluß, daß die Verwirklichung dieser Perspektive noch einen langen, kämpferischen Einsatz und eine Veränderung der Mentalität und des Verhaltens aller Betroffenen erfordert. Aus dieser Perspektive wäre es nötig, daß jeder auf allen Gebieten mit kooperativen Lebensformen konfrontiert würde: in seinem Stadtviertel, seiner Fabrik, seiner Schule... Man muß also einmal mehr feststellen, daß an einer tiefgreifenden politischen Veränderung auch in diesem Punkt kein Weg vorbeiführt.

(Die Perspektive der Öffnung der Schule auf die Umwelt – und speziell auf das Arbeitermilieu – wird weiter ausgeführt im folgenden Kapitel. Die Freinet-Pädagogen betonen dort, daß es für die Analyse der Wirklichkeit unbedingt notwendig sei, den sterilen und „entdeckungsfeindlichen" Raum der Schule zu verlassen. Sie weisen jedoch auch auf die Schwierigkeiten hin, die eine solche Konzeption der pädagogischen Arbeit mit sich bringt. So warnen sie z. B. davor, sich bei *Betriebsbesuchen* allein auf die streng kontrollierten Informationen einzulassen, welche die Beauftragten der Betriebsleitung der Gruppe zukommen lassen. Andererseits ist es vielerorts verpönt, daß die Arbeiter direkt mit den Besuchern ins Gespräch kommen. In vielen Betrieben würde dies auch nichts bringen, weil die Arbeiter oft selbst nicht über den Sinn und Zweck ihrer Arbeit im Gesamtzusammenhang der Produktion informiert sind. I. D.)

1.7 Der militante Einsatz für eine Schule im Dienst der Arbeiter

Wir müssen nun klarstellen, daß der militante Einsatz für eine andere Erziehung (und für eine andere Gesellschaft – die beiden Kämpfe sind untrennbar miteinander verbunden!) sich nicht auf die tägliche Arbeit in der Schule selbst beschränkt.

Wir können die vielfältigen Initiativen, die die aktiven Mitglieder des I.C.E.M. darüber hinaus unternehmen, hier nur andeuten:
- Sie knüpfen Beziehungen zu den Gewerkschaften an (Lehrergewerkschaften und Arbeitergewerkschaften)[5], indem sie sich an deren Aktionen und Forderungen beteiligen (z.B. Kampagnen zur Senkung der Schülerzahlen, zur kollegialen Schulleitung oder zur administrativen Duldung fester Lehrerteams, zur Lehrerfortbildung, gegen die Kontrolle der Schulaufsicht). Sie streben auch die Diskussion mit Gewerkschaften über die Probleme der Schule an.
- Sie unterhalten Beziehungen zu den Familienorganisationen, den anderen pädagogischen Bewegungen, den Elternverbänden; mit ihnen gemeinsam organisieren sie Reflexionsgruppen, „offene Klassen" und „offene Schulen", Informationsveranstaltungen usw... Wir können hier nicht alle diese Aktionen im Detail aufzählen, und wir müssen auch hinzufügen, daß nicht alle Aktiven und alle Regionalgruppen des I.C.E.M. diesen „Aktionen nach außen" die gleiche Bedeutung beimessen oder die gleichen „militanten Kraftreserven" haben, um sie durchzuführen.

Trotzdem stellen diese Aktionen inzwischen eine Grundkomponente unserer Arbeit dar, die genügend durch die Praxis abgesichert ist, damit wir sagen können: So muß eine glaubhafte Strategie für eine Volkserziehung aussehen.

---

[5] In Frankreich gibt es keine Einheitsgewerkschaft; es existieren daher z.B. mehrere Lehrergewerkschaften mit unterschiedlicher Tendenz; vgl. dazu die Ausführungen im Anhang.

Eine solche Strategie muß gekennzeichnet sein durch die enge Verbindung zu den Kämpfen der Arbeiter innerhalb und außerhalb der Produktion, d. h.: sie muß den Klassenkampf als Basis anerkennen. Aber gleichzeitig ist es dringend nötig, von zwei realen Gegebenheiten auszugehen:

– die Erziehung muß ein kollektives Anliegen sein und nicht mehr nur allein eine Sache der „Spezialisten", der Lehrer;
– die Schule muß sich der Arbeitswelt öffnen: die aktive Beteiligung der Arbeiter am Schulgeschehen muß gefördert werden, um schließlich zu einer Volkskontrolle über die Schule zu gelangen.

Aus der Perspektive eines „Selbstverwaltungs-Sozialismus" (socialisme autogestionnaire) sprechen wir uns für die gemeinsame Erarbeitung einer umfassenden Erziehungskonzeption aus, vom Kleinkind- bis zum Erwachsenenalter. Diese lebenslange Erziehung soll von den Arbeitern in eigener Verantwortung übernommen werden; sie soll sowohl intellektuelle als auch manuelle und kulturelle Aktivitäten zur einer Einheit zusammenschließen.

Die sozialistische Selbstverwaltung schließt die Veränderung und Infragestellung des herkömmlichen Status des Lehrers ein, der bisher als „Spezialist" für die Vermittlung einer gewissen Art von Wissen gilt.

Dies führt z. B. zu der Frage: Wird sein Arbeitsplatz, wie heute, lebenslang nur in der Schule sein können?

Die Beteiligung der Arbeiter soll nicht mehr nur gratis und „ehrenamtlich" erfolgen wie bisher, sondern soll als „Erziehungsaufgabe" auch entlohnt werden, da sie von ihrer regulären Arbeitszeit abgeht.

Dies wird nicht „von oben" angeordnet werden, sondern kann nur durch Kämpfe erobert werden. Wie sehen diese Kämpfe von heute aus, die uns auf Aktionen von größerer Tragweite vorbereiten?

2 Forderungen der Freinet-Bewegung im Hinblick auf eine andere Erziehung im Sinne des Volkes

Das I.C.E.M. stellt hier zusammenfassend eine Anzahl Forderungen vor, die auf eine wirklich tiefgreifende Veränderung von Schule und Erziehung hinzielen.

Jeder Plan zur Umwandlung der Schule muß eine Serie von Maßnahmen beinhalten, die besonders eine Änderung in folgenden Bereichen herbeiführen sollen:

- Schulorganisation und Schulleben
- Lehrpläne, Prüfungen, Berufs- und Schullaufbahnberatung
- Lehrerausbildung
- Schulaufsicht.

Des weiteren sind neue Bedingungen für das bessere Funktionieren der Schule zu schaffen (bezüglich der Schülerzahlen, der Schulbauten, des Lehrmittel-Etats).

Alle diese Probleme müssen außerdem unter dem Gesichtspunkt der lebenslangen Weiterbildung angegangen werden; die Schule ist nicht losgelöst zu sehen von den Organisationen, die später ihre Aufgabe übernehmen, und von dem sozialen Milieu, in das sie eingebettet ist.

Was wir hier vorschlagen, hat für uns den Charakter einer gemeinsamen „Plattform von Minimalforderungen", die sofort umgesetzt werden müßten, um eine tiefgreifende Veränderung der erzieherischen Praxis zu gewährleisten.

2.1 Forderungen, die den Aufbau einer „Schule für das Volk" konkretisieren

Die Schule ist keine Oase, kein privilegierter Ort außerhalb der sozialen Konflikte; sie wird durchzogen von dem Widerspruch zwischen Unterdrückern und Unterdrückten.

Wir glauben, daß eine echte sozialistische Gesellschaft nicht mit entfremdeten Individuen aufgebaut werden kann. Daher rufen die Freinet-Pädagogen alle auf, die gegen die Ausbeutung kämpfen, mit aller Kraft mitzuhelfen bei der Umgestaltung der Institution Schule – welche einer der wichtigsten Orte ist, wo die verschiedenen sozialen Schichten und die herrschende, autoritäre Ideologie reproduziert werden.

Wir sind eine Organisation, die sich seit langer Zeit im Kampf gegen die kulturelle Entfremdung und Unterdrückung der Jugend befindet; daher glauben wir, daß nichts sich wirklich tiefgreifend ändert in der Schule – und darüber hinaus in der Gesellschaft insgesamt –, wenn man den „kulturellen Imperialismus" und die starre Autorität einer Hierarchie nicht bekämpft, die darauf bedacht ist, eine überlebte moralische, kulturelle und politische Ordnung aufrechtzuerhalten.

Die gemeinsame „Plattform", die wir hiermit den auf Veränderung drängenden Kräften in unserem Land anbieten, behandelt nicht erschöpfend alle Probleme und legt nicht alle Veränderungen dar, die möglich wären. Weit entfernt davon, idealistisch zu sein, beruht sie auf einem inzwischen schon bedeutenden Fundament von ausgefochtenen Kämpfen – und von Lösungen, die im Verlauf dieser Kämpfe gefunden wurden! In diesem Punkt entsprechen unsere Forderungen dem schon traditionell gewordenen Vorgehen unserer Bewegung allgemein: erst experimentieren, dann den Boden bereiten in der Umwelt und innerhalb der Institution Schule, um die Bedingungen für die Veränderung zu schaffen.

2.1.1 Die Organisation des Schulwesens

Gegenüber dem normativen, sozial diskriminierenden und selektiven Aufbau der heutigen Schule fordern wir, daß Begriffe wie Lehrpläne, Leistungskontrollen und Lernbehinderungen grundlegend neu definiert werden müssen, um nicht länger, unter dem Vorwand der Förderung, der sozialen Auslese zu dienen.

Im Zusammenhang mit diesen Innovationen fordern wir eine Umorganisation der Schulzeit in *Zyklen*.

Wir halten an einem gemeinsamen Fundamentum für alle fest, ohne daß die Lerngruppen nach Alter getrennt werden.

Wir glauben an die wertvolle Wirkung heterogener Klassen (im Hinblick auf Alter und Leistungsniveau): diese müssen eine begrenzte Schülerzahl haben und nach den Prinzipien einer „Pädagogik des Erfolgs" geführt werden (freier Ausdruck, Gruppenarbeit und Individualisierung des Lernens). Wir lehnen „Niveau-Gruppen" ab, die zwar vordergründig unter dem Deckmantel der Chancengleichheit arbeiten, diese aber in Wirklichkeit verhindern. Wir schlagen einen *Aufbau der Schulzeit in Zyklen von mehreren Jahren* vor.

Es soll keine festen Klassenlehrer mehr geben, die an ihre Klasse gebunden sind; die gesamte Schule soll in „Ateliers" aufgelöst werden, in denen die Fächertrennung aufgehoben ist. In diesen Lern- und Arbeitsgruppen im

Rahmen einer „kooperativen Pädagogik" soll sich jedes Kind gemäß seinem eigenen Rhythmus entwickeln können.

Diese Organisation in „Lernzyklen" erlaubt (und erfordert) eine enge Zusammenarbeit im Lehrerteam: die Lehrer werden durch die Situation dazu aufgefordert, ihre tägliche Praxis, ihre Lern- und Erziehungsziele, ihr Wissen über die einzelnen Kinder, deren Lernfortschritte und deren Fähigkeiten zu lebendigem Austausch in den Lerngruppen mit dem Wissen und den Zielen der anderen Lehrer zu konfrontieren...

Die Heterogenität der Lerngruppen und die Aufsprengung der festen Bindung eines Lernpensums an eine bestimmte Klassenstufe erscheint uns im Rahmen unserer auf Kooperation aufgebauten Pädagogik als eine Lösung, um das Scheitern in der Schule zu verhindern. Dies einmal wegen der vielfältigen Vermischung von Fähigkeiten, Kompetenzen und Interessen im Rahmen der gegenseitigen helfenden Zusammenarbeit; zum anderen aber auch wegen der größeren Flexibilität bei der Organisation und Evaluation von Lernprozessen: So z.B. beim Lesenlernen, das oft wegen seines mechanischen und starren Ablaufs zu unwiderruflichem Mißerfolg führt. Alle könnten ohne Angst und mit Erfolg an das Lesen herangehen, wenn nicht als Ziel festgelegt wäre, daß um jeden Preis vor dem 7. Lebensjahr das Lesenlernen abgeschlossen sein müßte. Das gleiche gilt auch für andere Lernprozesse.

Man muß ebenfalls nicht nur die Verschiedenheit der Lernrhythmen und Ausdrucksniveaus und des Kenntnisstandes unter verschiedenen Kindern gleichen Alters, sondern auch diesbezügliche Unterschiede bei ein und demselben Kind im Hinblick auf verschiedene Wissensgebiete in Rechnung stellen. Alle dasselbe Lernprogramm im selben Rhythmus durchlaufen zu lassen, ist die Devise des heutigen Schulsystems, das nach außen „seriös" wirkt, während es in Wirklichkeit nach absurden und elitären Mechanismen funktioniert.

Aber die Anerkennung dieses *Rechts auf Unterschiede* muß verknüpft sein mit allen nur denkbaren, differenzierten Anregungen und Hilfestellungen zum Lernen.

Schullaufbahnberatung und Berufswahl

In dieser Konzeption des Aufbaus der Schullaufbahn nach Zyklen ist vorgesehen, daß die Kinder und Jugendlichen ständig mit der sozialen Wirklichkeit und dem Berufsleben konfrontiert werden durch die Öffnung der Schule nach außen (für die Mitwirkung von Eltern, Nicht-Eltern, Arbeitern, Gewerkschaftern...) Die Schüler sollen auch selbst schon am Arbeitsleben teilnehmen, in enger Verbindung mit den Erwachsenen; dazu sollte festgelegt werden, in welchem Maße und von welchem Alter an alle Jugendlichen systematisch in die Produktion einbezogen werden sollen mit dem Ziel, ihnen eine soziale und technische Bildung zu vermitteln.

Eine positive Berufsentscheidung (und nicht mehr, wie heute oft der Fall, eine Berufswahl nach Zufall oder „wie es das Schicksal will") kann ermöglicht werden, wenn drei Faktoren zusammenkommen:

- ein Abbau des Hierarchie-Gefälles zwischen den verschiedenen Berufen und Einkommen;
- eine kontinuierliche, aktive Einbeziehung des sozialen Umfeldes in die Schule mit Hilfe von freiem Ausdruck und produktivem Austausch;
- kontinuierliche Teilnahme der Schüler an sozialen und berufsbezogenen Aktivitäten während ihrer gesamten Schulzeit (teilnehmende Beobachtung, Praktika in Betrieben usw.), deren Dauer und Häufigkeit im Verlauf der Schulzeit immer mehr zunimmt. Das Ziel soll nicht sein, die Schüler schon auf einen bestimmten Beruf vorzubereiten, sondern ihnen möglichst breite Möglichkeiten zur Information, Partizipation und kritischen Analyse im Hinblick auf das soziale Leben und das Berufsleben zu bieten.

Der Zeitpunkt des Berufseintritts eines Menschen darf nicht festgelegt werden durch eine Altersnorm oder durch die „normale Länge" des Schulbesuchs. Die Berufswahl erfolgt, wenn man die nötige Menge an Informationen erworben und die für die Wahl des betreffenden Berufs nötigen Fähigkeiten nachgewiesen hat.

Lehrpläne und Leistungskontrollen

Die Lehrpläne sollen nicht wie heute üblich nach Schuljahren, sondern nach Lernzyklen festgelegt werden. Diese enthalten Lernziele, welche auf konkretes Verhalten, Fähigkeiten und Fertigkeiten gerichtet sind. Diese Lernziele sollen der Eigeninitiative, der Produktivität, dem freien Ausdruck und freien Untersuchungen sowie der sozialen Dimension des Zusammenlebens der Jugendlichen Rechnung tragen.

Es ist wichtig, daß diese zyklisch aufgebauten Lerneinheiten nicht in starrer, unveränderbarer Progression aufeinander folgen. Sie sollen offene Ansammlungen von Arbeitsvorschlägen, von Aktivitäten, Wissensbeständen und Fertigkeiten sein – also konkrete, materialisierte Lernziele für jedes Alter anbieten. Ein anregendes erzieherisches Milieu mit einer Vielfalt von Aktivitäten, Ausstattungen und Beziehungen muß hinzukommen. Dies alles erlaubt es den Kindern, mit der gesamten Vielfalt der Arbeitsvorschläge (welche kein Lehrplan in dieser Form bieten könnte) selbständig umzugehen; sie sollen sie im Rahmen von übergreifenden Arbeitsplänen selbständig nach ihrem eigenen Rhythmus und nach verschiedenen Richtungen hin erforschen können.

Vor allem ist es dabei wichtig, mit einer intellektualistischen und „enzyklopädischen" Konzeption von *Bildung* zu brechen.

In unserer Vorstellung von Bildung, die mehr auf eine neue „Lebenskultur" zielt, gibt es keine Aufsplitterung und Trennung von Wissensinhalten, keine künstlichen Aufteilungen (intellektuelle Arbeit – Handarbeit). Es gibt keine „hochwertigen", ernstzunehmenden Lernprozesse und andere, die für sekundär gehalten und meistenteils mißachtet, wenn nicht ganz und gar verleugnet werden.

Technische, künstlerische, manuelle, körperliche und sportliche Erziehung sowie gemeinsame Aktivitäten der „Schüler-Kooperative" müssen ihren natürlichen Platz in der Schule finden, ohne Einschränkung eines *Stundenplans,* der sie in getrennte Zeiteinheiten auseinanderreißt.

In der Einheitsschule, die uns vorschwebt, erhalten *alle* Schüler zunächst eine manuelle, praktische Ausbildung, dann eine berufliche und technische Ausbildung, auf gleichem Niveau und mit gleichem „Prestige" versehen wie die der anderen Fächer.

Aber wir weigern uns, das Schulwissen und die Erlernung schöpferischer Initiative auseinanderzureißen, mit der der Jugendliche gleichzeitig die Kultur seines Milieus beeinflussen kann.

Die Ausrichtung der Schule an den Interessen des Volkes muß den Lehrer dazu bringen, seine Klasse der modernen Welt und besonders den Problemen der unmittelbaren Umwelt zu öffnen. Die Kinder und Jugendlichen und auch die Erwachsenen müssen über die Mittel und Möglichkeiten verfügen, ihre Zeit kennenzulernen und zu verstehen: die Arbeitswelt, die sozialen Institutionen, das Wirtschaftsleben, gewerkschaftliche und politische Organisationen, aktuelle Entwicklungen der Wissenschaft und Technik, der Kunst oder des Sports.

So soll das Kind und später der Jugendliche während der ganzen Dauer dieser Einheitsschule alle seine in ihm angelegten Möglichkeiten und seine ganze Persönlichkeit zur Entfaltung bringen können. Schließlich soll er dann, in voller Kenntnis der Sachlage, eine soziale Funktion für sich auswählen, die er selbst als angemessen für seine Wünsche und Möglichkeiten erkennt.

Diese Auffassung der Lehrpläne und ihrer Inhalte verlangt nach einer Praxis der *Leistungskontrolle,* welche nicht im Widerspruch zu den angestrebten Lernzielen steht und deren Geist verrät. In Übereinstimmung mit den Lerninhalten und mit unseren übergreifenden politischen Zielvorstellungen lehnen wir stures Pauken und die Herausbildung einer Elite durch scharfe Selektion ab.

Unter der Bezeichnung „Diplome", „Gesellen-" und „Meisterbriefe" haben die aktiven „Kämpfer" und „Forscher" der Freinet-Bewegung ein System der Leistungskontrolle und -bewertung entwickelt, welches die Würdigung der Leistung durch den Lernenden selbst, durch die Gruppe und den Lehrer verlangt.

Im Rahmen des gesamten, oben dargelegten Bildungsgangs sollen die „Diplome" hauptsächlich gewährleisten, daß intellektuelle und manuelle Fähigkeiten gleich bewertet werden; daß die Kinder und Jugendlichen sich an ihrem eigenen *Erfolg* ausrichten, was sie befriedigt und zu weiteren Anstrengungen anspornt; daß wirkliche Tätigkeiten Eingang in die Schule finden, die auch außerhalb der Schule Bedeutung haben; daß die handwerkliche Kreativität gefördert wird in einer Lerngruppe, die als „Kooperative" organisiert ist.

Jedoch sind noch verstärkte Erprobungen und Überlegungen im Hinblick auf die folgenden *offenen Fragen* erforderlich:

- Es muß herausgearbeitet werden, in welcher Hinsicht die Aktivitäten, die aus dem Leben und den Wünschen der Kinder und Jugendlichen hervorgehen, auf Wissensinhalte hinführen, die im Augenblick noch nicht als notwendig erkennt werden, aber für ihren späteren Wissensaufbau und die Erweiterung ihrer Erfahrung unerläßlich sind[6];
- der spezifische Charakter eines jeden Lernzyklus muß noch näher bestimmt werden (z. B. *welche* Erfahrungen sollen hier ihren Platz finden, *welches* Wissen hier erworben werden); d. h. die Elemente müssen herausgearbeitet werden, die unerläßlich für den späteren Wissenserwerb sind;
- der Grad der Integration der Schule in das soziale Leben und das Berufsleben muß für jeden Zyklus gesondert festgelegt werden;
- die neuen Formen der Leistungsmessung müssen definiert werden, welche den gerade hier erworbenen Kenntnissen angemessen sind.

Die herkömmlichen Examina, welche den Bildungsgang zerhacken und im Falle des Scheiterns die Türen zum weiteren Fortkommen verschließen, ja die nur zur Feststellung der ungenügenden Kenntnisse da sind, müssen ersetzt werden durch eine *positive Leistungskontrolle* während der gesamten Dauer der Schulzeit. Eine Leistungskontrolle, die nicht nur formal ist, sondern die sich grundlegend für den Schüler interessiert! Eine Leistungskontrolle, die den

---

6 Hier setzt die eigentliche Kontroverse in der deutschen Alternativschul-Diskussion an: am Streit um die „Beliebigkeit" (Kunstmann 1980) oder um einen systematischen, streng wissenschaftlichen Aufbau der Unterrichtsinhalte (Rang/Rang-Dudzik 1978, Auernheimer 1980, Bracht/Lohmann 1979 u. a.)

Schüler und Studenten dazu anleitet, sich selbst zu bewerten mit Hilfe des „Erziehungs-Teams" (welches die anderen Schüler miteinschließt)...

In der Gesamtperspektive einer lebenslangen Weiterbildung schlagen wir statt der Examina „Diplome" vor, die man sammeln und kombinieren kann. Sie sollen als Orientierungsbasis für eine Berufswahl dienen, welche sich auf *erworbene Fähigkeiten* stützt. Diese Orientierung soll sich in einem Klima des Dialogs, des Zuhörens, der gegenseitigen Konsultation vollziehen; alle Seiten der Persönlichkeit, alle Fähigkeitsreserven des Individuums oder der frei zusammengesetzten sozialen Gruppen sollen dabei berücksichtigt werden.

Diese Art der Leistungsbewertung kann aber nur wirklich funktionieren und auch gerecht durchgeführt werden *in einer egalitären Gesellschaft, in der die kapitalistische Arbeitsteilung aufgehoben ist.*

2.1.2 Das Recht, in pädagogischen Teams zu arbeiten

Lehrer bilden pädagogische Teams aus folgenden Gründen:
- um täglich auf allen Ebenen die Kooperation in die Tat umzusetzen;
- um sich selbst beruflich weiterzubilden;
- um kontinuierlich ihre pädagogische Praxis zu vertiefen;
- um die Homogenität des Erziehungsstils für die Kinder über mehrere Jahre zu gewährleisten;
- um den Kindern und Jugendlichen psychologische Sicherheit und Kontinuität zu geben;
- um die Autonomie des einzelnen und der Gruppen zu fördern;
- um das Risiko des schulischen Scheiterns zu vermindern.

Wie schon weiter oben betont, ist ein pädagogisches Team kein einfaches Nebeneinander verschiedener Lehrer oder mehrerer Klassen. Das pädagogische Team setzt voraus, daß man sich vorher über ein übergreifendes Erziehungsziel einigt; daß man ferner dessen praktische Voraussetzungen und Konsequenzen immer wieder neu herausarbeitet und auf die Ergebnisse von Analysen und Gesamt-Bilanzen hin auslegt, welche man regelmäßig mit den Betroffenen erstellt. Die tägliche Praxis der Kooperation schließt ein:
- daß man jedes hierarchische System in Frage stellt;
- daß man die „klassischen" Strukturen der Schule aufsprengt.

Das pädagogische Team ist geeignet, einen Bruch mit dem Bestehenden herbeizuführen. Es stellt eine notwendige Etappe des Übergangs zur selbstverwalteten Schule dar, geleitet durch die Kinder, Jugendlichen und Erwachsenen – Lehrer oder Nicht-Lehrer, Eltern *und* Nicht-Eltern.

a) administrative Bedingungen

Wir fordern das Recht, in Teams zusammenzuarbeiten, unabhängig davon, ob es sich um einen anerkannten Schulversuch handelt oder nicht, ob die Teams das ganze Kollegium umfassen oder nur eine Gruppe innerhalb des Kollegiums. Das bedeutet praktisch:
- in der Sekundarstufe II müssen die Lehrer das Recht erhalten, kollektiv über die Unterrichtsverteilung der Klassen zu entscheiden, damit die Team-Mitglieder in denselben Klassen beschäftigt werden können;
- in der Sekundarstufe I soll es den Lehrern ebenfalls erleichtert werden, Gruppen innerhalb des Kollegiums zu bilden, die über mehrere Jahre kontinuierlich zusammenarbeiten oder die einen fächerübergreifenden Unterricht realisieren wollen. Die Ausbreitung solcher Teilgruppen, die zur Zeit noch nicht anerkannt werden, muß vorangetrieben werden.

Allerdings können erst pädagogische Teams, welche das ganze Kollegium einer Schule oder eine autonome Betriebseinheit im Innern einer Schule umfassen, den Zugang zu einer neuen Form kollektiver Verantwortung eröffnen.

Darum stellen wir im Hinblick auf diese Zielperspektive folgende Forderungen auf:

A. Bewerbungs- und Einstellungsverfahren

- eine pragmatische Lösung und die Bereitstellung der nötigen Mittel, damit solche Teams sich bilden können oder die Arbeit bestehender Teams erleichtert wird;
- die gemeinsame Zuweisung solcher Teams zu bestimmten Schulen, unter Ausschluß der Möglichkeit isolierter Bewerbungen an diese Schulen;
- eine Bestandsgarantie für Teams, auch beim Weggang einzelner Mitglieder oder bei der Ausweitung durch neue Stellenzuweisungen.

B. Bedingungen der Zusammenarbeit

Wir fordern:
- das Recht auf ständige Weiterbildung der Teams;
- das Recht auf Beratungen während der Arbeitszeit;
- das Recht für jedes Team, seine Funktionsstruktur, die Verteilung der Leistungs- und Verwaltungsaufgaben und der Kontaktpflege nach innen und nach außen selbst zu bestimmen (Bedingung: rotierende Aufgabentei-

lung, um neue Hierarchien zu vermeiden). Ein „Koordinator", der vom Team gewählt wird, fungiert als Wortführer gegenüber der Schulbehörde. Entlassungen oder Neueinstellungen werden durch das Team geregelt;
– das bisherige System der Schulaufsicht[7] wird aufgegeben.

C. Klassenstärke

Wir stellen die bisherige „Normalvorstellung" in Frage, daß jeweils ein Erwachsener für eine Klasse verantwortlich ist. Wir fordern, daß auch die verantwortliche Ausübung von Vollmachten durch die Kinder anerkannt wird.

In der Grundschule wünschen wir uns auf 100 Schüler mindestens 6 Lehrer; im Kindergarten auf höchstens 50 Kinder drei Betreuungspersonen (Idealvorstellung: 15 Kinder pro Betreuungsperson)[8]. In den großen Schulsystemen der Primar- und Sekundarstufe fordern wir für eine Übergangszeit die Bildung von autonomen Einheiten von ca. 100 Schülern, die unter der Verantwortung eines Lehrer-Teams stehen.

D. Materielle Bedingungen

Die Schularchitektur und die materielle Ausstattung der Schulen müssen auf die Bedürfnisse der Lehrer-Teams hin geplant werden: Es müssen Schulräume in ausreichender Zahl geschaffen werden, welche mit Stellwänden und einem praktischen Mobiliar leicht verändert werden können.

Es müssen Räume für speziellere Zwecke bereitgestellt werden, wie z. B. für Dokumentationszwecke eine Bibliothek und eine „Phonothek"...; andere Räume für die Ateliers, die Ausstellungen, die Laboratorien... und Räume für die Lehrer. Eine gute Wärme- und Schallisolierung für diese Räume darf nicht vergessen werden!

Die äußere Umgebung der Schule sollte Grünflächen und Sportplätze aufweisen!

Die Lehrer-Teams sollten die Vollmacht erhalten, im größtmöglichen Maßstab alle Lehr- und Arbeitsmittel in den Unterricht einzuführen, die sie

---

7 In Frankreich werden die Lehrer in regelmäßigen Abständen vom Schulrat überprüft, der eine dienstliche Beurteilung über sie erstellt (vgl. den „Inspektions-Bericht"), S. 138).
8 Laut R. Süssmuth (1971) betrug im Schuljahr 1968/69 in 47,4% der Vorschulklassen die durchschnittliche Anzahl der Kinder mehr als 40. Durch die „Réforme Haby" (1975) wurde eine Klassengröße von 35 Kindern festgelegt, was den Kritikern nicht genügt. Wie ich in persönlichen Gesprächen Ende Mai 1981 erfuhr, ist mit der Regierungsübernahme F. Mitterands bei den französischen Lehrern die Hoffnung auf eine generelle Senkung der Klassenfrequenzen verbunden.

brauchen. Sie sollen dafür keine entwürdigenden „Bittgänge" zu den Schulträgern mehr machen müssen, sondern dies Material soll vom Staat in ausreichender Menge finanziert werden.

Schließlich ist es klar, daß die Lehrer-Teams volle Eigeninitiative und Autonomie in der Schule und im Stadtviertel fordern müssen, um ihre Praxis voll zu verwirklichen. Dies führt zu einer umfassenden Infragestellung und Neuordnung der Verantwortlichkeiten der Lehrer bis hin zur privaten und dienstlichen Haftpflicht.

Abschließend sei gesagt, daß auch die Lehrer-Teams für uns kein Selbstzweck oder gar ein „Zufluchtsort" vor der generell noch feindlichen Umwelt sind, sondern ein Mittel, um den Bruch mit dem bestehenden System herbeizuführen. Dieses „Werkzeug" muß zum Funktionieren gebracht werden und noch verfeinert werden, um zu beweisen, daß es möglich ist, schon hier und jetzt in der Schule nach unseren Grundsätzen zu handeln; daß es möglich ist, schon hier und jetzt unsere experimentelle Pädagogik durchzuführen und zu *leben*; daß es möglich ist, schon hier und jetzt ohne Direktorin oder Direktor im Team zu leben und zu arbeiten. Es *ist* möglich.

Diese Lehrer-Teams sind ein Mittel des Bruchs mit dem jetzigen System, aber auch gleichzeitig ein bevorzugter Ort der pädagogischen und persönlichen Weiterbildung. Hier werden Haltungen umgeformt, werden echte Auseinandersetzungen möglich, hier kann man Kritik auch wirklich annehmen, weil alle diese Elemente Bestandteil einer gemeinsamen Auswertung sind und der Weiterbildung dienen.

2.1.3 Die Lehrerausbildung

Die Lehrerausbildung darf nicht verwechselt werden mit einem Vollstopfen der zukünftigen Lehrer mit Wissensinhalten; diese Modellvorstellung setzt ständig ein passives, bestenfalls noch rezeptives Subjekt voraus und einen aktiven „Wissensverteiler"; das hat nichts zu tun mit einem Prozeß der Lehrerausbildung, an dem verschiedene Arten von Personen, welche sich selbst als Lernende betrachten, aktiv beteiligt sind.

In diesem Sinne warnen wir vor einer zu engen Auffassung von „hohem Niveau", für die die heutigen Bedingungen und Bewertungskriterien der Universität den Ausschlag geben.

Man kann zwar nicht die Wichtigkeit wissenschaftlicher Ausbildungsinhalte leugnen. Aber solche Inhalte dürfen nicht reduziert werden auf Kenntnisse, die man sich anzueignen hat im engen Rahmen noch enger gezogener Bewußtseinsinhalte; die Aneignung umsetzbarer Begriffsinhalte, welche die gesamte Person verändern, setzt total verschiedene Lernprozesse voraus von dem, was heute an der Universität praktiziert wird. Das führt zu folgenden Forderungen:

- daß Lehrerbildung nicht mit Information bzw. Eintrichtern von Wissen verwechselt wird;
- daß die Ausbildung so organisiert wird, daß sich Theorie und Praxis systematisch miteinander abwechseln;
- daß man zwischen Aus- und Weiterbildung kein Hierarchiegefälle aufbaut: in Wirklichkeit kann es nur eine lebenslange Lehrerbildung geben. So kann das Ziel der Ausbildung auch nicht mehr *nur* darin liegen, ein Examen zu bestehen;
- daß die Lehrer-Ausbilder, die selbst eine „Kaste" in der Hierarchie darstellen und von daher Hemmungen hervorrufen, nur für eine begrenzte Zeit mit Ausbildungs-Aufgaben betraut werden, d. h. daß sie abwechselnd in praktisch-pädagogischer Arbeit „vor Ort" und in der Lehrerausbildung eingesetzt werden.

Da es sich speziell um Lehrer handelt, müssen folgende Forderungen ausdrücklich festgehalten werden:

- daß das Recht auf Innovation anerkannt wird und daß die Lehrer zu innovativer Praxis ermutigt werden; dazu muß das Erziehungswesen insgesamt als „im Werden" und in der Umwandlung befindlich begriffen werden;
- daß eine konstante, fortlaufende Weiterbildung gewährleistet wird durch die Bildung von Lehrer-Teams, die ihre Fortbildung selbst in die Hand nehmen;
- daß in den Fortbildungszentren jeder nach den Grundsätzen leben und arbeiten kann, die er auch auf anderen Ebenen verwirklichen will: besonders das kooperative Zusammenleben, eine aktive Aneignung des Wissens und eine positive Wertschätzung der Person;
- daß die Berufsbildung eingebettet ist in einen übergreifenden Prozeß persönlicher Entwicklung, in dem Reflexe umgepolt werden und in der eine neue Mentalität und eine neue Auffassung von der Rolle des Lehrers entsteht;
- *daß die Aus- und Fortbildung der Lehrer nicht getrennt werden darf von der Aus- und Weiterbildung aller anderen Arbeiter.*

Das muß umgesetzt werden in Weiterbildungs-Aktivitäten, die *alle* Annäherungsformen an die soziale Wirklichkeit mit einschließen: Arbeit, Praktika in großen Unternehmen, Eingliederung ins lokale Geschehen usw.

Dazu fordern wir die Einrichtung von offenen *Basis-Zentren,* welche kooperativ geführt werden und alle Möglichkeiten und Materialien zur Information auf dem neuesten Stand enthalten sowie alle nötigen Betreuungseinrichtungen: Kinderkrippe, Restaurant, Übernachtungsmöglichkeiten... Diese Zentren sollen *allen* offenstehen: Gruppen, Einzelnen, Erziehern, Lehrern und Nicht-Lehrern.

Die Organisation der Tagungen und Kurse soll von den Teilnehmern selbst übernommen werden, sowohl was die Lernziele als auch was die organisatorischen und materiellen Fragen betrifft.

Die einzelnen Personen oder die Teams sollen das Recht haben, den Ort ihrer Aus- und Fortbildung selbst zu wählen (das Basis-Zentrum wäre nicht der einzige Ort, der in Betracht kommt), ob es sich nun um schulische Einrichtungen, Betriebe, Universitäten handelt... Die Wahl soll getroffen werden im Einklang mit den Lernzielen, welche sich die betreffenden Arbeiter selbst setzen.

Nur ein gemeinsames, massenhaftes Umdenken und entsprechendes Handeln, welches Lehrer und Nicht-Lehrer unter derselben Zielperspektive vereint, wird eine tiefgreifende Umwandlung des Ausbildungswesens herbeiführen. Die Macht, die jetzt die Hierarchie innehat, muß aufgesprengt und auf alle Instanzen des Erziehungswesens verteilt werden. Diese würden dann selbst ihre Erziehungsziele formulieren, umsetzen und deren Realisierung selbst bewerten, in ständigem Austausch mit den kooperativ ausgearbeiteten Gesamt-Orientierungen der anderen Zuständigkeits-Ebenen.

2.1.4 Die Schulaufsicht und die dienstliche Beurteilung

Viele Lehrer/innen erleben und erleiden das Problem der Schulaufsicht und der regelmäßigen Revision ganz individuell, ohne eine konsequente kooperative Reflexion darüber mit ihren Kollegen – sei es, weil sie in der Lage waren, sich selbst eine günstige, unangreifbare Position zu verschaffen, sei es, weil sie es mit liberalen oder anscheinend „progressiven" Schulräten zu tun haben, welche der Freinet-Pädagogik positiv gegenüberstehen oder sie sogar vereinnahmen wollen.

Diese Kollegen verallgemeinern ihre eigene Erfahrung und wollen insgesamt den *anti-kooperativen Charakter der dienstlichen Beurteilung* nicht zur Kenntnis nehmen.

Sei er liberal oder repressiv, der Schulinspektor ist ein Vorgesetzter, ein Mitglied der Hierarchie, der selbst nicht mehr in der Praxis steht und der den Auftrag hat, den Lehrer zu kontrollieren und zu benoten.

Inspektions-Bericht 6. Klasse (25 Schüler)

Es ist sehr schwierig, das Durcheinander zu beschreiben, das in der Stunde von Madame ... herrschte.

Nach einer Viertelstunde Stimm- und Singübungen ohne jedwede Leitung ging die Lehrerin dazu über, Gruppen zu bilden. Sie ließ den Kindern die Wahl der Instrumente. Sechs oder sieben Gruppen verließen den Raum. Ein Schüler übte auf einer elektrischen Orgel auf dem Flur, andere mit Zimbeln in einem Mehrzweckraum, andere mit Trommeln an einem dritten Ort, usw.

Nachdem sich die Lehrerin in einen kleinen anstoßenden Raum verzogen hatte, blieben vier Schüler übrig, die „Stille Nacht" übten und „Der gute König Dagobert" (die Mehrstimmigkeit dabei kam für mich unerwartet!). Auf der gesamten Etage hörte man den verschiedenartigsten Lärm (Xylophon, Tamburin, etc.). Zehn Minuten vor Ende der Stunde nahm die Lehrerin das Lied „Au clair de la lune" mit Glockenspiel auf Tonband auf, wobei ich übrigens Fehler bemerkte und verschiedene Rhythmen „im Dialog".

Die Versuche, die Madame... mit ihren Klassen anstellt, erscheinen mir ganz und gar illusorisch.

Zunächst ist es dringend notwendig, daß sich die Schüler in *einem* Raum mit ihrer Lehrerin befinden, und sei es auch nur aus Sicherheitsgründen. Andererseits kann der Unterricht der anderen Lehrer nur gestört werden durch das lautstarke Umherwandern der Schüler, die den Musikraum mit den Instrumenten nicht verlassen sollten.

Negative Bilanz im Hinblick auf Kenntnisse und Fähigkeiten; es sei mir erlaubt, mein tiefes Bedauern darüber auszudrücken, daß eine Lehrperson hier nicht ihre notwendigen Pflichten wahrnimmt.

Datum des Inspektions-Besuchs: 19.März 1979[9]

Freinet selbst hat immer erklärt, daß die hierarchischen Machtstrukturen unvereinbar seien mit einer kooperativen Konzeption der Schule.

Diese Struktur behindert beträchtlich jeden tastenden Versuch zur Innovation, jedes notwendig dazugehörige „Recht auf Irrtum" des Lehrers. Dieser

---

9 Aus: L'Educateur (Zeitschrift der französischen Freinet-Bewegung), Sonderheft: „Expression sonore et Musique", Heft 159-160 (Beilage zu Nr. 13, 54. Jahrgang, 15. Mai 1981), S.3

wird nicht unterstützt und ermutigt von Gleichgestellten, sondern für einen „amtlichen Bericht" – im besten Falle paternalistisch – beurteilt. Der Schulinspektor und der „Inspizierte" stehen von Anfang an auf verschiedenen Seiten.

Was wir den Kindern an selbständiger Reflexion, kooperativer Arbeit und Selbständigkeit zugestehen, muß in einer konsequenten Auffassung der Selbstverwaltung auch für die Erwachsenen gelten.

In diesem Sinne fordern wir die Abschaffung der Schulaufsicht. Gestützt auf unsere früheren Kämpfe, glauben wir, daß die kooperativ ausgeübte Macht der Kinder, das Eingebundensein des Lehrers in ein Team und die ständige Mitwirkung der Arbeiter (Eltern oder auch nicht), also in erster Linie der Betroffenen selbst, den einzigen kritischen Rückhalt darstellen, den die Lehrer brauchen.

2.1.5 Evaluation

Eine Überprüfung der eigenen Praxis ist in der Tat unerläßlich. Aber damit sie zu deren Verbesserung beiträgt, ist es ebenso unerläßlich, daß sie von jedem hierarchischen „Anstrich" frei wird, daß sie *horizontal* stattfindet. Dies kann eigentlich nur im Rahmen eines Teams geschehen; d.h. jedes Mitglied des Teams muß mit einbezogen sein in die Ausarbeitung gemeinsamer Ziele; ebenso muß jeder mitwirken bei der Erstellung einer kritischen Bilanz, die aufdeckt, ob man diese Ziele erreicht hat oder nicht.

Wir bestätigen noch einmal, daß die Lehrer-Teams ihr eigener Herr bleiben müssen; dafür sollen sie jedoch jede nur denkbare Kompetenz im weitesten Sinne in Anspruch nehmen können, die sie zu benötigen glauben.

Eine levitische Auswertung der Praxis ist unerläßlich; sie gehört jedoch in die Zuständigkeit der Lehrer-Teams und ist ein wesentlicher Faktor, ja sogar eine Bedingung der Weiterentwicklung des Teams.

2.2 Weitere Forderungen –
Prinzipien und Bedingungen für das Funktionieren der Schule:

– Wir stellen uns die Schule von morgen vor als *öffentliche Staatsschule*[10], die in strikter Neutralität jede Indoktrinierung, jede soziale Auslese und jede

---

10 Die „Ecole laïque" war in Frankreich ein Resultat harter, langer Kämpfe gegen ein (kirchliches) Privatschulwesen, das vorwiegend der Oberschicht diente.

Aufrechterhaltung von Privilegien ablehnt. Nur solche Schulen sollen öffentlich gefördert werden.

– *Die Finanzierung des Schulwesens durch den Staat* muß gesichert sein. Den Lernenden dürfen durch den Schulbesuch keine Kosten entstehen.

– Auf allen Stufen des Erziehungssystems (vom Kindergarten bis zur Erwachsenenbildung) muß eine *einheitliche Ausrichtung* verwirklicht werden, um eine wirkliche Kontinuität des erzieherischen Handelns zu gewährleisten.

– Die *Geschlechtertrennung* muß in allen Einrichtungen des Erziehungswesens überwunden werden, besonders auch in der technischen Ausbildung. Den Frauen muß insbesondere der Zugang zu den Weiterbildungsmaßnahmen gesichert werden.

– Wir fordern die *Autonomie der schulischen Einrichtungen;* die auf die Spitze getriebene Zentralisierung, Reglementierung und Konzentration der Entscheidungsgewalt muß abgeschafft werden.
Wir fordern, daß dem Verantwortungsbewußtsein der Lehrer, Eltern, Arbeiter und Beauftragten „vor Ort" Vertrauen geschenkt wird. Die Öffnung der Schule für das sie umgebende Leben ist das beste Mittel, Initiativen anzuregen, und zwar ohne jede kleinliche Kontrolle und drakonische Reglementierung.

Aber auch ein dezentralisiertes Erziehungssystem muß jedem Erzieher das Recht auf pädagogische Freiheit zugestehen, welches durch keinen Druck von Verwaltung, Politik oder sonstigen äußeren Einflüssen beschnitten werden darf.

Die *pädagogische Forschung* soll sich in den Klassen, in den Schulen selbst[11] und nicht in den Amtsstuben vollziehen. Sie wird um so effizienter sein, wenn sie in Verbindung mit den bestehenden Zentren und Weiterbildungseinrichtungen der Region und mit der Universität betrieben werden kann.

---

11 Die eigene Praxis mit ständiger Forschung und experimenteller Weiterentwicklung zu verbinden, gehört wesentlich zum Selbstverständnis der Freinet-Bewegung. Eingriffe staatlicher Forschung „von außen" lehnen sie ab.
Im Sekundarschul-Wesen gibt es eine pädagogische Protest-Bewegung die dem I.C.E.M. nahesteht und die das Recht auf eigene pädagogische Forschung zu ihrem Programm erhoben hat: Die „Cercles de Recherche et d'Action pédagogiques" (C.R.A.P.)

Auf allen Ebenen des schulischen Lebens sollen die „Lehrerbewegungen" von unten, die sich die Verwirklichung einer neuen Erziehung zum Ziel gesetzt haben, als gleichberechtigte Partner betrachtet und nicht „an die Kette gelegt" werden. Sie sind die Garanten jeder ernstzunehmenden pädagogischen Weiterentwicklung der Schule.

2.3 Spezielle Forderungen im Hinblick auf Vorschule/Kindergarten

In kürzester Frist muß die Gruppenstärke von 25 Kindern, wenn nicht sogar der Idealstand von 15 Kindern pro Erzieher/in verwirklicht werden.

Wie auf allen Ebenen des Erziehungssystems, so wird auch in der Vorschule ein nach den neuesten wissenschaftlichen Erkenntnissen ausgebildetes Lehrpersonal gebraucht (mit Studien in Naturwissenschaften, Psychologie, Soziologie und Pädagogik). Dieses Lehr- und Betreuungspersonal muß ebenso wie in den anderen Schulstufen Männer und Frauen umfassen.

Die pädagogische Praxis in der Vorschule muß auf der Wertschätzung aller Kinder aufgebaut sein.

Der Anteil abstrakter und begrifflicher Betätigungen muß zurückgedrängt werden, das Lernen muß seinen Ausgang nehmen bei konkreten Aktivitäten, die im täglichen Leben der Kinder verankert sind. Eine „Vorschule des Volkes" darf auf keinen Fall schon vom sechsten Lebensjahr an das Wettbewerbsstreben und die Selektion in den Vordergrund stellen.[12]

2.4 Die Schulen auf dem Lande

a) Wir fordern das Recht für jedes Kind, in seiner natürlichen Umwelt zu leben und zu arbeiten, welche sein Heimatdorf ist. Seine vertraute Umwelt handelnd kennenzulernen, ist eine der notwendigen Bedingungen zum Aufbau von Erkenntnisstrukturen und zur freien Entfaltung des Kindes.

Die Landschulen müssen erhalten bleiben.

---

12 Walter Berger (Wien – München 1978, S. 46f.) charakterisiert die Vorschulerziehung in Frankreich im Vergleich zu den anderen europäischen Ländern als „kognitive Kleinkinderschule": „Ihr Ziel ist die systematische Hinführung zu schulischen Leistungen, und ihre ideologischen Normen sind Disziplin, Ordnung und Unterordnung... Das geometrisch klare Stundenplandiagramm spiegelt ganz den französischen Denkstil und seine rational geordnete Systematik wider"... Charakteristisch ist weiterhin ein „früher Lesedrill", der oft durch die Eltern noch angespornt wird.

b) Wir fordern die Wiedereröffnung derjenigen Schulen, die schon durch staatlichen Machteingriff geschlossen wurden. Besonders die Ansiedlung der Vorschulerziehung im ländlichen Milieu ist eine Notwendigkeit für die kleinen Landkinder, die am meisten Benachteiligten unter den Schülern.

Es müssen optimale Bedingungen für das psychische und physische Gleichgewicht der Kinder geschaffen werden:

- keine weiten Transporte mit Schulbussen;
- der gesamte Tageslauf in der Schule (auch Mahlzeiten, Aufenthaltsräume...) muß pädagogisch gestaltet und dadurch vom Lernzwang entlastet werden;
- es müssen angenehme und funktionsgerechte Räumlichkeiten geschaffen werden (Speiseräume, Gymnastik- und Ruheräume, Toiletten).

c) Das „Einsammeln" der Kinder von weither mit Schulbussen – ohne Rücksicht auf die Ermüdung der Kinder und ihr Abgeschnitten-Werden von der freien Entfaltung in ihrer natürlichen Umwelt – muß in Frage gestellt und neu überdacht werden.

Diese Schultransporte haben einen großen Umfang angenommen; sie vollziehen sich allzuoft unter skandalösen Bedingungen, was Fahrpläne, Komfort, gesundheitliche und Sicherheitsbedingungen angeht.

Darum kämpfen wir für die Erhaltung der Dorfschulen und gegen weit entfernte Schulzentren. Hinzu kommen viele andere Gründe:

Entwurzelung der Kinder, schwierig zu knüpfende Kontakte zu den Eltern, was wiederum ein allgemeines Desinteresse gegenüber der Schule zur Folge hat...

d) Wir verteidigen das Prinzip der Einheitsklasse; die Einheitsklasse ist *der* Ort, wo die Kinder sich frei entfalten können. Die Einheitsklasse der Freinet-Pädagogik mit ihrer konsequenten Individualisierung des Lernens verlangt vom Lehrer nicht mehr Fähigkeiten als eine normale Klasse.

Sie erlaubt eine Vermischung verschiedenartigster Kinder, d. h. sie ermöglicht es ihnen, sich gegenseitig zu erziehen; sie ermöglicht eine wirkungsvolle Sozialisation und ein dauerhaftes kooperatives Zusammenleben.

Durch den Austausch der Arbeiten der Kinder (einzelne oder Gruppenarbeiten) durchbricht man die „normale" Isolierung der Individuen; dadurch wird ebenfalls der große Nachteil der Einheitsklasse aufgehoben, daß das Kind immer nur ein- und denselben Erwachsenen als Ansprechpartner hat.

Dadurch führt man einen wirklichen Bruch mit den Normen und Gewohnheiten des bestehenden Schulwesens herbei (künstliche Zersplitterung des Lernens durch von außen festgelegte Zeit-Einheiten, verschiedene Alterskategorien und unterschiedliche Erziehungsstile der Lehrer). Besonders wird im Leben des Kindes eine stabile, kontinuierliche emotionale Entwicklung aufgebaut.

2.5 Die Schularchitektur

Im allgemeinen wurde und wird die Schularchitektur bis heute entworfen für und abgestimmt auf eine lehrerzentrierte Pädagogik, den Frontalunterricht und das rezeptive Lernen.

Einer modernen Pädagogik muß eine moderne Schularchitektur entsprechen, die den Bedürfnissen der Kinder Rechnung trägt.

Zunächst einmal fordern wir, daß endgültig Schluß gemacht wird mit den gigantischen, unmenschlichen, anonymen Schulbauten, in denen heute die Mehrzahl der französischen Schulen untergebracht sind.

In den neuen Schulen, die uns vorschweben, soll es keine starren rechteckigen Klassenzimmer mehr geben. Die Schulräume sollen es den Kindern erlauben, allein oder in kleinen Gruppen zu arbeiten; daneben soll es größere Räume für die Versammlung von mehreren Gruppen geben. Räume für Bibliothek und Phonothek, Ateliers für den Werkunterricht, Laboratorien, audio-visuelle Arbeitsräume sowie „grüne Ecken" wären ebenfalls eingeplant..

Dieser Lebensraum, der den Kindern zugestanden wird, ist ein Element von hervorragender Bedeutung für ihre freie Entfaltung. Er muß auch Möglichkeiten für sie enthalten, die Natur zu genießen, sich gärtnerischen Tätigkeiten zu widmen, etwas anzupflanzen oder Tiere zu züchten; außerdem muß er ihnen Möglichkeiten zum Spiel, zu körperlicher und sportlicher Betätigung bieten.

Nur gemeinsam können Architekten, Lehrer, Schüler, die Schulverwaltung und kulturelle Vereinigungen, Arbeiter und öffentlich Verantwortliche eine Konzeption dafür entwickeln, wie die Schule und das schulische Leben in das Leben des Stadtviertels oder des Dorfs eingegliedert werden kann.

Die Schularchitektur muß genügend flexibel sein, um den vielen verschiedenen Funktionen der Schule *und den zu erwartenden Veränderungen* gerecht zu werden.

Schluß

Unsere Strategie und unsere Forderungen sind in unserer konkreten, aktuellen Praxis begründet. Es handelt sich dabei weder um fromme Wünsche, noch um von der Realität abgehobenen Idealismus, sondern um eine Synthese aus unseren kämpferischen Aktionen, die ständig intensiviert werden, und aus unseren Grundorientierungen, die im Verlauf der Kämpfe immer präziser und konkreter werden.

(Als Beispiel werden am Schluß des Buches ausführlich drei Kämpfe beschrieben, in denen sich Gruppen des I.C.E.M. stark engagiert haben: ein öffentlicher Konflikt um den freien Text eines Schülers in Douvres/Calvados; ein „Schulkampf" gegen die Schließung einer kleinen Dorfschule im Jura, welche kilometerweite Schulwege und das Zusammengepferchtwerden in einem großen Schulzentrum für die Kinder mit sich gebracht hätte; ein Kampf gegen die Streichung einer Lehrerstelle in einem kleinen Ort der Bretagne, wodurch ein Lehrerteam auseinandergerissen worden und insgesamt eine Verschlechterung der schulischen Situation für die Kinder herbeigeführt worden wäre. Alle diese Kämpfe nötigen die Freinet-Pädagogen zu folgender Einsicht: [I.D.])

Wir müssen immer wieder auf die schwierige und oft gefährliche Suche nach Bundesgenossen gehen, die für dasselbe (?) Ziel kämpfen: die sozialistische Gesellschaft. Für uns zeichnet sich diese künftige Gesellschaft am Horizont ab wie die Verallgemeinerung einer Freinet-Pädagogik, die auf den Erfolg und die persönliche Erfüllung für alle gerichtet ist.

Anhang

Ingrid Dietrich

Das pädagogische und politische Umfeld der Freinet-Bewegung in Frankreich

Der Text „Perspectives d'éducation populaire", in dem die heutige Freinet-Bewegung ihr Selbstverständnis niedergelegt hat, wirkt für bundesdeutsche Verhältnisse ziemlich „links", ja „radikal", wenn nicht gar revolutionär. Gilt doch bei uns in weiten Kreisen noch nicht einmal die Erkenntnis, daß pädagogisches Handeln (so oder so) politisches Handeln ist, als unumstritten. Manchem deutschen Leser mag dieser Text der französischen Freinet-Pädagogen durch seine entschiedene politische Stellungnahme Angst oder Unbehagen einjagen. Wenn man aber die heutige politische Situation in Frankreich, das Kräfteverhältnis der Linksparteien gegenüber den übrigen Parteien und die stärkere Zuspitzung der sozialen Auseinandersetzungen aufgrund höherer Arbeitslosigkeit, niedrigerer Mindestlöhne, höherer Teuerungsraten und Lebenshaltungskosten mit bedenkt, dann ist diese größere politische Bewußtheit gar nicht so unverständlich. In einem Land, das seit Mai 1981 eine sozialistische Regierung mit vier kommunistischen Ministern hat, gibt es im übrigen auch keinen „Radikalenerlaß" und keine Berufsverbote. Niemand kann dort mehr eine Lehrer-Bewegung von 20 000 bis 30 000 Mitgliedern, die bei der Analyse von Schule und Gesellschaft einen Klassenstandpunkt einnimmt, einfach verteufeln. „En France, on laisse *dire*..." (In Frankreich kann man alles sagen...) schrieb mir Christian Poslaniec, eines der sechs Mitglieder des Leitungsgremiums des I.C.E.M. auf meine Frage, ob einige französische Freinet-Lehrer aufgrund der Mitarbeit an diesem Text Schwierigkeiten zu erwarten hätten. Er fährt allerdings fort: „... aber man kann noch lange nicht alles *tun*. Da wir eine Bewegung von „Praktikern" sind, haben ganz schön viele Kollegen administrative Schikanen oder Sanktionen zu spüren bekommen wegen ihrer täglichen Praxis, und nicht wegen ihrer Ideen!"

Im übrigen setzen die französischen Freinet-Lehrer mit dieser kämpferischen politischen Stellungnahme die Tradition ihres Gründers Célestin Freinet fort, obwohl diese von einigen Freinet-Anhängern hier in der Bundesrepublik geleugnet wird.

Um für die deutschen Leser sowohl den zeitgenössischen als auch den historischen politischen Hintergrund der Freinet-Bewegung in Frankreich zu verdeutlichen, möchte ich zunächst kurz Freinets eigenen politischen Standpunkt beschreiben (obwohl dies gar nicht so einfach ist). Sodann möchte ich auf die politische Entwicklung der jetzt über 50 Jahre alten Freinet-Bewegung in Frankreich eingehen. Um das politische Umfeld dieser Lehrer-Bewegung im Rahmen der engagierten Lehrerschaft insgesamt zu skizzieren, werde ich einen Überblick über die Lehrergewerkschaften in Frankreich mit ihren verschiedenen Ausrichtungen und Tendenzen geben.

Um zu erklären, wovon die Freinet-Bewegung sich kritisch absetzt, werden in einem zweiten Punkt einige Charakteristika des französischen Schulwesens dargestellt, die sich von unserem Schulsystem in der BRD unterscheiden. Oft sind Interessenten hierzulande von Berichten und Beispielen aus der französischen Freinet-Bewegung sehr beeindruckt und halten daraufhin Frankreich für das „gelobte Land der Pädagogik", wo dieses freiere Arbeiten in der Schule ohne weiteres möglich ist. Gegenüber unserer föderalistischen Kultusverwaltung sind dort jedoch die Organisations- und Kontrollzwänge des zentralistisch verwalteten Bildungssystems sehr viel härter, und die Freinet-Bewegung hat gegen größere Widerstände von „offizieller" Seite zu kämpfen als bei uns (was vielleicht auch ihre größere Kampfbereitschaft erklärt). Anhand offizieller Reformen der Regierung, von denen sich die Freinet-Pädagogik kritisch absetzt, soll im übrigen gezeigt werden, daß auch die Einführung eines gesamtschul-ähnlichen Sekundarschul-Systems von staatlicher Seite nicht unbedingt einen Schritt auf größere Chancengleichheit hin bedeutet.

In einem dritten Punkt sollen Kritiker der Freinet-Bewegung und der „Perspectives d'éducation populaire" zu Wort kommen, die von einem solidarischen Standpunkt aus die Finger auf einige Schwachpunkte dieser Konzeption legen. Die Argumente, mit denen die Freinet-Pädagogen selbst auf diese Kritik antworten, dienen zur Präzisierung ihrer eigenen Position und zeigen gleichzeitig die Spannbreite der Diskussion auf, die zur Zeit in Frankreich um eine „Schule im Dienst der Arbeiter" geführt wird.

1 Freinet und die Freinet-Bewegung

Célestin Freinet (1896-1966) gehörte zu der zweiten, jüngeren Generation der europäischen Reformpädagogen, die erst nach dem 1. Weltkrieg pädagogisch aktiv wurden und schon auf den Ideen von großen Vorgängern wie Dewey, Makarenko, Ferrière, Décroly oder Hermann Lietz aufbauen konnten. Sein Lebenslauf, sein Werdegang, der landesweite „Schulkampf" in Frankreich, der sich in den 30er Jahren an seiner Person und seiner Pädagogik entzündete und der mit seiner Entfernung aus dem öffentlichen Schuldienst endete – dies alles soll hier nicht nachgezeichnet werden, da es darüber inzwischen genügend Darstellungen gibt.¹ Statt dessen soll versucht werden, seinen „politischen Werdegang" näher zu beleuchten.

a) Freinet als politischer Pädagoge

Die erste deutschsprachige Biographie Freinets lieferte Hans Jörg (1965, S. 146-166). Diese Lebensbeschreibung sagt jedoch fast mehr über die politische Einstellung ihres Verfassers aus als über diejenige Freinets selbst. Hans Jörg bemüht sich – wie schon dort, so auch in seiner neuesten Veröffentlichung von 1981 –, Freinet als einen im Grunde unpolitischen, allerdings in seiner Jugend von klassenkämpferischen Ideen fehlgeleiteten Vollblut-Pädagogen darzustellen, dem es „nur um das Kind" gehe. Dieser Darstellung widersprechen Freinets Schriften selbst sowie sein wahrlich nicht a-politischer, engagierter Lebenslauf.

In den Jahren zwischen 1920 und 1948, in denen Freinet den Grundstein zu seiner Pädagogik und zu der von ihm ins Leben gerufenen Lehrer-Bewegung legte, ist Célestin Freinet ein politisch engagierter Gewerkschafter, Parteimitglied der KPF *und* Pädagoge. Fakten, die nicht zu leugnen sind und die Hans Jörg selbst (z. T. in schamhafter Abschwächung) berichtet, belegen dieses starke politische Engagement: Seit ca. 1925 veröffentlicht Freinet flammende Artikel über die von ihm angestrebte „école populaire", die Schule des Volkes und des Proletariats; schließlich übernimmt er die Redaktion der pädagogischen Rubrik in der „École Émancipée", dem Organ der „Fédération Unitaire des Travailleurs de l'Enseigment" (CGT-U), einem Föderativverband mit mehrheitlich anarcho-syndikalistischer Tendenz (vgl. dazu Marie-Claire Lepape 1979, S. 102 und 116). Dieser Verband wiederum war der IBA, der „Internationale der Bildungsarbeiter" angeschlossen, die der III. Internationale angehörte. Laut Marie-Claire Lepape wurden in diesem Lehrerverband der CGT-U „alle sozialdemokratischen Orientierungen" abgelehnt; „ihm gehörten alle Revolutionäre, Kommunisten (unter ihnen einige spätere Trotzkisten) wie Anarchisten an, die sich in der Bereitschaft zu einem harten und konzessionslosen Kampf zusammengeschlossen hatten." (S.102)

In den zwanziger Jahren trat Freinet in die KPF ein. 1925 nahm er an einer Reise in die junge Sowjetunion teil, zu der der Allrussische Verband der Bildungsarbeiter eine französische Delegation der IBA eingeladen hatte, und er kehrte tief beeindruckt von dieser Reise zurück. 1928 nahm er an einem

---

1 Vgl. dazu Elise Freinet, 1968 und 1977; vgl. dazu ebenfalls den Bildband „Lehrer und Schüler verändern die Schule – Bilder und Texte zur Freinet-Pädagogik", hrsg. von Martin Zülch, Hamburg 1978 sowie die Kurz-Zusammenfassung bei Ingrid Dietrich, 1979, S. 542 und 543

Kongreß der IBA, der „Internationale der Bildungsarbeiter" in Leipzig teil, auf dem über die Lage der Proletarierkinder und über den Kampf für eine proletarische Schule in der UdSSR, in Japan, Griechenland, England, Belgien, Frankreich und Deutschland beraten wurde. Ziel dieses Kongresses war es, „für Theorie und Praxis der proletarischen Pädagogik in den verschiedenen Ländern die wesentlichen Merkmale darzulegen und zu zeigen, welche Lage sich heute in den kapitalistischen Staaten und im proletarischen Staate ergibt; allen klassenbewußten Bildungsarbeitern sollten praktische Hinweise für die künftige pädagogische Arbeit gegeben werden." (Kongreßbericht 1928, Vorwort des Generalsekretariats, S.8). Freinet referierte auf dieser Tagung über „die Disziplin unter den Schülern". Er führte dort nicht nur seine Druckerpresse einem staunenden Publikum vor, wie Hans Jörg es darstellt (1981, S.174), sondern er führte auch als Referent und Delegierter der französischen Sektion der IBA aus: „Selbst in den Schulen der kapitalistischen Länder kann man sich auf eine neue Disziplin und eine bessere Organisation der Schularbeit einstellen. Diese Aufgabe ist undankbar und schwierig... Wir sind jedoch der Meinung, daß die revolutionären Erzieher sich nicht damit begnügen dürfen, eine auf autoritärer Basis beruhende Disziplin etwas neu zu gestalten, ohne sie im wesentlichen zu verbessern." (Kongreßbericht S.228/229). Im weiteren Verlauf des Referats zeigt er die materiellen, organisatorischen und psychologischen Bedingungen auf, die geschaffen werden müssen, um eine echte Arbeitshaltung bei den Schülern entstehen zu lassen. Dabei führt er die auch heute noch in der Freinet-Bewegung diskutierten und praktizierten Grundzüge seiner pädagogischen Praxis an: neue Organisation der Schularbeit; intensiveres Schulleben; Einrichtung von „Genossenschaften (den heutigen Klassen-Kooperativen, I.D.), die nach freier, sozialer Arbeit streben"; Ablehnung von Schulbüchern, Prüfungen und Ranglisten unter den Schülern etc. (vgl. dazu Kongreßbericht S. 229). Und Freinets Ausführungen fügen sich anscheinend bruchlos in den Rahmen dieser international ausgerichteten revolutionären Pädagogik ein, zu deren Ausarbeitung die „Bildungsarbeiter" aus so vielen Ländern zusammengekommen waren, denn er wird im Abschlußbericht noch einmal lobend erwähnt – übrigens in einem Atemzug mit dem deutschen Referenten Dr. Siegfried Bernfeld, dem Autor des „Sisyphos oder die Grenzen der Erziehung" (^{1}1925/^{2}1967).

Alle diese Tatsachen beweisen, daß Freinet seine pädagogische Praxis in engem geistigem Austausch mit der sozialistischen und kommunistischen, auf jeden Fall klassenkämpferisch ausgerichteten Pädagogik seiner Zeit entwickelte, wobei er auch vor Anleihen bei „bürgerlichen" Reformpädagogen nicht zurückscheute. Ihm ging es nicht um die schlüssige Ausarbeitung eines theoretischen Gedankengebäudes, sondern um die ständige Verbesserung seiner pädagogischen *Praxis* im Dienste der Kinder des Proletariats. In den Anfängen seiner Bewegung war er durch und durch ein Praktiker und Pragmatiker: „Die ihn seit 1926 kennen, erlebten, wie er auf Gewerkschaftskongressen ein paar Freunde zusammentrommelte, um einen pädagogischen Ausschuß in Gang zu setzen, während die Mehrheit der Mitglieder von der Diskussion über Trotzki und Stalin fasziniert war. ...Die Distanz zu den politischen und gewerkschaftlichen Auseinandersetzungen ist keine persönliche Eigenart von Freinet. Sie ist für viele Volksschullehrer der Fédération charakteristisch, die in der Gewerkschaftsarbeit – oder in der Mitgliedschaft in einer politischen Partei – nach geeigneten Kampfmitteln suchen, mit denen sie jene Schule für das Volk[2] erkämpfen können, die sie mit unerschütterlicher Überzeugung fordern. Sie übernehmen von Gewerkschaften und Parteien nur, was ihnen in ihrem Beruf nützt..." (M.-C. Lepape 1979, S. 104)

Aus einer solchen Haltung erklärt sich der Satz Freinets, der ständig von H. Jörg als Hauptbeweis für seine a-politische, rein pädagogische Haltung angeführt wird: „Wir sind Pädagogen und keine Politiker." (H.Jörg 1981, S.178) Diesen Satz schrieb Freinet übrigens im Jahre 1933 im „Educateur proletarien", der Zeitschrift seiner Lehrerbewegung, auf dem Höhepunkt des Schulkampfes in Saint-Paul-de-Vence, nachdem er schon seiner Stelle enthoben war – und zwar aus *politischen* Gründen! Einige seiner Freunde und Anhänger wurden zu der Zeit ebenfalls mit Entlassungen und Zwangsversetzungen bedroht (vgl. dazu Elise Freinet 1968, S. 197 ff.). Damit gewinnt eine solche Selbstverteidigung Freinets, der in seiner Berufsehre *als Lehrer* politisch angegriffen worden war, eine ganz andere Dimension.

---

2 Hans Jörg übersetzt allerdings den Begriff „école populaire" mit „Volksschule" (vgl. 1965, S. 8). Er leistet einer idealistischen, rein „kindzentrierten" Umdeutung der Freinet-Pädagogik in Deutschland Vorschub, indem er u. a. treuherzig versichert: „Wenn man Freinet auch nachsagt, daß er in seiner Weltanschauung und in seinen pädagogischen Grundanschauungen stark mit marxistischen und sogar kommunistischen Grundmaximen sympathisiere, so unterscheidet er sich doch in seiner pädagogischen Konzeption wesentlich von der kommunistischer Pädagogen und Ideologen." (S. 136). Für Verfälschungen und Umdeutungen Freinets bis hin zu einem halb unbewußten „christlichen Humanisten" ließen sich im Kommentar von Hans Jörg zahlreiche Beispiele anführen. Sogar die Ablehnung Freinets durch „Ostzonenpädagogen" (S. 136 u. S. 156) wird herausgestrichen, um trotz „der stark sozialistisch ausgeprägten Orientierung Freinets" (S. 156) die Rezeption seiner Pädagogik bei uns, im Klima der Adenauer-Ära, nicht zu gefährden. Aber vielleicht wird damit dem „Rezipienten" Hans Jörg zuviel Bewußtheit unterstellt... Er glaubt auch heute noch, was er damals schrieb, und hat in seiner neuesten Veröffentlichung von 1981 dieses „entpolitisierte" Bild der Pädagogik Freinets noch weiter verfestigt.

Es mag sein, daß sich Freinet in späteren Jahren seines Lebens, als Hans Jörg ihn kennenlernte[3], von der aktiven politischen Betätigung abgewandt und mehr auf die Sicherung und Verbreitung seiner pädagogischen Bewegung konzentriert hat. Ein Moment der persönlichen Verbitterung mag dabei mitgespielt haben. Denn gerade ab 1950, in einer intensiven Wiederaufbau-Phase seiner Bewegung nach dem 2. Weltkrieg, wurde er in den pädagogischen Publikationen der KPF stark angegriffen und mit einer jahrelangen Schmäh-Kampagne überzogen. Man warf ihm seine „idealistischen Illusionen", den „unglaublich reaktionären" und „antifortschrittlichen Charakter" seiner Pädagogik vor. 1952 wurde Freinet bei der Ausgabe der neuen Mitgliedsausweise der KPF „vergessen". Freinets nie widerrufene anarcho-syndikalistische Neigungen und die Weigerung, seine pädagogische Reform-Bewegung dem großen nationalen Erziehungsplan Langevin/Wallon der KPF von 1947 unterzuordnen, mögen dabei als Gründe für diesen erzwungenen „Parteiaustritt" mitgespielt haben (vgl. dazu M.-C.Lepape, S.107 ff).

Wie dem auch sei, es würde eine unzulässige Vereinfachung bedeuten, das Spannungsfeld zwischen Pädagogik und Politik, welches Freinets Leben bestimmte, einseitig zu dem einen oder anderen Pol hin aufzulösen. Die Gefahr dazu ist immer vorhanden: „Es ist eine Eigentümlichkeit der Freinet-Pädagogik – wie übrigens auch Freinets selber –, daß sie von Anfang an zwischen zwei Stühlen sitzt. Sie ist einerseits durch ihre Entstehungsgeschichte stark politisch bestimmt, denn als programmatischer Entwurf einer „Schule des Proletariats", einer „Arbeitsschule", steht sie in der Tradition der Schulversuche der Russischen Revolution; sie kann sich andererseits aber auch als neutrales Ensemble von Techniken darstellen, die minuziös den Erfordernissen eines rationalen Lehrerverhaltens angepaßt sind, oder – häufiger noch – als ein Loblied auf die Kinder, die sich durch freie Texte, Körpersprache und künstlerische Kreativität zu emanzipieren vermögen." (M.-C. Lepape, S.101). In der französischen Freinet-Bewegung der fünfziger und sechziger Jahre scheint man – besonders im Kreise der engeren Anhänger und Freunde Freinets – sich ganz für die zweite Interpretation entschieden zu haben.

---

3 Freinet selbst gekannt zu haben, gilt für Jörg als einzige Legitimation, über die Freinet-Pädagogik Verbindliches auszusagen (Vgl. dazu Jörg 1981, S.9 und S.179).

b) Die politische Entwicklung der französischen Freinet-Bewegung nach dem Tode Freinets (1966)

Schon beim Wiederaufbau seiner Lehrer-Bewegung nach dem 2. Weltkrieg hatte Freinet seine Strategie, seine Sprache[4] und sein Auftreten verändert, um sich der veränderten Mentalität seiner Anhänger und einer neuen „Marktlage" anzupassen. Er konzentrierte zusammen mit seiner Frau Elise in pädagogischen Schriften und Selbstdarstellungen den Zusammenhalt der Bewegung mehr auf seine Person. Im Gegensatz zu den Pionieren von 1927 fand er jetzt „eher Anhänger oder Schüler als Kampfgefährten; es waren weniger politisch Aktive als vielmehr pädagogische Enthusiasten, die Freinets Ideen wie eine Heilsbotschaft aufnahmen." (M.-C. Lepape, S. 111) So gab es auch nach seinem Tode in der Bewegung eine gewisse Erstarrung und Stagnation.

Durch die Ereignisse des Mai 1968 und alles, was dieser Aufbruch an innerer Bewegung und Gärung im Bildungswesen mit sich brachte, bekam die Freinet-Bewegung wieder großen Aufschwung und Zulauf. Vor allem wurde die Ausblendung politischer Fragen und Auseinandersetzungen wieder durchbrochen, die die Bewegung währen der letzen Lebensjahre Freinets gekennzeichnet hatte: „Das I.C.E.M. stand lange im Bann einer idealistischen und idyllischen Auffassung vom Kinde. Das Kind als natürliches, spontanes, unschuldiges und schöpferisches Wesen – dieses Bild wurde weitgehend von Freinet selbst propagiert. Die Idee einer Schule, die sich auf das Kind konzentrierte, siegte klar über die Idee von der Schule des Volkes. Seit dem Kongreß von Bordeaux 1975 hat das I.C.E.M. jedoch eine tiefgehende politische Selbstbesinnung in Gang gesetzt, die im Gegenteil die politische Dimension der Erziehung an die erste Stelle setzt (ohne daß jedoch die optimistische, „vitalistische" Auffassung des Kindes und der Kindheit ganz verschwindet). Diese Selbstbesinnung mündet in die „Perspectives d'éducation populaire". Die politische Position der Bewegung wird hier klar und nuanciert dargelegt." (Charlot/Figeat S.253, – Übersetzung I.D.)

So schildert Bernard Charlot, ein scharfsinniger, aber solidarischer Kritiker der Freinet-Bewegung, ihre Entwicklung der jüngsten Zeit bis hin zu den „Perspectives d'éducation populaire", die hiermit der Diskussion in Deutsch-

---

4 So wurde z. B. aus dem früheren „Educateur proletarien", der Zeitschrift der Freinet-Bewegung, schlicht der „Educateur". Die Bewegung selbst wandelte sich von der „*Coopérative* de l'Enseignement Laïc" zu dem „*Institut* Coopératif de l'Ecole Moderne – I.C.E.M." (Das genossenschaftlich geführte Verlagshaus der Bewegung behielt jedoch weiterhin den Namen C.E.L. = Coopérative de l'Enseignement Laïque).

land vorgelegt werden. Schon 1973 deutete sich in dem „Manifest von Aix"[5] ein Abrücken des I.C.E.M. von der unpolitischen Betrachtungsweise der Erziehung an; dieser Grundsatztext enthält gegenüber der früheren gemeinsamen „Plattform" der Freinet-Bewegung, der „Charta der modernen Schule" von 1968[6], eine scharfe Kapitalismus-Kritik und ein klares Plädoyer für eine sozialistische Gesellschaft. Diese Grundsatz-Orientierung wurde in den „Perspectives d'éducation populaire" weiter vertieft, präzisiert und ausgebaut und mit der Umsetzung in die tägliche Praxis der Freinet-Klassen verknüpft.

Einen Begriff von der zahlenmäßigen Bedeutung der modernen Freinet-Bewegung können folgende Beobachtungen geben, die Charlot/Figeat anführen (vgl. dazu S. 251):

a) Die Kongresse des I.C.E.M. umfassen meistens über 1000 Lehrer, die aus allen Landesteilen auf eigene Kosten während der Ferien zusammenkommen, um über die weitere Ausrichtung ihrer gemeinsamen Praxis zu diskutieren (gibt es Vergleichbares bei uns in Deutschland: Lehrerkongresse von diesem Umfang, ohne Dienstbefreiung und ohne Kostenerstattung?)
b) Die Abonnentenzahl der wichtigsten Zeitschrift des I.C.E.M., des „Educateur" (=„Erzieher") liegt bei ca. 10 000.

Man kann davon ausgehen, daß zumindestens diese „Aktiven" der Freinet-Bewegung („les militants", wie man in Frankreich sagt) sich voll von der in den „Perspektiven" dargelegten Position vertreten fühlen. Einer der Mitautoren, Lucien Buessler, antwortete mir auf die Frage, ob dies der Fall sei: „...die politische Position, die in diesem Projekt ausgedrückt wird, ist keine neue Dimension für uns. Diese politischen Stellungnahmen der „Perspektiven" unterscheiden sich in nichts von denen, die immer die Freinet-Pädagogik getragen haben."[7] Und Christian Poslaniec, das Mitglied des Leitungsgremiums des I.C.E.M., antwortet auf diese Frage etwas weniger euphorisch, aber immer noch positiv: „Ich kann sicher sagen, daß niemand sich durch diese ‚Perspektiven' verraten fühlt..." Und den Charakter dieses Textes als *Kompromiß*papier ansprechend, führt er weiter aus: „Denn alles, was irgendeine Opposition der Kameraden hätte hervorrufen können, wurde unterdrückt oder abgewandelt." (Vgl. dazu auch Punkt 3 der folgenden Darlegungen.) In

---

5 auf deutsch veröffentlicht in päd.extra, H.3/1978, S.32/33
6 ebenfalls veröffentlicht in päd.extra, H.14/15, 1976, S.35
7 vgl. den ungekürzten Abdruck des gesamten Briefes am Schluß des Buchs

diesen Statements zeigt sich die Freinet-Bewegung heute als breite Sammelbewegung „linker" Lehrer, in der sich zwar unterschiedliche Strömungen vereinigen, welche sich aber immerhin auf diesen gemeinsamen Nenner der „Perspektiven" haben einigen können. Wer also aus bundesdeutscher Sicht diese politische Stellungnahme verdammt (vgl. dazu H. Jörg 1981, S. 180[8]), der muß wissen, daß er damit ca. 20 000 französische Anhänger aus der Freinet-Bewegung ausschließt.

Von solchen imposanten Zahlen und politischen Einflußverhältnissen (vgl. dazu die „Perspektiven", Teil III, S. 115) können heute Alternativbewegungen in der BRD nur träumen (s. Kunstmann 1980, S. 55). Die Zahl der „Sympathisanten" und „stillen Anhänger" der Freinet-Bewegung in Frankreich, die sicher noch über 20 000 hinausgeht, kann naturgemäß nicht genau bestimmt werden. Dennoch befinden sich auch dort die Freinet-Lehrer aufs ganze gesehen in der Minderzahl. Gegenüber den großen Lehrergewerkschaften z. B. stellen sie nur ein „kleines Häuflein" dar, das aber dennoch relativ großen Einfluß genießt.

Bliebe noch hinzuzufügen, daß sich nach dem Aufschwung im Gefolge des Mai '68 auch in der französischen Freinet-Bewegung in letzter Zeit eine gewisse Resignation, Stagnation und sogar ein Schwund an aktiven Mitarbeitern bemerkbar machte. Reformmüdigkeit und Frustration griffen auch in Frankreich um sich. Dies berichteten mir bei einem Besuch im Mai 1981 Mitglieder einer Département-Gruppe, die auf die Hälfte zusammengeschrumpft war. Meine Gesprächspartner äußerten jedoch unmittelbar nach dem Wahlsieg der sozialistischen Regierung vorsichtige Hoffnungen auf eine Besserung der Lage.

c) Lehrergewerkschaften in Frankreich

Wie zu Zeiten Freinets vor dem Zweiten Weltkrieg, so sind auch heute augenscheinlich viele Mitglieder der französischen Freinet-Bewegung Wähler u. Anhänger der Linksparteien. Viele sind überdies aktive Gewerkschafter.[9]

---

8 Für H. Jörg versuchen hier nur „gewisse ‚Weltverbesserer', sich der Freinet-Pädagogik zu bedienen, um ihre oft radikalen gesellschaftlichen Theorien zu verbreiten." Für ihn gleicht das „einer Art neuer Aufwiegelung zum Klassenkampf". Klassenkampf ist also für Jörg etwas, zu dem man erst aufrufen und „aufwiegeln" muß, während er nach der Analyse der französischen Freinet-Pädagogen „von oben" schon längst im Gange ist...
9 Rund 85% aller Primarschul-Lehrer, 60% der Sekundarschullehrer und 70% der Lehrer in technischen Schulzweigen sind in Frankreich gewerkschaftlich organisiert (laut SGEN-CFDT S. 20)

Das macht es für die Freinet-Pädagogik als Sammelbewegung nicht einfach, einen gemeinsamen Nenner für alle zu finden; denn nicht nur die einzelnen Parteien stellen jeweils ihre unterschiedlichen Bildungsprogramme auf, auch die Gewerkschaften vertreten jeweils eigene Positionen und verlangen von ihren Mitgliedern Gefolgschaft. Überdies sind die französischen Gewerkschaften im Bildungssektor aufgeteilt in einzelne Gruppen und Föderationen. Es bietet sich dort ein vielfach zersplittertes Bild, das Charlot/Figeat (S. 20) folgendermaßen zu ordnen versuchen:

Die „Fédération de l'éducation nationale", F.E.N., der Dachverband der französischen Lehrergewerkschaften, in dem 44 Einzelgewerkschaften zusammengeschlossen sind, umfaßt 550 000 Mitglieder. Davon gehören ca. 57% der gemäßigt sozialistischen Richtung an; 34% folgen der kommunistischen oder *der* sozialistischen Richtung, die sich für eine Linksunion zwischen Sozialisten und Kommunisten einsetzt. Dann gibt es innerhalb des Dachverbandes F.E.N. noch drei Richtungen der Extremen Linken; die wichtigste (École Émancipée) umfaßt ca. 5% der Mitglieder der F.E.N.

Neben der F.E.N. gibt es einen weiteren gewerkschaftlichen Verband, das „Syndicat général de l'éducation nationale" (S.G.E.N. – direkt der C.F.D.T. angeschlossen). Ihm gehören 65 000 Mitglieder an, und zwar – wie in der bundesdeutschen GEW – Lehrer aller Kategorien und Schulformen gemeinsam. Im Bereich des beruflichen und technischen Schulwesens ist außerdem die der C.G.T. angeschlossene Lehrergewerkschaft S.N.E.T.P. weit verbreitet. (C.F.D.T. ist die linkssozialistische, C.G.T. die kommunistisch orientierte *Arbeiter*gewerkschaft).

Die „sozialistische und kommunistische Unterwanderung" der Gewerkschaften ist anscheinend in Frankreich kein Thema mehr...

Man kann im übrigen davon ausgehen, daß sich viele der Anhänger der Freinet-Bewegung aus dem Kreis der politisch und gewerkschaftlich aktiven Lehrerschaft rekrutieren. Doch sind es diejenigen, die nicht nur in politischer Verbandsarbeit „nach draußen" aufgehen, sondern die auch in ihrer täglichen Arbeit im Klassenzimmer die politischen Prinzipien der Selbstverwaltung und der Öffnung der Schule zur Arbeitswelt verwirklichen wollen (vgl. dazu die „Perspektiven", Vorwort und Schluß des Teil I, S. 15 und S. 46/47; vgl. dazu ebenfalls den Brief von Lucien Buessler im Anhang). Erkennungszeichen und gleichzeitig Mittel der Abgrenzung für die Freinet-Pädagogen sind also nicht politische Programme und Gesamt-Entwürfe; sondern es ist, wie zu Zeiten Freinets, ihre *Praxis,* in der sie pädagogische und politische Prinzipien in Einklang bringen wollen. Und das auch noch – aufgrund einer bewußten politischen Entscheidung – in der staatlichen, öffentlichen Pflichtschule, weil sie die Schule der *Arbeiterkinder* ist (bzw. erst noch werden soll)!

2 Zum französischen Schulsystem

Mit ihrer Entscheidung, *im französischen Regelschulsystem* die Prinzipien und Techniken der Freinet-Pädagogik zu praktizieren und damit zu einer Umwandlung von Schule und Gesellschaft beizutragen, haben sich die Freinet-Pädagogen eine schwere Aufgabe gestellt. Denn das französische Schulsystem ist noch stärker durchorganisiert und in vielen Punkten stärker reglementiert als das unsere. Dies hat z. T. historische Gründe; der Zentralismus des absolutistischen Staates hat sich als straffe, von Paris aus zentral gelenkte Verwaltungsstruktur über alle Regierungswechsel erhalten. Hinzu kommen die staatlichen Wirtschaftsgesamtpläne, in denen z. B. der Bedarf an einzelnen Schulabschlüssen für das ganze Land zentral errechnet und dann bis hin zu den Sitzenbleiber-Quoten in den einzelnen Klassen der einzelnen Schulen „umgelegt" wird (= le barème).

Auf solchen staatlich vorgegebenen Quoten für einzelne Berufslaufbahnen ist darüber hinaus ein „Concours"-System (d. h. Prüfungs - bzw. Auswahl- oder Wettbewerbssystem) aufgebaut, über welches alle Zugänge zu begehrten Berufs- und Studienlaufbahnen nur nach harten zentralisierten Auswahl-Verfahren möglich sind (z. B. zu den französischen Elite-Hochschulen, aus denen die späteren Führungskader hervorgehen). Selektion und Elitebildung, die bei uns eher „urwüchsig" verlaufen bzw. dem „freien Markt" oder den guten Beziehungen anvertraut werden, vollziehen sich in Frankreich stärker reglementiert und geplant.

Dennoch gibt es aber auch Vergleichbares und Gemeinsamkeiten in beiden Schulsystemen Frankreichs und der BRD. Es ist zunächst erstaunlich, wie sehr die in Teil I der „Perspektiven" dargestellte Schulkritik der französischen Kollegen unserer deutschen Schulkritik ähnelt (vgl. I. Dietrich, 1978). Herausgearbeitet werden: die Reproduktionsfunktion des Schulwesens, welche sich gegen jegliche „Erziehungsabsicht" behauptet; die Unterdrückung der Jugendlichen durch die „totalen Institutionen" der Erziehung und organisierten Freizeitgestaltung; die sexuelle Ungleichbehandlung und Festlegung der Mädchen auf geschlechtsspezifische, untergeordnete Rollen; die Massenverdummung durch die „Mythen" der modernen Industriegesellschaft (vgl. dazu Freires „Bankiers-Konzept" der Erziehung, 1971), die massive Benachteiligung der Kinder aus unteren Schichten, welche jedes Gerede von „Chancengleichheit" ad absurdum führt; das vorprogrammierte Scheitern für die Vielen und die Auslese einer kleinen Minderheit von „Hochbegabten", welche die oft erblich vorbestimmte Herrschaftselite von morgen bilden; die Absicherung dieser „Sozialauslese" durch ein angeblich unbestechliches System von Leistungskontrollen, welches sich bei näherem Hinsehen als „absurdes Fallensteller-System" entlarvt...

Wie gesagt, vieles ist vergleichbar, und an manchen Stellen der Beschreibung der bestehenden Zustände durch die französischen Kollegen meint man, in einer Nummer von „päd. extra" oder in einem der „Jahrbücher für Lehrer" (hrsg. Beck/Boehncke) zu blättern. In allgemeinverständlicher Form und in einer Sprache, die sich in erster Linie *nicht* an pädagogische Fachwissenschaftler richtet, beschreiben sie die schädlichen Auswirkungen eines Schulsystems, welches trotz vordergründiger Bekenntnisse zur Chancengleichheit und trotz zur Schau getragener Reformwilligkeit nach wie vor die Kinder der großen Mehrheit der Bevölkerung benachteiligt. Da sich die Wirtschaftssysteme gleichen, sind auch die Auswirkungen auf die Schulsysteme vergleichbar: In Frankreich wie bei uns „ist alles darauf angelegt, daß die Hilfsarbeiter von morgen sich aus den Kindern der Hilfsarbeiter von heute rekrutieren." (Maurice Perche, 1979, S.53)

Wenn uns auch vieles bekannt vorkommt, so gibt es doch einige besondere Merkmale der französischen Schule, die man kennen sollte, um den Text der „Perspektiven" besser zu verstehen. Manche Probleme stellen sich in Frankreich schärfer als bei uns.

Das Sitzenbleiber-Problem, auf das die Freinet-Pädagogen in einem eigenen Kap. in Teil I ausführlich eingehen, scheint in Frankreich die Dimensionen einer Massen-Katastrophe angenommen zu haben. Sogar ein offizielles Schreiben des französischen Bildungsministeriums vom 26. Mai 1978 gibt zu: Von 100 Schülern am Ende der Pflichtschulzeit, d.h. mit 14–16 Jahren, „haben nur 44 die Tertia erreicht, ohne jemals eine Klasse wiederholt zu haben. Das bedeutet, daß 56 mindestens einmal sitzengeblieben sind. Von diesen 56 geben dann 22 Kinder alle weitere Ausbildung auf" (M. Perche, S. 51).

Umgekehrt sind unter 100 Schülern, die weiterführende Klassen besuchen, nur vier Kinder aus Arbeiterfamilien. Ein weiteres Charakteristikum des französischen Bildungswesens „ist also eine Auslese nach sozialen Gesichtspunkten" (vgl. M. Perche, S. 51). Auch mit diesem Problem setzen sich die französischen Freinet-Pädagogen im Text der „Perspektiven" ausführlich auseinander.

Hinzuzufügen wären noch die „markanten Züge der französischen Bildungstradition" im allgemeinen:

– „durchlaufende scharfe Auslese,
– Absolutheit des Leistungsbegriffs ohne Rücksicht auf soziale Momente,
– streng vorgezeichnete Rahmen und Bahnen für Wahlentscheidungen,
– strikt generelle Lehrplangestaltung und Jahrgangsnormen,

- Prestigevorrang des literarisch-philosophischen Studiums vor technisch-exaktwissenschaftlichem,
- Alleingeltung der Notengebung auf Grund reproduzierten Buchwissens und strengen Frontalunterrichts." (W.Berger S. 221/222)

Typisch und von bundesdeutschen Verhältnissen abweichend ist der Zentralismus des französischen Schulsystems, der sich auf allen Ebenen als strenge Reglementierung, Überwachung und „Gleichschaltung" der pädagogischen Praxis auswirkt, bis hin zu den für das ganze Land zentral gestellten Abitur- und Examensthemen. Hinzu kommt „die in Frankreich besonders auffällige und oft anstößige Macht der Inspektoren" (W. Berger 1978, S. 225). Ihr widmen die Freinet-Pädagogen immer wieder kritische Seitenhiebe; in Teil III fordern sie sogar die Abschaffung dieses Systems der regelmäßigen, z. T. unverhofften „Inspektionen", von denen das berufliche Fortkommen der Lehrer abhängt und unter denen besonders „Abweichler" zu leiden haben (vgl. dazu den „Inspektions-Rapport" auf S. 138).

Nach W. Berger hat „dieses traditionsverhärtete staatsautoritäre System... einen über die Jahrzehnte hinweg sich steigernden liberalen und sozialkritischen Widerstand angestaut" (W. Berger, S. 222). Eine erste Entladung ereignete sich in der Jugendrevolte vom Mai 1968, in der die starren Strukturen gewaltsam aufgebrochen und hinweggefegt werden sollten.

Was dabei herauskam, waren halbherzige Änderungen und Reformen, die – von oben verordnet wie eh und je – nur „Oberflächenkosmetik" brachten und an dem grundsätzlichen Klassencharakter des französischen Schulwesens nichts änderten.[10] Kritikwürdig blieben weiterhin „die antiquierten Lehrpläne..., die formale Kathederdidaktik, die Unzulänglichkeiten kurzsichtiger und kurzlebiger Reformerlässe, ... zu große Stoffanhäufungen, zuviel theoretisches Formalwissen, zuwenig Freiheitsraum für die Lehrer, eine zu starre und subjektive Notengebung" usw. (W. Berger, S. 131).

Die letzte einer Serie „Reformen von oben", die viele angeblich „durchgreifende" Änderungen brachte, ohne am Grundsätzlichen etwas zu ändern, war die „Réforme Haby" (1975.) Gegen sie befinden sich die Freinet-Pädagogen im strikten Widerspruch, obwohl (nach W. Berger, S. 85) die Réforme Haby besonders im Grundschulbereich einige Elemente der Freinet-Pädagogik aufgegriffen hat.

Eine Gesamtdarstellung der „Réforme Haby" kann hier nicht geleistet werden. Nur soviel sei gesagt, daß diese Reform, ein Werk der Regierung

---

10 vgl. dazu die Analyse von Baudelot/Establet in: „L'Ecole capitaliste en France", Paris (Maspéro) 1971

Giscard d'Estaings, unter dem großen Anspruch der Chancengleichheit antrat, indem sie durch flexiblere Übergänge und gleitende „Orientierungsphasen" zwischen den einzelnen Schulstufen den *unterschiedlichen Lernrhythmen* jedes Kindes Rechnung zu tragen vorgibt; außerdem wird die „Durchlässigkeit" zwischen den einzelnen Schulzweigen erhöht, und flexible Übergänge ins Berufsleben sollen geschaffen werden. Die Reform Haby geht von der klar herausgestellten These aus: die Ungleichheiten des Schulerfolgs bei verschiedenen Kindern sind im wesentlichen zurückzuführen auf unterschiedliche Reifungs- und Entwicklungsgrade der Kinder. Damit werden physiologische und psychologische Gegebenheiten für den Leistungsstand der Kinder verantwortlich gemacht, soziale und politische Gründe bleiben ausgeklammert. Das Schulsystem muß nun für die verschiedenen Lernrhythmen unterschiedliche Bildungswege bereitstellen, bei einem möglichst breiten gemeinsamen Fundament an Lerninhalten. Diese vermeintliche „Chancengleichheit" mündet aber, da sie keine ausreichenden Fördermöglichkeiten für die „langsamer Lernenden" bereitstellt, in einen „Hindernislauf" um Sozialchancen, bei dem ohnehin nur wieder die gewinnen, die die besten Ausgangspositionen haben. „Was Haby will, ist klar: Öffnung der Schule zur Gegenwartswelt durch Modernisierung und Neugliederung der Lehrpläne, Hochzüchtung von Leistungsoptima; all dies im Rahmen einer „liberalen Chancengleichheit." (Berger, S. 224)

Auch scharfe Kritiker gestehen zu: „Diese Reform schlägt tatsächlich die Richtung einer weitgehenden Individualisierung der Bildung ein... Diese Vielfalt der verschiedenen Schulzweige und Spezialisierungen erscheint in den Reden der Pädagogen als ein Mittel, bis ins Detail den Neigungen und Fähigkeiten jedes Lernenden zu entsprechen. Aber durch eine Art pädagogischen Wunders entspricht diese Verschiedenheit der Ausbildungsgänge ebenfalls den Bedürfnissen nach verschiedenen Arbeitskräften in der kapitalistischen Wirtschaft... Wenn man die Kehrseite der Medaille betrachtet, sieht man die Vorprogrammierung des schulischen Scheiterns; man bemerkt, daß massiv auf die kurzen Bildungsgänge hin orientiert wird und erkennt dahinter die massive Einflußnahme der Unternehmerschaft auf die öffentliche Schule, die zur Zeit eine allgemeine Dequalifizierung der menschlichen Arbeit betreiben" (Charlot/Figeat, S. 178, S. 173, S. 149).

Diese Reform Haby mit ihrer angeblich tiefgreifenden Modernisierung von Strukturen und Inhalten rief so starken Widerstand sowohl von seiten der Konservativen, die eine „Nivellierung" befürchteten, als auch von seiten der linken Kritiker und der Lehrergewerkschaften hervor, daß der Minister René Haby bald darauf seinen Hut nehmen mußte. Auch die Freinet-Pädagogen sind unversöhnliche Gegner der Reform Haby. Ihre strikte Ablehnung der

Reform durchzieht den gesamten Text in Gestalt kritischer Seitenhiebe. (Sie wurden bei der Übersetzung zumeist weggelassen, um den deutschen Leser nicht mit zuviel „technischen", spezifisch französischen Details zu belasten).

Der Aufbau des ersten Teils ist dazu bestimmt, die Haupt-Ziele der „Réforme Haby", besonders die angeblich erreichte Chancengleichheit, aus der Praxis zu widerlegen. Damit stehen die Freinet-Pädagogen in *einer* Kampflinie mit den beiden großen Linksparteien, den Sozialisten und den Kommunisten. Der Kommentar der letzteren lautete: Diese Reform „zeigt die Grenzen des ‚Liberalismus' und des ‚Humanismus' des Giscard-Regimes auf, das jede menschliche Tätigkeit mit der Elle des Pofits mißt..."[11] Der Kommentar der Sozialisten war ähnlich zerschmetternd: „Der ‚Plan Haby' ist unter seinem modernistischen Lack durchtränkt von einem tiefen Pessimismus und der Überzeugung von der Ungleichheit aller Schulbesucher; darum hat nach dieser Auffassung die Schule nur die Funktion, die Konsequenzen einer ‚naturgegebenen Selektion' aufzudecken und noch zu verstärken."[12] Interessant ist dabei, an welchen *positiven Zielvorstellungen* die PS diese Reform mißt (und die sie natürlich in ihr *nicht* verwirklicht sieht): „tiefgehende Erneuerung der Inhalte; Vereinheitlichung des Lehrkörpers, indem *alle* eine Ausbildung auf höchstem Niveau erhalten; Entscheidung für eine Dezentralisierung unter der Ziel-Perspektive der Selbstverwaltung (‚dans la perspective autogestionnaire'); eine möglichst große Einheit des Erziehungsprozesses mit einer weitgespannten Auffassung von Bildung; aktive Durchdringung der modernen Welt und Erziehung zur Kritikfähigkeit". (ebd.)

Dies sind Ziele, die in inhaltlicher und zum Teil fast wörtlicher Übereinstimmung mit den „Perspektiven" der Freinet-Pädagogen stehen. Zufall?

---

11 Jacques Chambaz, Bildungsbeauftragter der PCF, in : Le MONDE de L'Education – Erziehungsbeilage der Zeitung „Le Monde", März 1975, Nr. 4, S. 19 (Übersetzung I.D.)
12 Louis Mexandeau, Sprecher der PS und der „Radicaux de Gauche", in: Le MONDE de l'Education (s.o.) S. 18 – (Übersetzung I.D.)

3 Kritik an diesem Text und an den Lehrer-Bewegungen generell

Bernard Charlot, der sich schon in seinen Büchern „La Mystification pédagogique (Paris [Payot] ⁵1977) und „L'Ecole aux Enchères" (Paris [Payot] 1979) kritisch mit dem „neuen Evangelium der freien Entfaltung der Kinder" auseinandersetzte, stellt die Wirksamkeit solcher Lehrer-Vereinigungen wie der Freinet-Bewegung in Frage. Von seiner harten Kritik in dem Artikel: „Eine pädagogische Bewegung – warum und wozu?"[13] fühlten sich die Freinet-Pädagogen direkt herausgefordert. Sie antworteten darauf in ihrer Zeitschrift „Educateur" mit mehreren Artikeln. Hier sei zunächst die Kritik Charlots wiedergegeben.[14]

Charlot wirft den pädagogischen Bewegungen in Frankreich und besonders dem I.C.E.M. aufs ganze gesehen pädagogische Wirkungslosigkeit vor: Schon von der Zahl ihrer Anhänger her sind sie seiner Meinung nach unbedeutend. Außerdem setzen sie am falschen Hebel an: „Warum sind diese pädagogischen Bewegungen *Bewegungen für Volkserziehung* und nicht *Volksbewegungen für Erziehung*?" (Interview S. 3). Dahinter steckt der Vorwurf, daß sie auf das kleinbürgerliche Pädagogen-Milieu beschränkt bleiben und es nicht verstehen, die Arbeiter für die Anliegen der Erziehung zu mobilisieren. Erst das erfolgreiche Bemühen, im Arbeiter-Milieu eine Massenbasis zu finden, würde sie der Bedeutungslosigkeit entreißen. Der Hauptvorwurf Bernard Charlots (und Madeleine Figeats in „L'Ecole aux enchères") zielt auf einen Wirklichkeitsverlust der pädagogischen Ziele dieser Lehrerbewegungen hin: Sie sind nicht mit der sozialen Wirklichkeit rückverbunden, die ganz anders aussieht als die Wirklichkeit der freien Entfaltung, der Kooperation und des herrschaftslosen Umgangs miteinander, welche z. B. die Freinet-Pädagogen in ihren Klassen zu realisieren versuchen.

Gegenüber der rein pädagogischen, nur auf die Schulzeit der Kinder konzentrierten Problemsicht der pädagogischen Bewegungen will Charlot die Aufmerksamkeit der Lehrer darauf hinlenken, was *nach* der Schule mit den Jugendlichen passiert: Für die meisten hält die kapitalistische Wirtschaft – wenn überhaupt – nur Arbeitsplätze parat, die nicht ihren Fähigkeiten und den erworbenen Abschlüssen entsprechen. Der Eintritt ins Berufsleben bedeutet also für sie eine *Dequalifizierung*. Damit erleiden sie die gleiche

---

13 „Un mouvement pédagogique – pour quoi faire?" (in: „Dialogue", Nr. 35, 1980)
14 Ich beziehe mich dabei vor allem auf die Zusammenfassung dieser Kritik in dem Interview Bernard Charlots mit Jacky Chassanne, dem Vertreter der Freinet-Pädagogen, in: „Educateur", Nr. 3, 15. 10. 1980, 53. Jg., S. 3–9 (Titel: „Le militantisme pédagogique en question"); im folgenden zitiert als: Interview.

Abwertung, die heute eine große Menge der Arbeiter und Angestellten trifft: Die Einführung neuer Rationalisierungstechniken bringt für die Mehrzahl der Arbeiter eine Dequalifizierung ihrer bisher geleisteten Arbeit mit sich und damit fast immer gleichzeitig eine finanzielle Abstufung. Schon jetzt ist vorauszusehen: 75% der Schüler werden später als Arbeiter und Angestellte tätig sein; die kapitalistische Wirtschaft erfordert schon heute, nach offiziellen Zahlen, 40% nicht-qualifizierte Arbeiter. Auch Schüler, die mit höheren, qualifizierten Abschlüssen die Schule verlassen, werden später zu 39% als ungelernte Arbeiter beschäftigt sein.

Die Haupt-These Charlots besagt, daß unter dem Deckmantel der augenblicklichen „Krise" und der zunehmenden Arbeitslosigkeit, die zugleich als Mittel der Erpressung gegen die Arbeiter eingesetzt wird, das internationale Kapital sich umstrukturiert zugunsten einer allgemeinen Automation und hochtechnisierten Rationalisierung. Diese Entwicklung führt nicht – oder nur für eine kleine Minderheit der Arbeitsplätze – zu einer Höherqualifizierung[15], sondern zu einer Abqualifizierung der großen Mehrheit der Arbeitsplätze, die nur noch Handlangertätigkeiten für die Maschine erfordern.

Im Schulsystem entspricht dieser Entwicklung eine sowohl faktische als auch ideologische „Modernisierung" und Umstrukturierung, verschärfter Auslesedruck und Elitebildung für die wenigen Herrschafts-, Steuerungs- und Organisationsfunktionen der hochkomplizierten technischen Wirtschaft; im breiten Mittelfeld Nivellierung, Herausbildung von Fluktuations-, Mobilitäts- und Kooperationsbereitschaft (dem entsprechen die von den „pädagogischen Bewegungen" geforderten modernen pädagogischen „Techniken" im Klassenzimmer, die sich somit nahtlos in die verdeckten Absichten des Kapitals integrieren lassen: Fähigkeit zum selbstgesteuerten Arbeiten, zur verbalen Durchsetzungsfähigkeit, zur Kooperation im Team – alles Fähigkeiten, die für „mittlere Führungskader" wichtig sind!); daneben aber eine verdeckte „negative Auslese" großen Stils, eine Vorprogrammierung des schulischen Scheiterns für die Hälfte aller Schulabgänger und dazu „flexible Abgänge", die den „Eintritt ins Berufsleben" schon vor Erreichung des 16. Lebensjahres erlauben. Damit wird ein großes Reservoir manipulierbarer, abhängiger, ungelernter Arbeitskräfte geschaffen, das für die wechselnden Bedürfnisse des Kapitals jederzeit verfügbar ist[16].

---

15 wie auch von den deutschen Kritikern der Alternativschulszene wie Rang/Rang-Dudzik 1978 behauptet wird; vgl. dazu ebenfalls den Sammelband von Auernheimer/Heinemann, 1980

16 B. Charlot beruft sich bei seiner Analyse auf: 1) Bourdieu/Passeron, Les Héritiers, 1964 und: La Reproduction, 1974; 2) Baudelot/Establet: L'Ecole capitaliste en France, 1971

Als Beweis dafür führen Charlot und Figeat in „L'Ecole aux Enchères" viel exaktes Zahlenmaterial aus der – z.T. geheimen– staatlichen Wirtschafts-Gesamtplanung an (S. 65 ff). Sie weisen auch darauf hin, daß die Arbeiter langsam dieses Problem erkennen: Viele große Streiks der letzten Jahre dienten nicht nur der Durchsetzung materieller Forderungen, sondern waren zuallererst ein Kampf gegen die Dequalifizierung der Arbeitsplätze: die LIP-Arbeiter hätten ihre qualifizierten Arbeitsplätze in der Uhrenherstellung mit Fließbandarbeit vertauschen müssen; auch die Druckerstreiks in Frankreich (beim „Parisien libéré") und in Deutschland (I.D.) waren im wesentlichen ein Kampf gegen die Dequalifizierung der Arbeitsplätze (vgl. dazu Charlot/Figeat S. 294 ff.).

Die Hauptthese Charlots lautet nun: Nur indem dieser Kampf gegen die Dequalifizierung der Arbeitsplätze von Lehrerbewegungen und Arbeitern als *gemeinsamer Kampf* begriffen wird, kann sich eine wirkungsvolle Bewegung für eine echte Volkserziehung bilden.

Kämpfe im Erziehungssektor und Arbeitskämpfe müssen auf diesen gemeinsamen Nenner gebracht werden. Nur indem auch die Gewerkschaften dies als *ihr* Problem begreifen, wie die allgemeine Dequalifizierung der Arbeitsplätze eine determinierende Rolle spielt bei der „Modernisierung" der Schule von heute, und nur wenn sie ihren Kampf um die Erhaltung qualifizierter Arbeitsplätze mit dem Kampf der Lehrerorganisationen und -bewegungen verknüpfen (die sich vorher auch erst einmal einigen müßten!),[17] kann der Slogan „Die Schule den Arbeitern!" Wirklichkeit werden.

Charlot/Figeat stellen allerdings fest, daß die Gewerkschaften von einer bewußten Aufnahme dieses Problems in ihre Reflexionen und Kämpfe noch weit entfernt sind: „Die C.G.T. geht die Bildungs- und Ausbildungsprobleme traditionellerweise so an, daß sie eine Hymne auf den technischen Fortschritt singt",[18] ohne die Schattenseiten dieser Entwicklung unter den augenblicklichen kapitalistischen Verhältnissen mit einzubeziehen. „Die C.F.D.T. zeigt sich sensibler gegenüber den ‚schädlichen Auswirkungen des Fortschritts' und hat die Bedeutung des Klassenkampfes auf dem Felde der Erziehung besser begriffen... Aber man muß feststellen, daß sie die Arbeiter wenig für diese Probleme mobilisiert." (Charlot/Figeat, S. 294/295)

Der politischen Kooperation mit der *Arbeiter*bewegung im Kampf gegen eine schleichende „Entwertung" des Wissens und der Abschlüsse stehen auch

---

17 Vgl. dazu das vorhergehende Kapitel über die Lehrer-Bewegungen und die Lehrer Gewerkschaften.
18 Eine vergleichbare Position wird in der BRD von Rang/Rang-Dudzik und eine Reihe von Autoren der Zeitschrift „Demokratische Erziehung" vertreten.

auf seiten der Lehrer ebenfalls viele Hindernisse entgegen. Bernard Charlot wirft den Lehrerbewegungen vor, daß sie den Arbeitern mit einem Anspruch der „Bewußtseinsbildung" entgegentreten, der ganz und gar verfehlt sei. Der Frage: „Wie bildet man das Bewußtsein der Eltern und macht sie aufgeschlossen für die neue pädagogische Praxis?" setzt er die ganz andere Frage entgegen: „Was kann man tun, um unter den Lehrern das richtige Bewußtsein dafür zu erzeugen, was Erziehung und Schule für die Arbeiter-Eltern bedeutet?" (Interview, S.6). In der Optik der „pädagogischen Bewegungen" geht alles von den Lehrern aus: diese betreiben Bewußtseinsbildung zuerst bei den Kindern, dann bei den Eltern... „Das setzt aber erst einmal voraus, daß die Lehrer selbst das richtige Bewußtsein haben" (ebd.). Meistenteils herrscht jedoch bei ihnen eine krasse Unkenntnis des Arbeitermilieus vor. In der Auseinandersetzung von progressiven Lehrern und von Eltern aus dem Arbeitermilieu stehen sich zumeist zwei unversöhnliche Gegensätze gegenüber: Einerseits die Lehrer, die sich als Anwalt des Kindes aufspielen und die Rechte des Kindes „auf freie Entfaltung" gegenüber der „Unterdrückung" durch die Erwachsenen verteidigen. Andererseits die Arbeiter-Eltern, die verlangen, daß die Kinder hart arbeiten, um später etwas anderes werden zu können als Arbeiter![19] Obwohl diese letztere Haltung objektiv gesehen illusorisch und auch politisch verwerflich ist (weil sie das Heil im individuellen Aufstieg sucht), steht dahinter doch eine reale Erfahrung: das Erleiden der untergeordneten gesellschaftlichen Stellung, der Einflußlosigkeit und des Ausgeliefertseins der Arbeiter-Existenz. Darum fordert Bernard Charlot: „Die Bewußtseinsbildung muß gegenseitig sein. Es wäre nötig, daß die Lehrer sich der Tatsache bewußt werden, daß sie – wenn sie sich wirklich in eine Volkspädagogik eingliedern wollen – ein klares Verständnis davon gewinnen, was die Eltern aus dem Arbeitermilieu von der Schule erwarten. Was heißt das: „Die Kinder sollen später zurechtkommen im Leben?" Was heißt das angesichts von Arbeitslosigkeit, dem Verschwinden von Arbeitsplätzen und ganzen Berufszweigen, angesichts der jetzigen und zukünftigen Lebensbedingungen?" (Interview S.7). Charlot warnt die Lehrer davor, in falschen Populismus oder in eine nur „geliehene" Arbeitermentalität zu verfallen. Um bewußt politisch zu handeln, müßten sie alle Probleme im Bildungswesen auch *politisch* analysieren, ihre eigene objektive Klassensituation eingeschlossen: Sie sind in der Tat „intellektuelle Kleinbürger (was kein Schimpfwort, sondern eine objektive Beschreibung ihrer Stellung in der sozialen Wirklichkeit ist)"; das sollte sie aber nicht daran hindern, die Interessen der Arbeiter bei ihren Kämpfen im Bildungswesen zu vertreten: „Die Bedeutung einer pädagogi-

---

19 Vgl. dazu auch die Ausführungen der Freinet-Pädagogen in Teil III, Kap. 1.

schen Bewegung, die sich in die politischen und ideologischen Kämpfe eingliedert, besteht gerade darin, daß sie es den Lehrern ermöglicht – die eigentlich aufgrund ihrer Position in einem „ideologischen Apparat" des Überbaus der Kleinbourgeoisie angehören –, einen Klassenstandpunkt einzunehmen, der den Interessen der *Arbeiterklasse* entspricht – und zwar sowohl in ideologischer Hinsicht als auch in ihrer Praxis. Dies kann jedoch sehr problematisch sein in einer pädagogischen Bewegung, die ausschließlich von Lehrern getragen und für Lehrer gemacht ist!" (Interview, S.8).

Oh glückliches Frankreich! möchte man aus bundesdeutscher Sicht ausrufen, daß es dort überhaupt solche Lehrerbewegungen gibt (und gar noch im Plural!). Daß dort der politische Bewußtheitsgrad so weit forgeschritten ist, daß man in solcher Weise über eine politische Strategie zur Umwandlung der Schule im Dienst der Volksmassen streiten kann! Daß dort die großen Parteien der Linken, die Lehrergewerkschaften, die Arbeitergewerkschaften und nicht zuletzt die „pädagogischen Erneuerungsbewegungen" wie die Freinet-Bewegung von einer Analyse der Gesellschaft als Klassengesellschaft ausgehen, daß sie die Schule als Instrument zur Aufrechterhaltung dieser Klassenherrschaft begreifen und ausgehend von dieser Analyse ihre Veränderungs-Programme entwerfen...[20]

Aber ganz so idyllisch scheint auch in Frankreich die Auseinandersetzung um den „rechten Weg" zur Veränderung der Schule nicht abzulaufen. Auch dort gibt es harte Kritik und harte Gegenreaktionen, Empfindlichkeiten, Abblocken von Kritik und „blinde Flecken", die sorgfältig immer wieder aufpoliert werden...

Auch dort gibt es den Stolz der „Praktiker, die wenigstens etwas tun" und die sich von theoretischen Besserwissern die Suppe nicht versalzen lassen wollen...

Der ständige Hinweis der Freinet-Lehrer auf die Beweiskraft ihrer *Praxis* und das Abblocken jeder Kritik, wenn sie nicht *von Praktikern selbst* kommt,

---

20 Bei Abfassung dieses Kommentars lagen mir außer den „Perspektives d'éducation populaire" vor:
  1. Le Programme commun de l'union de la gauche von 1976/77: Kap. 3.3
     „Une école au service du peuple".
  2. „Libérer l'école" – Plan socialiste pour l'éducation nationale, Paris (Flammarion) 1978
  3. „L'école en lutte" – Syndicat général de l'éducation nationale,
     SGEN – C.F.D.T., Paris (Maspéro) 1977
  Diese Texte konnten in diesem Rahmen jedoch nicht vollständig ausgewertet werden, obwohl ein Vergleich mit den „Perspektiven" der Freinet-Bewegung, ein Aufweis von Gemeinsamkeiten und Unterschieden sicher sehr aufschlußreich gewesen wäre!

erscheint Bernard Charlot in dieser Hinsicht als äußerst problematisch. Diese Haltung macht im Grunde eine breite politische Verständigung über diese Praxis unmöglich.

Sie hilft auch nicht die Frage zu beantworten, welche Verbindung es tatsächlich zwischen den ideologischen und politischen Ansprüchen einer Bewegung und ihrer Praxis gibt.[21]

Charlot spricht in dieser Hinsicht von einem „wahren Terrorismus der Praxis", der sich seit einigen Jahren bei einigen militanten Vertretern der Lehrerbewegungen breitgemacht habe: „Es ist vom politischen Standpunkt aus reaktionär, dem Nicht-Unterrichtenden jedes Recht auf Analyse und politisch-ideologische Mitsprache, also auch auf pädagogische Mitsprache zu verweigern." (Interview S.8)

Des weiteren kritisiert Charlot dann doch ein paar zentral wichtige Punkte in der *Praxis* der Freinet-Pädagogen, weil diese bedenkliche Auswirkungen für die Kinder selbst haben können. Er greift folgende drei Probleme heraus:

1. Eine gewisse Nachlässigkeit im Hinblick auf die *Vermittlung von Wissen,* die verhängnisvoll ist; denn gerade der Besitz von Wissen begründet in unserer technokratisch gelenkten Welt eine Macht und Entscheidungsfülle, die in keinem Verhältnis steht zu dem Wissen selbst. Er wirft den Freinet-Pädagogen vor, in den letzten zehn Jahren durch ihre Konzentration auf die *Beziehungsdimension* des Lernens die Bemühungen um das Wissen selbst vernachlässigt zu haben. Damit wirft er gleichzeitig eine hochnotpeinliche Frage auf: „Ist man so nicht in eine Richtung gestolpert, die den augenblicklichen Bedürfnissen der Unternehmerschaft entgegenkommt: immer weniger qualifizierte Arbeitsplätze, eine immer oberflächlichere Berufsausbildung, eine ideologische Abrichtung auf unsere technologische Umwelt, die den einzelnen immer mehr erdrückt?" (Interview S. 5[22]).

2. Gegenüber der Tendenz der modernen pädagogischen Bewegungen – seien es die Freinet-Bewegung oder auch die verschiedenen Richtungen der

---

21 Diese Frage wäre ebenfalls im Hinblick auf den vorliegenden Text zu stellen: Sind die politischen Ansprüche der Freinet-Pädagogen und ihre Praxis tatsächlich eine Einheit, geht eins aus dem anderen schlüssig hervor? Vgl. dazu bes. Kap. II.

22 Vgl. dazu auch die ausgezeichnete Analyse von Charlot/Figeat: „Savoir et lutte de classes" (Wissen und Klassenkampf) in: L'école aux enchères, Kap. 5, S. 182 – 249, in der die Autoren auch auf die unterschiedlichen Positionen der Parteien, Gewerkschaften und Gruppierungen zum Problem der Wissensaneignung und Wissensvermittlung eingehen.

„institutionellen Pädagogik"[23] –, den Abbau von *Machtgefälle in der Lerngruppe* mit einem politischen Akt der „Entmachtung des Kapitals" gleichzusetzen, polemisiert Charlot scharfsinnig und unermüdlich. Für ihn ist es eine „pädagogische Vernebelung" der Begriffe[24], von Macht-Abbau in der Gruppe zu sprechen und die Sensibilisierung für *interpersonelle* Probleme der Über- und Unterordnung gleichzusetzen mit einer Abschaffung von Macht- und Unterdrückungsverhältnissen in der Gesellschaft allgemein: „Es ist ohne Zweifel sehr positiv, wenn man verhindert, daß sich in der kooperativen Klassengruppe Herrschafts- und Ausbeutungsverhältnisse reproduzieren...; aber wir sind *dann* nicht mehr einverstanden, wenn man den Kampf gegen die kapitalistische Herrschaft interpretiert in Kategorien von ‚Macht schlechthin'; wenn man nicht-entfremdete Strukturen des Umgangs mit *persönlicher* Macht und Autorität und des Umgangs mit Hierarchien schafft, die nur für das Kleinbürgertum interessant sind, nicht aber für die Arbeiterklasse. Die Arbeiter brauchen nicht erst durch eine Freinet-Klasse gegangen zu sein, um zu verstehen, daß die Arbeit, die sie verrichten, ihren Bestrebungen und Interessen nicht entspricht. Sie sind in die Enge getrieben: entweder sie akzeptieren ihre Lage, oder sie werden vor die Tür gesetzt." (Interview, S.5).
Die Macht des Lehrers in der Klassengruppe, welche die Gruppe gemeinsam in Frage stellt und neu verteilt, hat nichts zu tun mit der ökonomischen Macht des Arbeitgebers, der einstellt oder entläßt nach seiner Entscheidung. Was in der „kooperativen Klassengruppe" eingeübt wird, findet übrigens eine Parallele in der Arbeitswelt: „Fortschrittliche Unternehmer" führen zur Zeit Abteilungsversammlungen oder halb-autonome Arbeitsgruppen ein, in denen über alles diskutiert und entschieden werden kann, nur nicht über die wichtigen, „knallharten" Gegebenheiten: Arbeitsrhythmus, Löhne, Stundenzahl, Maschinen, Investitionen...! „So wird die Illusion einer Partizipation erzeugt... Man fragt sich, ob die ‚Klassenkooperative' nicht vereinbar ist mit dieser neuen Form der ideologischen Führung in den Unternehmen." (Interview, S. 6).
Abschließend stellt Charlot fest, daß die Praxis der Klassen-Kooperative nicht unbedingt der Anpassung dienen muß, aber *ideologisch* neutral ist: sie kann sowohl in moderne Formen der Unternehmensführung integriert werden als auch auf die Praxis der Arbeiter- und Betriebsräte vorbereiten.
3. Ebenso wendet sich Charlot gegen einen unreflektierten Umgang der Freinet-Pädagogen mit dem Wort *„Produktion"*.

---

23 ihre hauptsächlichen Vertreter sind Lapassade, Lobrot, Loureau sowie auf „Freinet-Seite" F. Oury und A. Vasquez (vgl. Lit.-Verz.)
24 Vgl. dazu auch sein Buch: „La mystification pédagogique", Paris (Payot) ^{5}1977.

Für die Freinet-Lehrer ist die Schulklasse ein „Ort der Produktion" (vgl. dazu Teil II, Kap.6) , wo entfremdete Arbeitsformen schon hier und jetzt überwunden werden. Dies wird gleichzeitig als ein im Vorgriff verwirklichtes Stück Selbstverwaltung und Sozialismus betrachtet. Doch auch diese Illusion zerstört Bernard Charlot unerbittlich: „In der industriellen Produktion gibt es nun mal die fundamentale Trennung, daß einige die Produktionsmittel besitzen und die anderen nicht. Die Logik der kapitalistischen Wirtschaft ist grundlegend verschieden von der Logik der Bildung... Die Logik der Produktion ist die Logik des Profits, und man kann sie keinesfalls auf die Schule übertragen." (Interview S.6). Produktiv sein im kreativen, künstlerischen Sinne ist eine schöne Sache. Nur man darf sie nicht verwechseln mit einer wirklichen Vorbereitung auf die Arbeitswelt und vor allem auf die Kämpfe, die zur Durchsetzung der Interessen der abhängig Beschäftigten dort geführt werden müssen. Hierzu ist handfestes Wissen nötig: „Um eine Fabrik in die Selbstverwaltung zu überführen, um die Produktion auch während eines Streiks weiterzuführen, um sich in gewerkschaftlichen Kämpfen zu verteidigen, muß man einen gewissen Bestand an Wissen haben." (Interview S.5).

So kritisiert Bernard Charlot die „Träume" der Freinet-Bewegung von einer nicht-entfremdeten Kindheit, der in der Schule nur Raum zur freien Entfaltung gegeben werden müsse zur Selbstorganisation und herrschaftsfreien Kooperation, damit sich schon hier und jetzt, im Innern des alten Systems, die neue Gesellschaft entwickeln könne. Diesen „Pädagogen-Träumen" setzt er die rauhe Wirklichkeit entgegen, „das, was aus den Kindern wird, wenn sie die Schule verlassen." (Interview, S.4).

Soviel ich sehe, haben die Freinet-Pädagogen dieser sozio-ökonomischen Analyse ihrer Praxis nicht viel entgegenzusetzen. Sie wehren sich gegen diese „Sicht von außen" hauptsächlich mit zwei Argumenten:

1. daß auch *ihre* Praxis politisch begründet ist, und zwar seit ihren Anfängen (s.o., Punkt 1); und
2. daß die polit-soziologische Analyse am wesentlichen Punkt ihrer Pädagogik vorbeigeht: dem Eintreten für die Rechte der Kinder als „unterdrückte Klasse" in einer Erwachsenen-Welt, die nur auf Konkurrenz und Profit aufgebaut ist und die die Kinder vom ersten Schultag an unter das Gesetz dieser Logik zwingt.

Sie werfen ihrerseits den Kritikern vor, daß sie blind seien gegen die verschiedenen Formen der Unterdrückung in unserer Gesellschaft, die *nicht nur* in der Produktionsweise begründet sind: die Unterdrückung der Frauen ebenso wie die Unterdrückung der Kinder und Jugendlichen...

Um zu beweisen, daß auch die Praxis der „Klassen-Kooperative" politisch begründet ist, greift der „Verteidiger" des I.C.E.M., Pierre Lespine[25], auf die Anfänge der Freinet-Pädagogik zurück. Diese Argumentation kann auch für die bundesdeutsche Auseinandersetzung um die reformpädagogischen Grundlagen der „Alternativschulbewegung" (vgl. dazu Rang/Rang-Dudzik 1978 oder auch Fichtner 1980) interessant sein – zeigt sie doch, daß es nicht gleichgültig ist, ob ein Ansatz zu alternativer Schulpraxis auf die bürgerliche oder die sozialistisch-proletarische Reformpädagogik zurückgeht. Lespine führt dazu folgendes aus: Freinet formt und entwickelt sein pädagogisches Denken in einer Periode des Entstehens von Revolutionen – vgl. den Sieg der russischen Revolution, Freinets Reise 1927 mit der „Internationale der Bildungsarbeiter" in die junge Sowjetunion, vgl. den Bürgerkrieg in Spanien – und der Ausbreitung des Sozialismus. Der Impuls, „sich zusammenzutun", ist zu der Zeit überall mächtig: vgl. die Bewegungen in der Tradition Fouriers und der Pariser Commune, Experimente sowjetischer Prägung, die spanische anarchistische Bewegung. Der Name „Ecole Moderne", den die französische Freinet-Bewegung angenommen hat, stammt von dem spanischen Anarchisten Francisco Ferrer (zu Freinets „anarchistischem Einschlag" vgl. Marie-Claire Lepape, S. 102 f.). Die Klassen-Kooperative der Freinet-Pädagogik ist ein direkter Ausdruck dieser zeitgenössischen Strömung.

Ebenso bemühen sich in dieser historischen Epoche viele verschiedene Minderheiten darum, ihr neu gewonnenes Selbstverständnis frei ausdrücken zu dürfen. Dies findet seine Entsprechung in der Praxis des freien Ausdrucks in allen ihren Formen im Rahmen der Freinet-Klassen. „Es handelte sich um eine äußerst intensive, positive Epoche, in der die politische Agitation und das schöpferische Kulturleben einen großen Aufschwung nahmen: dies wurde in der Freinet-Klasse umgesetzt mit Hilfe der Klassendruckerei und der Korrespondenz.

Besonders wird die Epoche beherrscht von den großen kollektiven Träumen, von schöpferischen und mitreißenden Utopien. Die Utopie einer sozialistischen Gemeinschaft von Kindern, die kritisch, verantwortlich und erfinderisch tätig sind, wird in der Tat gelebt in den Erziehungsgemeinschaften Makarenkos.

Diese revolutionären Träume sind – auch über die historische Epoche hinaus – in die Klassen-Kooperative der Freinet-Klassen eingegangen." (Lespine, S. 1)

---

25 Pierre Lespine, Notre raison d'être (réponse à Bernard Charlot), in: l'Educateur, Nr. 4, 15. Nov. 1980, 53.Jg., S. 1/2

Schluß:

Angesichts des Mangels an mitreißenden Utopien in der heutigen bundesdeutschen (Freinet-) Pädagogik, an Perspektiven, die über die „tägliche Arbeit im Klassenzimmer"[26] hinausgehen, möchte ich mich nicht zum Schlichter im Streit zwischen den französischen Freinet-Pädagogen und ihren Kritikern aufwerfen. Ich wollte nur einen wichtigen Text der heutigen, aktuellen pädagogischen Diskussion in Frankreich vorstellen und seinen historischen, institutionellen und politischen Hintergrund verdeutlichen.

Interessant finde ich es, zu vergleichen, wie weit der Stand der pädagogischen Alternativbewegungen in der Bundesrepublik Deutschland und in Frankreich gediehen ist. In dieser Hinsicht haben wir – die wir noch um die Alternative „Gesamtschule oder freie Schule" streiten, während in Frankreich das „collège unique" der Réforme Haby von Staats wegen durchgesetzt wird und gleichzeitig dort Anlaß zu wütender Kritik von seiten der „Reformer" gibt – einige „Entwicklungshilfe" aus unserem Nachbarland Frankreich nötig. Von dort können wir folgendes lernen:

1. Für die französischen „Alternativler" der Freinet-Bewegung ist es klar, daß ihr Kampf- und Bewährungsfeld die *öffentliche Staatsschule* ist. Für sie ist es ebenfalls klar, daß man dieses Kampffeld genau kennen, analysieren und auf Ansatzpunkte zur Veränderung hin abklopfen muß (vgl. Teil I der „Perspektiven").
2. Das zweite, was dieser Text unmißverständlich zum Ausdruck bringt, ist, daß der Kampf um die Durchsetzung einer besseren *pädagogischen* Praxis ein *politischer* Kampf ist, der sich nicht von den großen politischen Bewegungen und Kräften seiner Zeit loskoppeln kann. Damit ist jeder Ansatz einer „Freiraum-" oder „Nischenpädagogik", mit der man heimlich und unter der Hand die Zwänge des Kapitalismus unterlaufen könnte, als Illusion entlarvt.
3. Als drittes wird klar, daß bei aller „Kindzentriertheit" der Freinet-Pädagogik die entscheidenden Impulse *nicht von den Kindern erwartet* werden, sondern daß viel Mühe und jahrzehntelange Entwicklungsarbeit verwandt wurde auf die Herausbildung von *Strukturen, Organisationsformen, „Techniken"* und *Arbeitsmitteln*. Daß *Disziplin* und *verbindliche Arbeitshaltung* eine große Rolle spielen, aber als Verbindlichkeiten, die sich aus der Arbeit selbst ergeben bzw. *gemeinsam festgelegt* und nicht von außen aufoktroyiert werden.

Im übrigen finden wir in leicht abgewandelter Form alle Kontroversen der aktuellen bundesdeutschen Alternativschuldebatte (vgl. dazu Auernheimer/

---

26 Vgl. den Titel von Vasquez/Oury, hrsg. von Hennig, 1976

Heinemann 1980) als offene Probleme wieder, die auch in Frankreich noch nicht gelöst sind. Der Vorwurf eines schlechten „Hier-und-jetzt-Sozialismus" (Rang/Rang-Dudzik 1978, S. 52) steht gegen die französischen Freinet-Pädagogen ebenso im Raum wie der einer Vernachlässigung der Zukunft der Kinder zugunsten einer „erfüllten, kindgemäßen Gegenwart" ohne Zwang. Auch geben die Freinet-Pädagogen selbst zu, daß sie auf das Problem eines systematischen Aufbaus der Inhalte noch weitere Untersuchungsarbeit verwenden müssen. Die offenen Fragen einer Systematik der Wissensaneignung, der Funktion wissenschaftlicher Kenntnisse, der *Inhalte* des Lernens werden von ihnen als Schwachstelle ihrer Konzeption erkannt.

Trotz alledem ist es faszinierend, wie hier *Praktiker* die Grundprobleme, Prinzipien und Perspektiven ihrer Praxis analysieren und vor dem Hintergrund einer übergreifenden gesellschaftlichen Zielperspektive darstellen, die über das Bestehende weit hinausweist. Da wir Vergleichbares als gemeinsame Willenserklärung von ca. 30 000 Lehrern nicht aufzuweisen haben, sollten wir nicht mit kleinlicher Differenzierungssucht an diesen Text herangehen – der ja gerade zur Überwindung aller Parteienstreiterei und Differenzierung geschrieben wurde –, sondern uns bemühen, eine ähnliche gemeinsame Plattform für alle zu entwickeln, die für das Recht auf freie Entfaltung und Selbstbestimmung in *unseren* Bildungsinstitutionen kämpfen.

Antwort eines französischen Kollegen auf folgende vier Fragen zum Text der „Perspektiven der Volkserziehung":

1. Hat der Text eine lebhafte Diskussion innerhalb der französischen Freinet-Bewegung ausgelöst? Ist die Mehrzahl der Freinet-Lehrer mit diesen „Perspektiven" einverstanden?
2. Welches Echo hat der Text in der interessierten Öffentlichkeit ausgelöst? Gibt es positive/negative Reaktionen von seiten der politischen Parteien, der Gewerkschaften oder anderer Organisationen?
3. Haben die Autoren des Redaktions-Kollektivs Schwierigkeiten irgendwelcher Art bekommen?
4. Welche Perspektiven ergeben sich nach Meinung des I.C.E.M. für die „Perspektiven der Volkserziehung" nach dem Regierungswechsel in Frankreich im Mai 1981?

Liebe Kollegin, Thann, den 5. 8. 81

Ich werde versuchen, auf die verschiedenen Fragen in Deinem Brief zu antworten. Ich sage, ich will es versuchen, denn auf den ersten Blick sind diese Fragen einfach, aber auch nur auf den ersten Blick. Um sie gut zu beantworten, müßte man zuerst eine soziologische Analyse der Freinet-Bewegung erstellen im Hinblick auf ihre Zusammensetzung, ihren Stellenwert innerhalb des französischen Bildungswesens, ihre Beziehungen zu anderen pädagogischen Bewegungen und den politischen Strömungen. Dazu bin ich nicht in der Lage.

1. Der Text der „Perspektiven" hat unbestreitbar Diskussionen im Innern der Freinet-Bewegung ausgelöst. Aber diese Diskussionen haben sich nicht, wie Du in Deinem Fragenkatalog anzunehmen scheinst, auf die politische Dimension dieses Gesamtprojekts bezogen. Warum nicht? Meiner Meinung nach einfach deswegen, weil die politische Dimension dieses Projekts keine *neue* Dimension ist. Die hier dargelegten politischen Standpunkte der „Perspektiven" unterscheiden sich in nichts von denen, die immer der Freinet-Pädagogik zugrundelagen. In meinen Augen trägt die Freinet-Pädagogik eine politische Komponente in sich, indem sie auf eine bestimmte Struktur und Funktionsweise der Gesellschaft zielt. Du fragst, ob die Mehrheit der Freinet-Lehrer diese politische Meinung teilen. Ich bin versucht zu antworten, das liegt auf der Hand. Aber die Antwort wäre vielleicht zu schnell und zu pauschal und von daher der Realität nicht angemessen. Ich würde sagen, daß im großen und ganzen alle damit einverstanden sind; aber wir sind mehr oder weniger aufgeschlossen für die politische Dimension, geben ihr mehr oder weniger Bedeutung je nach unseren persönlichen Erfahrungen, unserer Reflexion über den oder den Aspekt unserer Arbeit oder nach unseren Erfahrungen, die wir außerhalb der Schule machen (müssen). Es gibt Kollegen, die zur Freinet-Bewegung kommen, weil sie andere *pädagogische* Konzeptionen suchen; die finden sie bei uns, und gleichzeitig entdecken sie die politische Dimension, die sie vielleicht vorher total unterschätzt haben; oder aber, diese politische Dimension interessiert sie nicht, aber sie akzeptieren sie... Andere Kameraden sind zur Freinet-Pädagogik gekommen, gerade weil unsere Pädagogik getragen wird von einer philosophischen und einer politischen Orientierung, die ihnen zusagt, und weil wir ihnen eine tägliche pädagogische Praxis vorschlagen, die mit diesen politischen Ideen in Einklang steht. Das ist sehr wichtig, weil viele linke Lehrer in ihren Klassen eine Pädagogik praktizieren, die ihrer Einstellung genau entgegenläuft. Wir legen immer wieder

nachdrücklich Gewicht auf diesen Punkt; Du bist bestimmt schon in den Schriften der Freinet-Bewegung darauf gestoßen. Wir glauben überhaupt nicht daran, daß unsere Pädagogik die Gesellschaft verändern könnte; aber wir meinen, daß unsere Pädagogik in Übereinstimmung stehen kann und muß mit unseren politischen Entscheidungen und unseren Träumen für eine andere Gesellschaft. Und die Freinet-Pädagogik vollzieht genau diese Synthese und bietet die Möglichkeit, nicht dauernd im Widerspruch zu leben. Dies ist die Idealvorstellung; in der Realität übt aber, wie du selber weißt, die Umwelt dauernden Druck aus und wir können die Freinet-Pädagogik, wie wir sie verstehen, nicht hundertprozentig verwirklichen. Also, ich fasse diesen Punkt zusammen: Der politische Aspekt der „Perspektiven" stellt für uns kein Problem dar, denn er ist für uns Lehrer der Freinet-Bewegung nichts Neues.

2. Zu diesem Punkt kann ich nicht viel beitragen. Denn der Département-Gruppe, der ich angehöre, ist es nicht gelungen, in Austausch zu treten mit politischen Parteien oder gewerkschaftlichen Organisationen der Arbeiter. Das ist schade, sehr bedauerlich.

3. Die Veröffentlichung der „Perspektiven" hat uns (wenigstens meines Wissens nach) keine besonderen Schwierigkeiten gebracht. Wir sind seit langer Zeit „militants" (d. h. aktive, kämpferische Vertreter der Freinet-Pädagogik), und das Erscheinen der „Perspektiven" ist für uns eher eine zusammenhängende Darstellung und Bekräftigung bestimmter Standpunkte als ein In-Umlauf-Setzen neuer Ideen, welche einen Skandal ausgelöst hätten. Ich glaube, das ist ein wichtiger Punkt: Indem wir die „Perspektiven" verfaßten, wollten wir nur in zusammenhängender Form und in einer Sprache von heute die Analysen und Vorschläge darlegen, die hier und da verstreut waren, die uns aber allen gemeinsam gehörten, die wir teilten; dieses Unternehmen sollte wieder Mut und Zukunftsperspektiven in einem politischen Kontext geben, der schwierig und erdrückend war und der diejenigen zur Verzweiflung brachte, die etwas anderes wollten, als die Mehrheit der Kinder in Mittelmäßigkeit festzuhalten.

4. Welche Pespektiven eröffnen sich für die „Perspektiven" nach der politischen Veränderung?

Ich glaube, man muß die Veränderung, die wir gerade in Frankreich erlebt haben, richtig einordnen können. Zunächst einmal ist sie für uns eine Hoffnung. Und wir hatten sie bitter nötig nach diesen langen Jahren der absoluten Vorherrschaft der Rechten. Eine Hoffnung, daß tiefgreifende Änderungen endlich möglich werden. Die politische Rechte, die uns bisher regiert hat, weigerte sich, zu sehen und zu hören. Alles war blockiert. Was uns angeht, so glaube ich, daß der Text der „Perspektiven" gar nicht in erster Linie gegen diese Rechte gerichtet war: die Rechte hat einen gewaltigen Verbündeten von außerordentlich starker Kraft: die Mittelmäßigkeit. Indem man auf die Mittelmäßigkeit setzt, kann man alle ‚gesellschaftlichen Perspektiven" niederhalten... aber nur für eine gewisse Zeit! Denn was wir dort in den „Perspektiven" vorschlagen, ist gegen die Mittelmäßigkeit gerichtet: es ist die Erweckung und die Wertschätzung aller Reichtümer, die jedes menschliche Wesen und jede Gruppe von Menschen in sich trägt.

Wir haben uns also gefreut über diese politische Veränderung. Aber ohne Illusionen zu hegen: Es werden noch lange Kämpfe nötig sein, damit das, was wir in den „Perspektiven" vorschlagen, Wirklichkeit werden kann. Einige unserer „aktiven Kämpfer" sind ebenfalls Mitglieder der Sozialistischen Partei (PS). Es ist wohl möglich, daß diese Kameraden ein wenig optimistischer sind als ich, weil ihre Partei der große Gewinner der „Veränderung" war. Viele Leute in Frankreich verhalten sich aber zur Zeit abwartend; sie warten ab, ob endlich *das* verwirklicht wird, was sie so lange erwartet haben. Das ist vielleicht die schlechte Gewohnheit, die die Konsumgesellschaft in uns erzeugt hat: sie läßt uns glauben, daß uns eine Veränderung geschenkt werden kann – und nicht erobert werden muß durch einen Kampf auf allen Linien. Das, was in den „Perspektiven" enthalten ist, geht weiter als das, was eine Sozialistische Partei wie die Sozialistische Partei Frankreichs vorschlagen könnte. Aber die politische Neuorientierung in unserem Land erlaubt es uns, uns nach vorn zu bewegen in Richtung auf das, was wir uns wünschen, ohne daß darum unsere Vorschläge schon überholt wären... oder, viel weniger noch, in kurzer Zeit zu verwirklichen wären!

Was ich Dir hier schreibe, ist natürlich nur meine Art, die Dinge zu sehen und die Fragen zu beantworten, die Du aufgeworfen hast („meine" Art und die einiger Kameraden, mit denen ich Deinen Brief nicht genau durchdiskutieren konnte, aber die ich genügend kenne, um zu wissen, was sie im Hinblick auf diese Fragen denken). Leider konnte ich wegen der kurzen Frist, die Du mir für die Antwort gesetzt hast, und der Ferienzeit, wo alle verreist sind, mit ihnen keine Rücksprache nehmen.

Meine Antwort ist kurz, und ich hatte wenig Zeit, sie ausführlich auszuarbeiten. Ich entschuldige mich dafür und hoffe trotzdem, daß sie Dir nützlich sein kann. Es liegt bei Dir, diese Gesichtspunkte zu verwenden, wie Du es für richtig hältst und wie sie Deinen Zwecken dienen können.

Kannst Du uns darüber informieren, wenn das Buch erschienen ist?

Mit herzlichen Grüßen
Lucien Buessler

Roland Laun:

Eindrücke vom Kongreß der französischen Freinet-Lehrer, Grenoble 1981

„Ich habe mich mit einigen pädagogischen Bewegungen beschäftigt und habe viele gute Anregungen dort gefunden. Was mich aber bei der Freinet-Pädagogik anzieht, ist die Tatsache, daß sie ‚Werkzeuge' anbietet, um eine andere Pädagogik zu verwirklichen. Das erscheint mir wesentlich."

Patrick

„Ich arbeite nach der Freinet-Pädagogik, nicht weil sie ‚Werkzeuge' oder Techniken liefert, sondern weil sie mir eine politische und gesellschaftliche Perspektive der Veränderung der Schule aufzeigt. Die Freinet-Pädagogik finde ich gerade deshalb gut, weil ich über die Schule hinausblicken will. Es ist doch völlig schwachsinnig zu glauben, man könne als Lehrer in der Schule vor sich hinwursteln, so tun, als wäre man von allem isoliert, getrennt vom Stadtviertel, den Eltern und den anderen sozialen Lebensbereichen."

Raimond

Eine gemeinsame Grundlage für die Lehrer-Kooperation

Zwei konträre „statements" aus einer der letzten Diskussionen auf dem Kongreß der Ecole Moderne in Grenoble 1981 vom 30. August bis 4. September. An die 800 Teilnehmer, davon ca. 80 Ausländer, haben sich getroffen, um 4 Tage lang in 33 Arbeitskommissionen und verschiedenen „Ateliers" über organisatorische, inhaltliche und materielle Probleme zu arbeiten, sich auszutauschen und die Zusammenarbeit zu vertiefen. Die obigen Zitate sind „Blitzlichter" eines ideologischen Klärungsprozesses, ständiger Hintergrund von Debatten und allzeit gegenwärtig in der Arbeit der Kommissionen. Zwischen den Polen „Theoretiker" und „Praktiker" eine einheitliche Linie? Wohl kaum. Die Freinet-Lehrer auf dem Kongreß versuchen, ihre Schulerfahrungen und Analysen in einem wechselseitigen Verständigungsprozeß einzuordnen.

Pierre Lespine, Leiter der Arbeitsgruppe FIMEM (Internationaler Verband der Freinet-Bewegungen) warnt vor falschen Frontstellungen zwischen den Kollegen, gemahnt zur Vorsicht bei der Verteufelung von sogenannten „Praktikern" und – an die Adresse von obigem Raimond gerichtet – vor ihrer vorschnellen Geringschätzung. Er habe, so Pierre sinngemäß, die Erfahrung machen können, daß so mancher Freinet-Lehrer, der kein Interesse oder kein Talent für die politische Analyse seiner Arbeit aufweise, im Stillen beachtliche Arbeit leiste. Daß solche Lehrer in ihrer Schwerpunktsetzung auf den Klassenalltag Potentiale von Wachstum und Kreativität bei den Kindern freisetzen, die so bereits den Keim anderer Umgangsformen in sich tragen und eine Dynamik aufweisen, die deutliche Veränderungen innerhalb der Schule nach sich ziehen. Oft gar hinter dem Rücken der Beteiligten, sozusagen. Diese erzieherische Wirkung liege an der konsequenten und pädagogisch ernsthaft betriebenen Umsetzung der Freinet-Arbeitsformen.

Auf der anderen Seite findet man das bedenkliche Phänomen einer sich fortschrittlich gebärdenden Theorie, deren Vertreter aber wenig produktive Veränderungen in ihrem Klassenzimmer vorweisen könnten. Es sei deshalb von größter Wichtigkeit, solche Tendenzen gegenseitiger Ausgrenzung zu überwinden und statt dessen in gemeinsamer Arbeit und an konkreten Aufgaben (wie Unterrichtsmittel erstellen, Techniken weiterentwickeln und pädagogische Erfahrungen weitergeben) solche Auseinandersetzungen als selbstverständlichen Bestandteil mitzutragen.

Das ermöglicht produktive gemeinsame Arbeit vieler Freinet-Lehrer auch bei unterschiedlicher politischer Orientierung und verhindert die Fixierung auf politische Stellungskämpfe, die die Freinet-Bewegung im Innern lähmen. Voraussetzung dafür ist ein überlebensnotwendiger Minimalkonsens, der allerdings nicht unerhebliche Anstrengungen voraussetzt, über die eigene subjektive Nasenspitze hinauszublicken, weil man als Lehrer an einem gemeinsamen Ziel arbeitet: an der Verbesserung der Lebens- und Arbeitsbedingungen in der Schule.

Aktualität der „Perspectives d'éducation populaire"

An einem Abend besuche ich die Veranstaltung zum Thema „Perspektiven der Volkserziehung". Die Département-Gruppe Rhône-Alpes hat einen Dia-Tonvortrag zusammengestellt, der in 20 Minuten die großen Linien der gesellschaftspolitischen Perspektiven der Ecole Moderne aufzeigen soll.

Zielgruppe: Eltern und Nicht-(Freinet)Informierte. Die Diareihe beginnt mit einer heftigen Schulkritik. Sie zeigt auf, wie Schule durch Selektion, Produktion von Schulversagern und Förderung schichtenspezifischer Karrieren den Nachwuchs einer an Ausbeutung, Lohnarbeit, Hierarchie ausgerichteten kapitalistischen Gesellschaft sichert (Originalton). Die Schule bildet eine Art Abziehbild des Fabriklebens: Hierarchie, Leistungsdruck, Wettkampf jedes gegen jeden, Selektion im Innern und Abschottung nach außen. Der zweite Teil der Dia-Ton-Reihe deutet in wenigen Bildern an, wie Lehrer und Schüler andere Formen der Arbeit praktizieren können und wie Kooperation zwischen Schülern, Lehrern und Eltern die Schule verändert.

Die Département-Gruppe bittet um Kritik und Kommentare. Es entsteht eine Diskussion, die sich auf die Frage konzentriert, ob die Diaserie in der vorliegenden Form den im Saal anwesenden Kollegen als geeignet erscheint, um bei der Elternarbeit und in der Öffentlichkeit eingesetzt zu werden. Die Reaktion ist überwiegend positiv, aber es herrschen beträchtliche Zweifel vor, ob diese Art der Problemstellung nicht zu „politisch" ist. Bei der längeren Diskussion stellt sich heraus, daß die „Produzenten" die Diaserie bislang nur bei „sensibilisierten" Eltern eingesetzt haben. Bei den meisten Lehrer-Kollegen, die an der Debatte teilnehmen, herrscht Einigkeit darüber, daß „sowas" allenfalls am Ende eines Schuljahres gezeigt werden kann, wenn die Eltern dann schon umfassender über die pädagogischen Konsequenzen der Freinet-Pädagogik für den Unterricht ihrer Kinder informiert sind.

Die „Perspectives d'éducation populaire", das ist die breit diskutierte und durch überregionale Kooperation von vielen hundert Freinet-Pädagogen in Département-Gruppen, Arbeitskommissionen und Arbeitskreisen entstandene gesellschaftspolitische Standortbestimmung aus dem Jahr 1978. Ein offenes Buch, das Zwischenbilanz zieht zur Situation der Bewegung in Frankreich, ausgehend von den Erfahrungen und Analysen der Lehrerinnen und Lehrer, die an seinem Entstehen beteiligt waren. Als Etappenziel und Standortbestimmung werden die „Perspektiven" von einer großen Mehrheit der Freinet-Erzieher akzeptiert, von vielen aber auch nur als Hinweisschild auf die politisch-sozialen Konsequenzen der Freinet-Pädagogik verstanden, ohne daß man sich selbst dadurch gebunden fühlen würde. Für viele Freinet-Lehrerinnen und Lehrer, besonders jene an kleinen Schulen auf dem Land und in der Provinz, tönen die „Perspektiven" noch zu sehr als Zukunftsmusik. Die eigene Praxis steckt in bescheidenen Anfängen; vorsichtig erforscht man, wieweit die Unterstützung der Eltern und die Toleranz der kommunalen und schulischen Verwaltung reicht. Die Probleme „vor Ort" wiegen schwer; so hält sich mancher zurück bei den politischen Implikationen dieser Pädagogik. Pragmatische Positionen (*„Wie komme ich in meiner Klasse* *mit dem Unterricht zurecht? Wer kann mir dabei helfen?")* haben auf dem Kongreß Vorrang bei jenen, die nicht zu den Militanten, Organisatoren und Chefdenkern gehören. Unerfahrenheit in der Umsetzung der Freinet-Techniken und Zweifel in bezug auf die eigene Unterrichtspraxis herrschen vor und verhindern, daß man sich politisch allzu laut und forsch artikuliert.

Wer überwiegend mit den praktischen Problemen seiner „Bildungs-Arbeit" beschäftigt ist, setzt auf den Austausch konkreter Unterrichtshilfen. Für den sind die „Perspektiven" ein Arbeitsergebnis der Lehrerkooperation unter vielen anderen: wertvoll, nützlich, aus der Alltagserfahrung von Lehrern entwickelt und für sie bestimmt, aber auch diskussionsfähig, nicht verbindlich, eben Zwischenergebnis eines langen Prozesses von Selbstbesinnung und Verständigung über die Rolle der Erzieher im Frankreich der 80er Jahre.

Die Politik des ICEM in einer veränderten politischen Landschaft

In einem Leitartikel zur Kongreßzeitung „Dis-y" (ICEM-Kongreß Grenoble 1981) zieht Michel Barré erste Konsequenzen aus den Veränderungen, die der Sieg der Linken bei den Präsidentschaftswahlen in der französischen politischen Landschaft nach sich gezogen hat. Vor allem seien die Meinungsverschiedenheiten in bezug auf die Schulpolitik geringer geworden, ohne daß sich deswegen die Position des ICEM (Verband der französischen Freinet-Lehrer) und der Regierung decken würden. Aus dem Abgrund zwischen den Verhandlungspartnern in Sachen Erziehung sei wieder ein Graben geworden. Was sich aber am meisten geändert habe, sei die Ernsthaftigkeit der Gesprächspartner auf der Regierungsseite, und das erleichterte den Dialog erheblich.

Die neue Regierung, allen voran der Erziehungsminister, sei bei dem Versuch, eine neue Schulpolitik zu definieren, erheblichen Sachzwängen unterworfen, auch sozialen Problemen, die eine Veränderung bremsen können. Anläßlich der Diskussion um die Rolle der Armee und den Platz der Kernenergie habe man gesehen, so M. Barré, daß sich die reale Politik zwischen dem Programm der Sozialistischen Partei und jenen Sachzwängen ansiedele. Das ICEM bietet sich als Verbündeter an:

„Wenn der neue Erziehungsminister sich nicht von der schweren Erbschaft des Erziehungswesens erdrücken lassen will, tut er gut daran, alle lebendigen Kräfte zu fördern und zu nutzen, die die Dampfwalze der ehemaligen Parlamentsmehrheit überlebt haben."

Das ICEM ist für Barré eine dieser lebendigen pädagogischen Strömungen. Trotz langjähriger Behinderung und Repression seitens des alten Regimes, die viel Energie erstickt hat, ist das ICEM in seiner Struktur intakt geblieben, hat Unterrichtsmaterialien, praktische „Werkzeuge", Bücher und Zeitschriften herausgegeben und ist bereit, ein Maximum an Energie in den Erneuerungsprozeß einzubringen. Gerade aufgrund langjähriger Aktivitäten für Lehrerfortbildung, auf Tagungen und in Arbeitsgruppen, in der Forschung und Produktion von Arbeitsmaterialien unter denkbar schlechten Bedingungen, wünschen jetzt Freinet-Pädagogen ihre Arbeit unter neuen Bedingungen fortzusetzen. Unter Wahrung ihrer bewährten kritischen Distanz:

„Es kommt nicht in Frage, eine Unabhängigkeit aufzugeben, die unsere Originalität und Wirksamkeit gewährleistet hat, sondern es geht uns darum, den uns zustehenden Platz im Prozeß der Gesellschaftsveränderung einzufordern, gegen alle Zwänge, die auch nach dem 10. Mai (dem Wahlsieg Mitterands, A.d.V.) nicht auf wundersame Weise verschwunden sind."

Erste Konsequenzen für die zukünftige Politik

In der selben Kongreßzeitung zieht das *Comité d'Animation des ICEM* (das Leitungsteam) erste Folgerungen für die Arbeit des Verbandes. Besonders zwei Probleme sehen die Verantwortlichen im neuen Schuljahr auf sich zukommen: Den Ansturm vieler neuer Lehrer auf die Département-Gruppen der Freinet-Pädagogen und die Schwierigkeit, einen echten Austausch von Ideen und Erfahrungen aufrechtzuerhalten. Das zweite Problem liegt in der Gefahr, bei der Vielzahl von Projekten und Aktivitäten, die auf dem Hintergrund der politischen Wende entstanden sind, die eigenen Kräfte zu überschätzen, nach vorne zu stürmen, ohne vorher zu prüfen, ob diese Projekte überhaupt durch lokale und überregionale Strukturen der Kooperation abgesichert sind, um erfolgreich durchgeführt zu werden.

Für das begonnene Schuljahr 1981/82 sind die Schwerpunkte bereits gesetzt:

- Ausbau und Verstärkung von praktischer Kooperation und Analyse
- Vorbereitung vieler und qualitativ überzeugender Einführungskurse für Freinet-interessierte Lehrer, von deren Gelingen viel abhängen könnte
- Verstärkte Verbreitung der pädagogischen Prinzipien und Ideen, besonders auch im Hinblick auf die finanzielle Konsolidierung der CEL, Werbung neuer Mitarbeiter und Kunden
- Mit Nachdruck neue Arbeitsmaterialien entwickeln und fertigstellen. Öffnung nach außen durch die Verbreitung neuer Zeitschriften für Kinder *(Créations)* und Jugendliche (erscheint erstmals 1982).

Die im ICEM zusammengeschlossenen französischen Freinet-Pädagogen können darauf zählen, in den Etagen der Kultusbehörde und des Erziehungsministeriums auf Gesprächspartner zu stoßen, denen die erzieherische Arbeit von pädagogischen Verbänden wie des ICEM durchaus bekannt ist. Und zwar aufgrund der kontinuierlichen Basisarbeit der Freinet-Lehrer in den vergangenen Jahren.

„Neue Perspektiven" und Forderungen an die Regierung

In den Diskussionen auf dem Kongreß in Grenoble wurde immer wieder betont, daß es dem ICEM nicht darum gehen könne, die Prinzipien und Ideen der Freinet-Pädagogik als landesweites Schulprogramm „durchzudrücken", sondern die Verhandlungen mit zuständigen Kultusbeamten zielen darauf ab, die durch jahrelange Behinderungen und administrativen Einschränkungen gekennzeichneten Arbeitsbedingungen der engagierten Freinet-Erzieher für die Zukunft auszubauen und abzusichern. Für dieses Ziel müssen eine Reihe neuer Zugeständnisse und Arbeitsstatuten ausgehandelt werden, die zum Teil im Rahmen der derzeitigen Gesprächsrunden zwischen Lehrergewerkschaften und Regierung zur Sprache kommen, zu einem anderen Teil aber auch längerfristige Perspektiven der Veränderung der Schule betreffen.

Die *„Perspectives d'éducation populaire"* aus dem Jahre 1978 stehen zur Überarbeitung und Weiterentwicklung in der veränderten politischen Landschaft an. Bereits auf dem ICEM-Kongreß wurden die verschiedenen Départementsgruppen (97 an der Zahl), Arbeitskommissionen und überregionalen Forschungsgruppen aufgefordert, einige wesentliche, leicht verständliche pädagogische Forderungen für die unmittelbare Zukunft zu formulieren, die einer breiten und neuerdings sensibilisierten Öffentlichkeit die pädagogischen Zielsetzungen der Freinet-Lehrer verständlich machen sollen. Die im ICEM zusammengeschlossenen Erzieher bereiten sich auf eine offensive Informationspolitik vor, die unter dem Schwerpunktthema „Eine Pädagogik des Erfolgs" neue Verbündete für die *Ecole Moderne* gewinnen soll. Eine „Pädagogik des Erfolgs" anzustreben und zu verbreiten, das bedeutet für die Freinet-Pädagogen mehr als nur den Versuch, das fatale und häufige Problem des „Schulversagens" durch kompensatorische (stützende) Maßnahmen einzudämmen zu wollen, ohne es im Kern zu berühren. Es geht vielmehr darum, finanzielle, administrative und organisatorische Maßnahmen auszuhandeln, die die Verwirklichung einer *„anderen Schulpolitik"* notwendig voraussetzen. Die Zusammenfassung dieser an der Basis erstellten Forderungen dürfte es erlauben, sehr rasch einen zweiten Band der *„Perspectives d'éducation populaire"* herauszugeben.

Im Rahmen der Ergebnisse der 33 Arbeitsgruppen auf dem Kongreß in Grenoble zeichnen sich bereits jetzt erste Forderungen an das Nationale Erziehungsministerium ab:

Methode	Anerkennung des „tâtonnement expérimental" (tastendes Versuchen, Methode des entdeckenden Lernens der Freinet-Pädagogik, A.d.V.) als gleichberechtigte Lernmethode im Unterricht. Das beinhaltet das Recht, die notwendige Zeit für das aktive Erforschen eines Sachverhaltes beanspruchen zu können und das Recht auf Irrtum und Lernumwege in der Schule.
Kooperation der Lehrer	Anerkennung des Rechts auf gegenseitige Unterrichtsbesuche von Lehrern innerhalb des Deputats und unter Regelung der Vertretungen in der eigenen Klasse. Institutionalisierung und Festigung der Zusammenarbeit der Lehrer in Arbeitsgruppen, Département-Gruppen und auf Kongressen als Teil der Arbeitszeit.
Politische Rehabilitation	Alle Kollegen, die unter dem ehemaligen Giscard-Regime wegen ihres Engagements für pädagogische und erziehungspolitische Ziele behindert, gemaßregelt oder zurückgestuft wurden, sollen in aller Form rehabilitiert und entsprechend ihrem Dienstalter auf ihnen zustehende Planstellen gesetzt werden.
Kostenlose Arbeitsmittel	Spürbare Erhöhung des Sachmitteletats in den Schulen, um die materiellen Grundlagen einer aktiven Erziehung durch den Ankauf geeigneter Unterrichtsmaterialien zu schaffen. Neudefinition wichtiger Unterrichtsmittel, Eindämmung der „Schulbuchinflation" kommerzieller Verlage. Favorisierung forschungsorientierter Lernmittel im Unterricht.
Selbstorganisierte Lehrerfortbildung	Ausbau der Lehrerfortbildungsmöglichkeiten auf der Ebene des Départements und der Region. Fortbildungsveranstaltungen im Rahmen des Schuljahres und unter Gehaltsfortzahlung sollen von einzelnen festen Lehrergruppen *(équipes pédagogiques)* unter freier Wahl der Inhalte durchgeführt werden. Gleichberechtigung verschiedener pädagogischer Strömungen. Quantitativer Ausbau der Fortbildungsveranstaltungen. Anerkennung

der Lehrerkooperation als neue Arbeitsbedingungen. Für die Zukunft: Ausarbeitung eines Gruppenstatus.

Vermehrte Freistellung der Lehrer von Unterrichtsverpflichtungen ist notwendig, um eine Reihe schulbegleitender Maßnahmen in Zukunft besser durchführen zu können, die bisher auf unbezahlter Mehrarbeit vieler Lehrer beruhten:

Verstärkte Möglichkeiten der Freistellung vom Unterricht *(décharges)*

– Lehrerfortbildung und Einführungskurse in Techniken und Methoden der aktiven Pädagogik
– Ausarbeitung und Verbreitung selbstentwickelter Unterrichtsmaterialien im Zuge der unterrichtszentrierten Forschungsarbeiten der Lehrer
– Koordinations- und Organisationsaufgaben innerhalb der selbstorganisierten Lehrerkooperation und Lehrerfortbildung
– Maßnahmen intensiver Schülerbetreuung, Besprechungen, verstärkte Elternarbeit, besonders bei Gastarbeiterfamilien. Anbahnung betreuender und vortherapeutischer Stützmaßnahmen für Kinder, die deutliche Schwierigkeiten der Integration und Mitarbeit im Klassenverband aufweisen.

Anerkennung der Lehrergruppe einer Schule als Pädagogik-Kooperative

Die Anerkennung der Pädagogik-Kooperativen *(équipes pédagogiques coopératives)* in Form eines Gruppenstatuts bildet die Grundlage für eine neue Dimension pädagogischer und erziehungspolitischer Arbeit in der Schule: Organisation von Fortbildung, Entwicklung und Verbreitung neuer Arbeitsmittel, Kooperation zwischen Schulen für verstärkten Erfahrungsaustausch, intensive Zusammenarbeit innerhalb einer Schule, klassenübergreifende Unterrichtsprojekte, fächerübergreifende Arbeitsvorhaben von Schülergruppen, verstärkte Einbindung der Eltern in die Erziehungsarbeit.

Pädagogik-Kooperativen: Zerstückelung erzieherischer Prozesse überwinden

Die Anerkennung der *équipes pédagogiques* als institutionell abgesicherte Kooperation eines Lehrerkollegiums ist die wichtigste politische und administrative Forderung der französischen Freinet-Pädagogen. Ihre Verwirklichung würde in umfassender Weise die Arbeitsbedingungen all jener Lehrer verändern, die bislang nur vereinzelt und meist auf außerschulische Aktivitäten beschränkt, neue Arbeitsformen entwickeln wollen, um der Aufspaltung in Fachbereiche und Jahrgangsklassen zu entkommen. Es geht um die praktische Aufhebung der Trennung und Vereinzelung in der Erziehungs-„Anstalt" Schule.

Praktisch soll es so aussehen: zunächst formiert sich für die Dauer eines Jahres eine Lehrergruppe innerhalb einer Schule, um für die Gesamtheit der Schüler die Techniken und Arbeitsmethoden der Freinet-Pädagogik einzuführen und schrittweise auszubauen. Dies erfordert auch die Anerkennung des Projektes als pädagogisches Experiment. Eine Kerngruppe bildet sich und schreibt fehlende Stellen im nationalen Schulverwaltungsblatt aus, mit dem Recht, bestimmte Bewerber im Hinblick auf eine gemeinsame *inhaltliche Orientierung* abzulehnen. Diese Lehrergruppe erarbeitet einen Projektplan für das pädagogische Experiment. Nach dem ersten Jahr soll in Konsultation mit vorgesetzten Behörden über die Fortsetzung des Schulversuchs entschieden werden.

Auf dem Kongreß hat eine der 33 Arbeitskommissionen die genaueren Bedingungen eines solchen Modellversuchs diskutiert und als Abschlußbericht in der Kongreßzeitung No. 4 veröffentlicht. Es ist daran gedacht, während des ersten Jahres alle beteiligten Mitarbeiter offiziell auf ihren Planstellen zu belassen. Eine entgültige Entscheidung über die Mitarbeit am Projekt würde am Jahresende erfolgen. Die Gruppe bleibt nach außen offen für neue Mitarbeiter, deren Engagement allerdings die Zustimmung aller beteiligten Kollegen erfordert. Folgende Arbeitsbedingungen sind Teil der Anerkennung der Pädagogik-Kooperative als pädagogisches Experiment:

- als günstig erscheint ein Verhältnis von 100 Kindern auf 6 Erwachsene
- die Projektgruppe organisiert die Kindergruppe nach eigenen Vorstellungen
- die Mitarbeiter haben Entscheidungsbefugnis in bezug auf die Verwaltungsstruktur des Projekts
- Sitzungen der Lehrergruppe in Abwesenheit der Kinder gelten als Arbeitszeit

- die Projektmitarbeiter behalten sich das Recht vor, Außenstehende in die Arbeit einzubeziehen (setzt verändertes Schulrecht voraus).
- Die Mitarbeiter verfügen selbständig über Räumlichkeiten, Finanzen und Arbeitsmaterialien, die für die Ziele des pädagogischen Experiments benötigt werden.

Die bislang gültigen schulrechtlichen und verwaltungsmäßigen Bestimmungen haben eine solch umfassende Form der Lehrerkooperation bislang nur in Einzelfällen ermöglicht. Die Anerkennung dieser pädagogischen Kooperation aber würde bedeuten, Strukturen innerschulischer und zwischenschulischer Zusammenarbeit zu schaffen, die weitreichende praktische Veränderungen der „Bildungs-Arbeit" nach sich ziehen würden. Das strukturell verordnete Nebeneinander von isolierten Kollegen, Fachlehrern und pädagogischen Spezialisten, die Aufspaltung der Kinder in Jahrgangsklassen, würde einer neuen Art von Schule weichen können, wo Erwachsene und Kinder selbständig ihre gemeinsame Arbeit organisieren und in themenbezogenen Kleingruppen miteinander leben und arbeiten lernen. Trennwände fallen, Türen öffnen sich, ein produktiver Austauschprozeß kann beginnen...

Die Schule in der Krise

Der neue Erziehungsminister Alain Savary fordert die Dialogbereitschaft aller am Erziehungswesen Beteiligten, um die Schule aus der krisenhaften Entwicklung herauszuführen und eine neue Schulpolitik anzubahnen, die neue Prioritäten setzt (Le Monde, 18./19. Okt. 1981). In der Vergangenheit habe die Diskussion im Schulwesen viel zu oft darauf abgezielt, die Besten auszuwählen und soziale Selektion zu betreiben. Eine breite Infragestellung bisher gültiger Wertmaßstäbe dürfe aber, so A. Savary, nicht zu einem neuen pädagogischen Dogmatismus führen:

„Niemand kann heutzutage ein für allemal und für alle verbindlich definieren, wie die Erziehung eines Kindes auszusehen hat. Weder die Lehrer, selbst wenn sie mit ihnen den größten Teil des Tages verbringen, noch die Eltern, auch wenn diese in den ersten Lebensjahren nahezu völlige Verfügungsgewalt über ihre Kinder haben, noch die Wissenschaftler, die fähige Experten in Fragen der Erziehung sind."

Dem neuen Erziehungsminister geht es besonders darum, den Prozeß gegenseitiger berufsspezifischer und intellektueller Abgrenzungen zu beenden, der sich im Erziehungswesen breit gemacht hat und der in fataler Konsequenz dazu führt, daß jede beteiligte Personengruppe sich ausschließlich auf ihre Probleme fixiert. Die Politik der Veränderung der Schule für die nächsten Jahre erfordert eine Öffnung der Schule nach innen und außen:

„Wenn die Schule sich nicht auf die Welt draußen öffnet, wird sich ein Phänomen verstärken, das bereits in Gang gekommen ist, daß nämlich die Schule einen Bereich im Abseits darstellt in einer sich ständig verändernden Welt."

Erste Maßnahmen sind geplant, die „geschlossene Anstalt" Schule zu öffnen:

- neue Verwaltungsstatuten sollen die Zusammenarbeit und Konsultation der am Erziehungsprozeß Beteiligten in Gang bringen
- Elternvertreter mit offiziellem Status vertreten die Interessen der Eltern gegenüber Lehrerschaft und Schulverwaltung
- ein gemischter „Schulrat" vermittelt (ähnlich den gewerkschaftlichen Betriebsräten) bei möglichen Konfliktfällen. Auch dieses Gremium erhält einen festen Status.
- Institutionalisierung der Eltern-Mitarbeit durch regelmäßige Termine, z. B. am Samstagvormittag. Austausch über praktische Unterrichtsbedingungen an einer Schule und Aufklärung bzw. Diskussion der pädagogischen Aspekte des Unterrichts zwischen Eltern und Lehrern.
- Neudefinition des Lehrerstatus, Ausbau der Möglichkeiten, über reine Unterrichtszeit hinaus pädagogische Interventionen und begleitende Erziehungsmaßnahmen anzuerkennen.

Einem aufmerksamen Beobachter wird die Ähnlichkeit der Formulierungen und Schwerpunktsetzungen nicht entgangen sein. Auch wenn A. Savary es tunlichst vermeidet, direkte Bezüge zu pädagogischen Bewegungen (wie der Freinet-Pädagogen im ICEM) herzustellen und sich publizistisch wirkungsvoll gegen sogenannte „Dogmen" wendet, um nicht allzuschnell seinen Handlungsspielraum angesichts massiver Forderungen der diversen Lehrerverbände zu verlieren, sind die gemeinsamen Bezugspunkte für die Veränderung der Schule offensichtlich.

Kooperation zwischen Lehrern und Erziehern, Kooperation zwischen Eltern und Lehrerschaft, Öffnung der Schule nach außen und Durchlässigkeit für gesellschaftliche Entwicklungen, Institutionalisierung von Dialog und Zusammenarbeit, das alles entspricht wesentlichen Forderungen des ICEM. Aber der Teufel sitzt ja bekanntlich im Detail.

Devise: die Köpfe wechseln, die Probleme bleiben

In solch ironischem Ton hat es die Département-Gruppe Loire-Atlantique in ihrem Arbeitsbericht vom Kongreß formuliert. Die Position des ICEM bleibt kritisch und zurückhaltend, auch wenn der Wunsch nach engagierter Zusammenarbeit übergroß zu sein scheint. Für viele Freinet-Lehrer, in ihrer Mehrheit selbst Mitglied der Sozialistischen Partei Frankreichs, stellt sich immer wieder die Frage, ob ihr neuer Minister und Vorgesetzter Savary eher „Patron" oder kooperativer Kollege ist. Auch bei einer linken Regierung und der von ihr propagierten Erziehungspolitik stellt man sich die Frage, was aus den gegenwärtigen Strukturen der Macht und der Hierarchie werden wird. Dazu haben sich die regierenden Sozialisten noch nicht geäußert. Auch jetzt, im neuen Schuljahr, bleibt ein Grundschulinspektor ein Inspektor mit all seinen Kontrollbefugnissen. Auch in anderen Punkten ist man sich bewußt, daß die Position der Regierung nach wie vor wenig eindeutig ist, wie am Beispiel der Kernenergie zu sehen. *Vorsicht!* heißt es folglich in den Reihen der engagierten Freinet-Pädagogen: *Wir wollen nicht so tun, als ob nun die Dinge, die wir gestern noch bekämpft haben, heute in Ordnung sind...* Und als Ergebnis ihrer Vollversammlung bringt die Département-Gruppe Loire-Atlantique stellvertretend die vorherrschende Stimmung in der Bewegung auf folgenden Nenner:

„Unsere Denkweise hat sich nicht geändert, unsere Forderungen sind geblieben, doch sehen wir jetzt in ihnen Vorschläge für die Veränderung...
Wenn sie nicht akzeptiert werden, werden aus ihnen wieder Forderungen."

Heidelberg, im Oktober 1981
Roland Laun

Roland Laun: Auszug aus: *Freinet – 50 Jahre danach. Dokumente und Berichte aus drei französischen Grundschulklassen. Beispiele einer produktiven Pädagogik,* 1982 in der bvb – edition meichsner & schmidt, heidelberg (römerstraße 23, 6900 heidelberg).
Durch seine zahlreichen Kindertexte, Zeichnungen, Unterrichtselemente und szenischen Protokolle aus dem Schulleben bietet das Buch einen direkten Einblick in das Leben dreier Freinet-Klassen. Mit detailliertem Informationsteil über: Literatur zum Thema, Kontaktadressen, Medien, Arbeitsmaterialien und ständige Einrichtungen der internationalen Freinet-Bewegung.

Literaturverzeichnis

Literatur in französischer Sprache

BAUDELOT, CHRISTIAN/ESTABLET, ROGER: L'école capitaliste en France, Paris (Maspéro) 1971

BOURDIEU, PIERRE/PASSERON, JEAN-CLAUDE: Les Héritiers. Les Etudiants et la Culture, Paris (Ed. de Minuit) 1964
(auf deutsch erschienen unter dem Titel: Die Illusion der Chancengleichheit, Stuttgart 1971

CHARLOT, BERNARD: La mystification pédagogique, Paris (Payot) 1977

CHARLOT, BERNARD: Un mouvement pédagogique pour quoi faire, in: Dialogue, Nr. 35/1980

CHARLOT, BERNARD: Les enseignants, l'enfant et le savoir, in: L'École Émancipée, Nr. 13/20.3.81

CHARLOT, BERNARD/FIGEAT, MADELEINE: L'École aux enchères, Paris (Payot) 1979

CHASSANNE, JACKY: Le militantisme pédagogique en question – Un entretien avec Bernard Charlot, in: L'Educateur, Nr. 3/15.10.1980

CHASSANNE, JACKY/POSLANIEC, CHRISTIAN: L'Autorité et les Pouvoirs – Entretien avec Gérard Mendel, in: L'Educateur, Nr. 7/15.1.1981

FREINET, CÉLESTIN: L'Education du travail, Neuchâtel/Schweiz (Delachaux et Niestlé) 1967

FREINET, CÉLESTIN: Pour l'école du peuple, Paris (Maspéro) 1969, ²1976

FREINET, ELISE: Naissance d'une pédagogie populaire (méthodes Freinet), Paris (Maspéro) 1968

FREINET, ELISE: L'Itinéraire de Célestin Freinet, Paris (Payot) 1977

LAPASSADE, GEORGES: Groupes, organisations et institutions, Paris (Gauthier-Villars) 1967

LAPASSADE, GEORGES: L'Autogestion pédagogique, Paris (Gauthier-Villars) 1971

LESPINE, PIERRE: Notre raison d'être (réponse à Bernard Charlot), in: L'Educateur, Nr. 4/15.11.1980

Libérer l'école – Plan socialiste pour l'Education Nationale (Présentation par Louis Mexandeau et Roger Quilliot), Paris (Flammarion) 1978

LOBROT, MICHEL: La pédagogie institutionnelle, Paris (Gauthier-Villars) 1972

LOUREAU, RENÉ: Analyse institutionnelle et pédagogie, Paris (Epi) 1971

LOUREAU, RENÉ: L'analyse institutionnelle (Editions de Minuit) 1976

MENDEL, GÉRARD: Pour décoloniser l'enfant – Sociopsychoanalyse de l'Autorité, Paris (Payot) 1971
(auf deutsch erschienen unter dem Titel: Plädoyer für die Entkolonisierung des Kindes, Olten und Freiburg 1973)

Programme commun de l'union de la gauche, in: Changer la vie (Hrsg: Parti Socialiste Français), Paris (Flammarion) 1978
Syndicat général de l'éducation nationale, S.G.E.N. – C.F.D.T.:L'école en lutte – Action effectifs-emploi-conditions de travail, Paris (Maspéro) 1977
Vasquez, Aïda/Oury, Fernand: De la classe coopérative à la pédagogie institutionnelle, 2 Bde., Paris (Maspéro) 1971
L'Educateur – pédagogie Freinet, Zeitschrift der französischen Freinet-Bewegung, Hrsg.: I.C.E.M./C.E.L., Cannes – La Bocca

Literatur in deutscher Sprache:

Berger, Walter: Schulentwicklung in vergleichender Sicht – USA, England, Frankreich, BRD, Schweiz und Österreich, Wien/München 1978
Bernfeld, Siegfried: Sisyphos oder die Grenzen der Erziehung, Leipzig/Wien/Zürich 1925 (Nachdruck Frankfurt/M. 1967)
Dietrich, Ingrid: Freinet-Pädagogik und Fremdsprachenunterricht, in : Englisch-Amerikanische Studien (EAST), H.4/1979
Freinet, Célestin: Die moderne französische Schule (hrsg., übersetzt und besorgt von Hans Jörg), Paderborn 1965
Freinet, Célestin: Pädagogische Texte – mit Beispielen aus der praktischen Arbeit nach Freinet (Hrsg. Heiner Boehncke und Christoph Hennig), Reinbek bei Hamburg 1980
Freinet, Elise: Erziehung ohne Zwang – Der Weg Célestin Freinets (übers. und bearb. Hans Jörg), Stuttgart 1981
Fichtner, Bernd: Die Einheit von Gegenständlichkeit und Gesellschaftlichkeit des Lernens, in : Auernheimer/Heinemann (s.u.)
Freire, Paulo: Pädagogik der Unterdrückten, Stuttgart/Berlin 1971
Girardin, Jean-Claude: Célestin Freinet – ein revolutionärer Pädagoge, in: André Gorz (Hrsg.): Schule und Fabrik, Berlin (Merve) 1972
Illich, Ivan: Entschulung der Gesellschaft, Reinbek bei Hamburg 1973
Illich, Ivan: Schulen helfen nicht – Über das mythenbildende Ritual der Industriegesellschaft, Reinbek bei Hamburg 1975
Internationale der Bildungsarbeiter – IBA (Hrsg.): Proletarische Pädagogik – Bericht von der pädagogischen Tagung anläßlich des 5. Weltkongresses der IBA in Leipzig, Leipzig 1928
Kunstmann, Wilfried: Falsche Fronten – Zur Kritik der Auseinandersetzung um die Alternativschulen, in : Auernheimer/Heinemann (s.u.)
Laun, Roland: Freinet – 50 Jahre danach. Dokumente und Berichte aus drei französischen Grundschulklassen, Heidelberg 1982
Lepape, Marie-Claire: Die Anfänge der Freinet-Bewegung – Eine Pädagogik für die Revolution, in: Beck/Boehncke (Hrsg.): Jahrbuch für Lehrer 4, Reinbek bei Hamburg 1979
Perche, Maurice: Das Bildungswesen in Frankreich und die Bildungspolitik der FKP, in: Demokratische Erziehung, H.1/1979
Speichert, Horst: „Liebes erstes Schuljahr in Köln" – Freinet-Pädagogik: Schulreform im Verborgenen, in: neue deutsche schule, H. 1/1981

Süssmuth, Rita: Entwicklungstendenzen der französischen Schul-und Hochschulreform seit den Maiunruhen 1968, in: Bildung und Erziehung, H.3/1971

Vasquez, Aïda/Oury, Fernand u. a.: Vorschläge für die Arbeit im Klassenzimmer – die Freinet-Pädagogik, Reinbek bei Hamburg 1976

Zehrfeld, Klaus: Freinet in der Praxis, Weinheim und Basel 1977

Zülch, Martin (Hrsg.): Lehrer und Schüler verändern die Schule – Materialien zur Freinet-Pädagogik, Hamburg 1978

Fragen und Versuche – Zeitschrift der deutschen Freinet-Bewegung, Hrsg. Pädagogik-Kooperative Bremen (Körnerwall 8)

Weitere Literaturhinweise zur Vertiefung und Weiterführung der Thematik

Alternativen zur Schulreform? Ein Streitgespräch mit Georg Auernheimer, Johannes Beck, Karl-Heinz Heinemann und Wolfgang Sachs, in: Demokratische Erziehung, H.1/1981

Auernheimer, Georg: Zur Bedeutung der Perspektive für einen demokratischen Bildungsbegriff, in: Demokratische Erziehung, H.2/1979

Auernheimer, Georg/Heinemann, Karl-Heinz(Hrsg.): Alternativen für die Schule – Alternativschulbewegung und demokratische Praxis, Köln 1980

Beck, Johannes/Boehncke, Heiner(Hrsg.): Jahrbuch für Lehrer, 5 Bände, Reinbek bei Hamburg 1977 – 1980

Bracht, Ulla/Lohmann, Ingrid: Für eine Wiederaufnahme der Inhaltsdiskussion in der Erziehungswissenschaft, in: Demokratische Erziehung, H.2/1979

Braun, Karl-Heinz (Hrsg): Materialistische Pädagogik – Beiträge zu ihren Grundlagen und Gegenstandsbereichen, Köln 1980

Borchert, Manfred/Derichs-Kunstmann, Karin (Hrsg.): Schulen, die ganz anders sind, Frankfurt 1979

Dietrich, Ingrid u. a.: Schulverdrossenheit, Königstein/Ts. 1978

Krüger-Potratz, Marianne: Freinet-Pädagogik – Freinet-Bewegung: Kommentiertes Verzeichnis deutschsprachiger Literatur, in: VE-Informationen, Rundbrief der Kommission für Vergleichende Erziehungswissenschaft der DGfE/Deutsche Sektion in der BRD, Münster (Selbstverlag), Juni 1981

Rang, Adalbert/Rang-Dudzik, Brita: Elemente einer historischen Kritik der gegenwärtigen Reformpädagogik – Zur Alternativlosigkeit der westdeutschen Alternativschulkonzepte, in: Argument-Sonderband 21: Reformpädagogik und Berufspädagogik, Berlin 1978

van Dick, Lutz:Alternativschulen – Information-Probleme-Erfahrungen, Reinbek bei Hamburg 1979

Lernen und Unterricht

Jürgen Wendeler
Lernzieltests im Unterricht
Neuausgabe von „Standardarbeiten – Verfahren zur Objektivierung der Notengebung". (Beltz Bibliothek 102.) 1981. 106 S. Br DM 9,– (50102)

Klaus Zehrfeld
Freinet in der Praxis
Zum Stand gegenwärtiger Freinet-Pädagogik: Unterricht und Lehrerkooperation. (Beltz Bibliothek 61.) 2. Aufl. 1979. 116 S. Br DM 9,80 (50061)
In Frankreich gibt es eine pädagogische Bewegung, deren Lehrer seit über 50 Jahren nach einer Konzeption unterrichten, die mit Begriffen wie „Kreativitätserziehung", „Schülermit- und -selbstbestimmung" und „kommunikative Didaktik" zu bestimmen ist. Das Buch arbeitet heraus, wie sich diese Pädagogik in verschiedenen Schultypen, Altersstufen und Fachbereichen ausgeformt hat.

Hartmut Sommer
Grundkurs Lehrerfrage
Ein handlungsorientiertes einführendes Arbeitsbuch für Lehrer. 1981. 141 S. Br DM 17,– (54113)
Dieses Arbeitsbuch entwickelt und illustriert Fragemethoden, die außerordentlich fruchtbar zur Motivierung, zur Anregung von komplexen Denkprozessen und zur Kreativitätsförderung einsetzbar sind.

BELTZ

Beltz Verlag, Postfach 1120, 6940 Weinheim
Verlag Beltz, Basel,
Postfach 2346, 4002 Basel

Preisänderungen vorbehalten. 306.82

Heinz Neber (Hrsg.)
Entdeckendes Lernen
3., völlig überarb. Aufl. 1981. 288 S. Br DM 24,80 (54112)
Diese völlig veränderte Auflage enthält neben historischen Beiträgen von Bruner, Ausubel u. a. auch Arbeiten von Simon, Greeno, Norman und weiteren Autoren, die die Bedeutung, Analyse- und Realisierungsmöglichkeiten entdeckenden Lernens noch deutlicher machen. Neuere Entwicklungen auch im deutschen Sprachraum kommen zur Sprache und Schnittpunkte zwischen Grundlagenforschung und pädagogischer Anwendung werden herausgearbeitet.

Hans G. Furth/Harry Wachs
Denken geht zur Schule
Piagets Theorie in der Praxis. Aus dem Amerikanischen von Rolf Schulmeister, Siegmund Prillwitz und Hubert Wudtke. (Beltz Bibliothek 76.) 1978. 301 S. Br DM 16,– (50076)

Jochen Grell
Techniken des Lehrerverhaltens
(Beltz Bibliothek 28.) 10. Aufl. 1980. 338 S. Br DM 18,– (50028)
Lehrer müssen zahlreiche soziale Fertigkeiten beherrschen, planmäßig ein professionelles Verhalten aufbauen, um den Anforderungen von Unterricht gewachsen zu sein. Dieses Buch bietet Information und praktische Anleitung zu Beobachtung und Training des Lehrerverhaltens.

Eduard W. Kleber u. a.
Lernvoraussetzungen und Unterricht
Zur Begründung und Praxis adaptiven Unterrichts. 1977. 288 S. Br DM 26,– (51123)

Albert V. Kelly
Unterricht mit heterogenen Gruppen
Theorie und Praxis der Binnendifferenzierung. Aus dem Englischen von Barbara Murakami. (Beltz Bibliothek 94.) 1981. 253 S. Br DM 19,80 (50094)

Bernard Eliade
Offener Unterricht
Versuche zur kooperativen und kreativen Veränderung der Schulpraxis am „College d'Enseignement Technique" Dijon. Ein Beitrag zur „Education permanente et populaire". (Beltz Bibliothek 36.) 1975. 141 S. Br DM 12,– (50036)

Robert F. Mager
Motivation und Lernerfolg
Wie Lehrer ihren Unterricht verbessern können. (Beltz Bibliothek 15.) 7. Aufl. 1977. 122 S. Br DM 9,80 (28130)

Regula D. Naef
Rationeller Lernen lernen
Ratschläge und Übungen für alle Wißbegierigen. (Beltz Bibliothek 17.) 11., völlig überarbeitete Aufl. 1982. 242 S. Br DM 12,80 (28161)

Gerd Bachmair
Handlungsorientierte Unterrichtsanalyse
Praxisnahe Anregungen für die Reflexion von Unterricht. 2. Aufl. 1982. 241 S. Br DM 26,80 (54105)

Gunther Eigler u. a.
Grundkurs Lehren und Lernen
4. Aufl. 1979. 169 S. Br DM 19,80 (52103)

Das aktuelle Monatsmagazin für Bildungsprofis

In jeder Ausgabe: Erziehungspraxis • Wissenschaft und Studium • Medien • Das b:e Thema • Bildungspolitik

betrifft b:e
erziehung

Bitte fordern Sie beim BELTZ Verlag, Abonnenten-Service, Postfach 1120, 6940 Weinheim ein kostenloses Probeheft an